Dienst am Menschen – unter Wert?

Irene Raehlmann

Dienst am Menschen – unter Wert?

Entgelt für personenbezogene Dienstleistungen

 Springer VS

Prof. Dr. Irene Raehlmann
Otto-Friedrich-Universität Bamberg, Deutschland

ISBN 978-3-531-18781-5   ISBN 978-3-531-18782-2 (eBook)
DOI 10.1007/978-3-531-18782-2

Die Deutsche Nationalbibliothek verzeichnet diese Publikation in der Deutschen Natio-
nalbibliografie; detaillierte bibliografische Daten sind im Internet über http://dnb.d-nb.de
abrufbar.

Springer VS
© Springer Fachmedien Wiesbaden 2013

Springer VS ist eine Marke von Springer DE. Springer DE ist Teil der Fachverlagsgruppe
Springer Science+Business Media.
www.springer-vs.de

Inhalt

Dank

Prof. Dr. Bärbel Meurer, Erika Schmid-Petry und Prof. Dr. Karlheinz Schneider haben das Manuskript gelesen und vielfältige Anregungen zur Korrektur gegeben. Hermann Schmid hat den Titel vorgeschlagen, der mein Anliegen prägnant auf den Punkt bringt. Für diese freundschaftliche und kollegiale Unterstützung danke ich ihnen sehr.

1. Einleitung

Dass das Thema „Entgelt und personenbezogene Dienstleistungen" als Gegenstand der Forschung vordringlicher wird, hat mehrere Gründe: Entgelt bzw. Geld nimmt in modernen Erwerbsgesellschaften eine zentrale Stellung ein und wird zu einer Schlüsselkategorie. Schon vor hundert Jahren schrieb Georg Simmel (1858-1918): Geld bindet „die Menschen unweigerlich zusammen, denn nun arbeitet Jeder für den Anderen, und erst die Arbeit Aller schafft die umfassende wirtschaftliche Einheit, welche die einseitige Leistung des Individuums ergänzt" (Simmel 1992: 182). Aus dem Streben nach Geld erwächst „daher die Unruhe, Fieberhaftigkeit, Pausenlosigkeit des modernen Lebens, dem im Gelde das unabstellbare Rad gegeben ist, das die Maschine des Lebens zum Perpetuum mobile macht" (ebd.: 89).

Der Niedergang der sozialistischen Wirtschaftsgesellschaften führte in der Bundesrepublik Deutschland in den neunziger Jahren zu einem weit stärkeren Globalisierungsschub als im Vergleich zu den siebziger Jahren des vergangenen Jahrhunderts. In dessen Verlauf wurden vor allem industrielle Arbeitsplätze in die sich entwickelnden Schwellenländer Asiens verlagert. Die Verlagerung in so genannte Billiglohnländer war zwar kein neues Phänomen, aber sie zeichnete sich gegenüber den Jahren zuvor durch eine neue Qualität aus, was Umfang und Tiefe der Fertigung sowie die pure Anzahl betraf. Für die Bundesrepublik, die überdies den Vereinigungsprozess gegensätzlicher Wirtschaftssysteme zu bewältigen hatte, standen die Themen wie internationale Wettbewerbsfähigkeit und damit die Flexibilisierung der Arbeits- und Beschäftigungsbedingungen im Vordergrund, was die Entgelte nicht unberührt ließ. Hinzu kam die Osterweiterung der Europäischen Union (EU), die den nationalen Arbeitsmarkt für EU-Mitglieder öffnete und mithin einen zusätzlichen Druck auf die Löhne auslöste.

Um Erwerbstätigkeit zu sichern bzw. wieder aufzubauen, wurden durch Öffnungsklauseln in Tarifverträgen betriebliche Bündnisse für Arbeit geschlossen. Auf deren Basis wurden vielfach die Entgelte abgesenkt und erfolgs- bzw. gewinnabhängige Einkommensanteile vereinbart. Ferner wurden Leiharbeit eingeführt, Werkverträge abgeschlossen und Tätigkeiten ausgelagert. Als Folge einer allgemeinen Verbandsflucht drohte zudem das Tarifvertragssystem zu erodieren, was ebenfalls eine Reduktion der Löhne nicht nur in Ost-, sondern auch in Westdeutschland bedeutete, ganz zu schweigen von der traditionell weit verbreiteten Existenz der nicht tarifvertraglich, sondern individuell ausgehandelten Entgelte. Darüber hinaus ist an jene tarifvertraglichen Vereinbarungen zu erinnern, in denen ein äußerst niedriges Entgelt von jeher ausgehandelt wird, das eine eigenständige Lebensführung verbaut. Infolge solcher Tendenzen entwickelte bzw. erweiterte sich zusammen mit den Arbeitsmarktreformen der Regierung von SPD/Bündnis 90/Die Grünen unter Bundeskanzler Gerhard Schröder (1998-2005) ein Niedriglohnsektor, der durch öffentliche Subventionen die Einkommen auf ein sozio-kulturelles Existenzminimum anhob. Damit sollte der sich verfestigenden Langzeiterwerbslosigkeit begegnet werden. Aber es besteht die Gefahr, dass so genannte Normalarbeitsverhältnisse zunehmend in prekäre Beschäftigung umgewandelt werden. Eine Subventionierung auf Dauer und ohne Lohnuntergrenze ist, so die weit verbreitete Meinung, nicht finanzierbar, sie erhöht die Staatsverschuldung und untergräbt den Sozialstaat, von den Mitnahmeeffekten durch Unternehmen und von dem Druck auf die Löhne allgemein erst gar nicht zu sprechen. Diese vielfältigen Entwicklungen haben in der Bundesrepublik die Forderung nach einem gesetzlichen, allgemeinen bzw. branchenbezogenen Mindestlohn immer lauter werden lassen.

In Verbindung mit personenbezogenen Dienstleistungen – dazu zählt etwa die Betreuung und Pflege kranker und/oder alter Menschen sowie die Betreuung und Erziehung von Kindern sowie Behinderter – ist Entgelt ein weitgehend ausgespartes Thema. Bislang konzentrierte sich die Forschung auf die industrielle Fertigung, so auf die Leitbranchen Automobilindustrie, Maschinenbau sowie Metall- und Elektroindustrie. Deren Produktionsprozesse waren maßgeblich bestimmend für die Entwicklung von Instrumenten der Lohn- und Tarifpolitik (vgl. Schmierl 2010: 365 ff.). Dass diese Instrumente, vielfach schon auf Grund des Strukturwandels veraltet, nicht einfach auf andere Sektoren und Branchen übertragbar sind, erscheint plausibel.

Das Forschungsdefizit ist deshalb so gravierend, weil der Dienstleistungssektor seit den siebziger Jahren wächst und sich zu einem zunehmend bedeutsamen Arbeitsmarktsegment entwickelt. Vor allem bei den
personenbezogenen Diensten zeigt sich dieses Segment ziemlich krisen-
und mithin beschäftigungsresistent, denn die Tätigkeiten werden häufig
auf der Basis von Versicherungsleistungen auf lokalen Märkten von ein-
heimischen einschließlich zugewanderten Arbeitskräften angeboten und
von den BürgerInnen nachgefragt. Hingegen schrumpft wegen der anhaltenden rapiden Rationalisierung die Beschäftigung im industriellen Sektor
weiter, ohne dass die diesbezüglichen Branchen ihre gesamtwirtschaftliche Bedeutung einbüßen. Auf Grund der großen Exportabhängigkeit des
Sektors bricht in einer krisenhaften Situation die Beschäftigung jedoch
regelmäßig ein, wiewohl in letzter Zeit – auch auf Grund des Fachkräftemangels – durch Arbeitszeitkonten und Kurzarbeit gegengesteuert wird.
Die personenbezogene Arbeit, die von Sozialverbänden, öffentlich und
privatwirtschaftlich angeboten wird, gewinnt auf Grund der Alterung
der Gesellschaft, der berufsbedingten Mobilität der Familienmitglieder,
des Wandels der Geschlechterverhältnisse und der Lebensstile durch die
wachsende Frauenerwerbstätigkeit immer mehr an Gewicht. Innerhalb
der Dienstleistungsarbeit erreicht diese, mehrheitlich von Frauen ausge-
übte Tätigkeit, eine Schlüsselposition. Allerdings stellt sich die Beschäftigungslage widersprüchlich dar. Rationalisierungsprozesse haben auch
hier zum Abbau von Beschäftigung geführt. Die Verknappung bedeutet
Arbeitsintensivierung für die Beschäftigten und Erwerbslosigkeit vor allem für Berufsanfänger. Andererseits ist das Angebot an Fachkräften für
die Kinderbetreuung und Altenpflege unzureichend. Vielfach werden diese Tätigkeiten höchst unzureichend entgolten, so dass eine eigenständige
Lebensführung nur schwer möglich ist, ganz zu schweigen von der Übernahme der Rolle einer Familienernährerin. Häufig handelt es sich um einen klassischen Zuverdienst, der in einer Ehe das Einkommen des Mannes bzw. das Familieneinkommen aufstocken soll. Die niedrigen Entgelte
führten 2010 zu einem staatlich fixierten Mindestlohn in der Pflege. Solche Tätigkeiten können aber durch Rationalisierung nicht verlagert werden. In jüngster Zeit berichten jedoch die Medien, dass Pflegebedürftige
von ihren Angehörigen wegen der niedrigeren Kosten in osteuropäische
EU-Länder „verlegt" werden, was humanen Ansprüchen widerspricht.
Überdies ist die Zuwanderung von pflegenden Personen aus diesen Län-

dern nicht zu vernachlässigen. Häufig füllen diese „KonkurrentInnen",
wozu auch noch illegale ImmigrantInnen zählen, das wachsende unzureichende Angebot auf.

Diese knappen Ausführungen verdeutlichen, dass sich in der Verbindung von personenbezogenen Dienstleistungen und Entgelt quasi wie in
einem Brennglas mannigfache gesellschaftliche Wandlungstendenzen und
Probleme bündeln. Im Folgenden wird mithin weit mehr thematisiert als
bloß Entgelt. Die verschärfte internationale Konkurrenz- und Wettbewerbs-
situation rückte die Höhe der Entgelte – auch im internationalen Vergleich
– ins Zentrum der Aufmerksamkeit. Gegenüber solchen quantitativen blieben qualitative Aspekte vielfach ausgeblendet. Es zeigte sich nämlich, dass
sich mit deren Thematisierung in Wissenschaft und Praxis – geleitet von
dem Bestreben einer Reform der Entgeltsysteme – kaum Chancen zur Umsetzung solcher, durchaus innovativen Ideen verbanden. In den Kapiteln
3 und 4 stehen die qualitativen Momente zunächst im Vordergrund, aber
die quantitativen spielen anschließend – in Kapitel 5 – eine ebenso wichtige Rolle. Mit Blick auf beide, durchaus verbundenen Dimensionen bin ich
mir in Kenntnis der bisherigen Debatte bewusst, dass die praktische Umsetzung diesbezüglicher Vorstellungen weiterhin ein schwieriges, langwie-
riges, da konfliktreiches Unterfangen ist, dass ein breites gesellschaftliches
Reformbündnis voraussetzt, welches mehr als die klassischen politischen
und tarifvertraglichen Arenen umfasst. Das schließt jedoch nicht aus, dass
auch kurzzeitig eine entsprechende Veränderungsdynamik in Gang kommen kann. Die Aufgabe der Wissenschaft besteht in diesem Zusammenhang darin, Analysen vorzulegen, Reformbedarf zu konstatieren und begründet die Richtung möglicher Veränderungen aufzuzeigen. Mit anderen
Worten: Herausgefordert ist ein Denken, das über den Tag hinausgeht. Die
Untersuchung wird in mehreren Schritten durchgeführt.

Zunächst widmet sich das Kapitel 2 den Grundlagen und behandelt
einleitend die Herausbildung von Kapitalismus, Lohnarbeit und Entgelt
(2.1), um anschließend den Strukturwandel der Wirtschaftsgesellschaft zu
skizzieren (2.2). Dabei ist die Entwicklung des Dienstleistungssektors zentral. Ein weiterer Abschnitt präsentiert theoretische Ansätze zur Dienstleistungsgesellschaft (2.3) und geht auf den Bereich der personenbezogenen Dienste gesondert ein, wobei auch das Thema Entgelt angesprochen
wird (2.4).

Im Anschluss daran werden in Kapitel 3 wichtige Voraussetzungen und Verfahren zur Bestimmung des Entgelts untersucht. Die ersten beiden Abschnitte thematisieren diverse Rahmenbedingungen auch unter europäischem Vorzeichen, so gesellschaftliche und gesetzliche (3.1). Sodann werden das duale System der Interessenvertretung, d. h. die Tarifvertragsbeziehungen und betriebliche Arbeitsbeziehungen sowie der Organisationsgrad von Gewerkschaften und Arbeitgeberverbänden erörtert (3.2). In diesen beiden Abschnitten werden die Besonderheiten des kirchlichen Arbeitsrechts ebenfalls skizziert, da es vor allem für den Dienstleistungssektor relevant ist. Nachfolgend werden gängige Verfahren der Arbeitsbewertung (3.3) auch in Bezug auf Frauenentgelte (3.4) diskutiert. Anschließend richtet sich der Blick auf das Themenfeld personenbezogene Dienstleistungen und Arbeitsbewertung (3.5). Danach wird eine Alternative zur vorherrschenden Arbeitsbewertung erörtert, nämlich ein qualifikationsorientiertes Entgelt (3.6).

In Kapitel 4 werden Implikationen eines qualifikationsbasierten Entgelts aufgezeigt. Voraussetzungen und Wirkungen, also Grundlagen eines solchen, meines Erachtens zukunftsorientierten Systems werden expliziert. Der Diskurs entwickelt sich entlang unterschiedlicher Dimensionen: Unter der wissenschaftstheoretischen Dimension (4.1) werden methodologische und methodische Annahmen und Verfahren thematisiert, wobei die bisherige, eher punktuelle Kritik an der überkommenen Arbeitsbewertung systematisch aufgegriffen wird. Mit Blick auf die gesellschaftstheoretische und -politische Dimension (4.2) werden im Kontext einer wachsenden Dienstleistungsgesellschaft mit einem starken industriellen Kern die Relevanz und Funktionalität beruflich geformter Qualifikationsprozesse skizziert. Die arbeitsorganisatorische Dimension (4.3) verweist auf das Erfordernis eines strukturellen Wandels der Arbeitsorganisation, der der wachsenden Qualifikation und den veränderten Bedürfnissen der Beschäftigten sowie den wirtschaftlichen Herausforderungen Rechnung trägt. Die arbeits- und handlungstheoretische Dimension (4.4) gibt mit dem Prinzip der Persönlichkeitsförderlichkeit ein Leitbild vor, das den avisierten arbeitsorganisatorischen Entwicklungen und den qualifikationsorientierten Entgeltsystemen angemessen ist. Die Ausführungen zu den einzelnen Dimensionen, die zunächst allgemein gehalten sind, werden – soweit geboten – abschließend konkretisiert mit Blick auf personenbezogene Dienstleistungsarbeit.

In einem weiteren Kapitel 5 erfolgt, wie oben angekündigt, ein Wechsel der Perspektive. Stand bislang die herkömmliche Arbeitsbewertung und deren Weiterentwicklung bzw. deren Alternative im Zentrum und damit mittelbar auch die Höhe der Entgelte, so steht diese nun unmittelbar im Blickpunkt der Aufmerksamkeit. Es handelt sich also um die zwei Seiten einer Medaille. Einige bedeutsame Aspekte der Thematik, die in den Ausführungen schon sporadisch angesprochen worden sind, werden erneut aufgegriffen und systematisch diskutiert. Damit soll eine Erhöhung der Verdienste begründet und legitimiert werden. In einem ersten Abschnitt geht es um den Zusammenhang von Arbeitsproduktivität und Entgelt (5.1), sodann um Frauenerwerbsarbeit im Kontext des sozio-kulturellen Wandels (5.2). Abschließend wird das Verhältnis von personenbezogenen Dienstleistungen und sozialstaatlicher Entwicklung angesprochen (5.3). Im Rückblick auf zentrale theoretische und empirische Ergebnisse der Analyse richte ich in einem Fazit – Kapitel 6 – auch den Blick auf mögliche künftige Auseinandersetzungen und Entwicklungen.

2. Grundlagen

2.1 Kapitalismus, Lohnarbeit und Entgelt

Die Gesellschaft, die sich nach langen, vielfältigen Auseinandersetzungen und tief greifenden Konflikten aus dem überkommenen Feudalsystem entwickelte, hatte ihre ständischen Fesseln abgeworfen, d. h. die Menschen waren frei, um in der neuen erwerbswirtschaftlichen Ordnung selbstständig ihren Lebensunterhalt zu verdienen. Sie stellten ihre Arbeitskraft einem unternehmerisch tätigen Bürger, einem Kapitalisten, gegen Entgelt zur Verfügung. In einer kapitalistischen Wirtschaftsordnung erweist sich „das Streben nach Einkommen", etwa in Gestalt von Lohn und Gewinn, als „die unvermeidliche letzte Triebfeder alles wirtschaftlichen Handelns" (Weber 1964: 153). Die Bürger hatten außer der wirtschaftlichen auch die politische Freiheit gegen den Adel, so in der Französischen Revolution von 1789, erkämpft. Hingegen befand sich die Mehrzahl der Gesellschaftsmitglieder in einer prekären, faktisch unfreien Lage, denn sie verfügten nicht wie die Kapitalisten über die Produktionsmittel, sondern ihr alleiniger Besitz war ihre Arbeitskraft. Ihr physisches Überleben und das ihrer Familien hingen davon ab, ob diese von einem Unternehmer nachgefragt wurde. Sie waren zum Proletarier, zum Arbeitnehmer geworden. Auf diese Weise entstanden vielfältige Märkte und mithin auch Arbeitsmärkte.

Die Ideen der Aufklärung lassen sich auf den Kern der wirtschaftlichen Tätigkeit des Bürgers, den Tauschakt, zurückführen (vgl. Goldmann 1968: 24 ff.): Der Tausch ist das Ergebnis von Verhandlungen unter formal gleichen und freien Partnern. Unterschiede, etwa wirtschaftlicher, religiöser und/oder ethnischer Art, werden ignoriert. Hier scheinen die fundamentalen Werte der Aufklärung auf, die für das menschliche Zusammenleben fortan allgemeine Gültigkeit beanspruchen sollten. Es handelt sich um einen Individualismus, der überindividuelle Autoritäten nicht bzw. nicht per se anerkennt, ferner um die Prinzipien Freiheit und Gleichheit aller Menschen, um die allgemeine Geltung von Gesetzen sowie die Toleranz und das Recht auf Privateigentum. Hingegen weitet Max Weber (1864-1920) den Blick, wenn er der formalen Rationalität kapitalistischen Wirtschaftens eine materiale Rationalität gegenüber stellt, die „ethische, politische, utilitaristische, hedonistische, ständische, egalitäre oder irgendwelche anderen Forderungen stellt und daran die Ergebnisse des – sei es auch formal noch so ‚rationalen', d. h. rechenhaften – Wirtschaftens wertrational oder material zweckrational bemißt" (Weber 1964: 60). Formale Gleichheit geht bei dieser Art des Wirtschaftens mit dem „Bestand eines Herrschaftsverhältnisses" einher (ebd.: 77). Der Inhaber der Produktionsmittel nimmt mithin „eine spezifische Machtstellung gegenüber anderen", den abhängig Beschäftigten, ein (ebd.: 67). Daher sind auch Löhne/Entgelte und andere „Geldpreise (…) Kampf- und Kompromißprodukte, also Erzeugnisse von Machtkonstellationen" (ebd.: 77). Weber war überzeugt, dass formale und materiale Rationalität „unvermeidlich weitgehend" auseinander fallen und dadurch entsteht eine „letztlich unentrinnbare Irrationalität der Wirtschaft", die „eine der Quellen aller ‚sozialen' Problematik (ist, I.R.), vor allem: derjenigen alles Sozialismus" (ebd.: 80). Mit anderen Worten: Der Widerspruch zwischen den Ideen der Aufklärung und der gesellschaftlichen Wirklichkeit einer forciert und (zunächst) ohne Rücksicht auf die elementaren Bedürfnisse der abhängig Beschäftigten vorangetriebenen kapitalistischen Industrialisierung war der Geburtshelfer der bis heute agierenden sozialen Bewegungen.

Der zunächst von Erfahrungen krisenhafter Entwicklung noch nicht gebrochene Fortschrittsoptimismus der wirtschaftlich aktiven und erfolgreichen Bürger manifestierte sich in den ökonomischen Theorien des schottischen Moralphilosophen Adam Smith (1723-1790), der als Gründer des ökonomischen Liberalismus gilt. Dessen Ansatz zufolge ist individueller wie gesellschaftlicher Wohlstand zu verwirklichen, sofern die Bürger ihre wirtschaftlichen Interessen ohne Eingriffe von außen verfolgen. Staat und Wirtschaftsgesellschaft gelten als strikt getrennte Sphären, wobei der Staat nur eine Rechtsordnung zu schaffen und zu überwachen sowie die innere und äußere Sicherheit zu garantieren hat. In seinem Hauptwerk „Untersuchung über das Wesen und die Ursachen des Volkswohlstandes" (1776) beschäftigt er sich mit den Fragen des Arbeitslohnes und den diesbezüglichen gesellschaftlichen Voraussetzungen und Konflikten. Der Arbeitslohn ist abhängig von den Verhandlungen zwischen Arbeitgebern – Smith spricht von Meistern – und Arbeitern. Beide verfolgen unterschiedliche In-

teressen: „Die Arbeiter wollen soviel als möglich erhalten, die Meister so-
wenig als möglich geben. Die ersteren sind zu Koalitionen geneigt, um den
Arbeitslohn hinauszutreiben, die letzteren, um ihn herunterzudrücken"
(Smith 2009: 117). Die Parteien verfügen über einen unterschiedlichen Zeit-
horizont. Während der Arbeiter unmittelbar auf seinen Lohn angewiesen
ist, um seine Existenz zu sichern, können die Arbeitgeber solche „Streitig-
keiten (...) viel länger aushalten" (ebd.: 117). Zwar sind letztlich beide auf
einander angewiesen, aber beim Arbeitgeber ist „die Notwendigkeit (...)
keine so unmittelbare" (ebd.: 117). Bei allem Streit scheint es so, dass „der
gewöhnliche Lohn selbst der geringsten Art von Arbeit nicht auf länge-
re Zeit herabgedrückt werden" kann (ebd.: 119). Auch muss er über das
bloß physische Existenzminimum hinausgehen: „Ein Mensch muß stets
von seiner Arbeit leben und sein Lohn muß wenigstens hinreichend sein,
um ihm den Unterhalt zu verschaffen. In den meisten Fällen muß er sogar noch etwas höher sein; sonst wäre der Arbeiter nicht imstande, eine
Familie zu gründen, und das Geschlecht solcher Arbeiter würde mit der
ersten Generation aussterben" (ebd.: 119). Bisweilen wird aber der Lohn
über diesen niedrigsten Satz, ein Gebot „der gewöhnlichsten Menschlich-
keit", angehoben (ebd.: 119). Smith bemerkt, dass die Löhne nicht überall
gleich sind, sondern sich zeitlich, regional und von Land zu Land unterscheiden (vgl. ebd.: 121 ff.).

Karl Marx (1818-1883) differenziert in seinem Hauptwerk „Das Kapital" (1867) den natürlichen Preis der Arbeitskraft von ihrem Marktpreis,
„d. h. über oder unter ihrem notwendigen Preis oszillierenden Preisen"
(Marx 1974: 557). Wenn beide Preise identisch sind, handelt es sich um einen Minimallohn, „d. h. um den Arbeiter in den Stand zu setzen, sein Leben zu fristen und seine Rasse fortzupflanzen" (Marx 1964: 488). Ebenso wie Smith betont Marx die Dynamik von Löhnen. Aber deutlicher als
Smith arbeitet er außer natürlichen Bestimmungsfaktoren auch sozio-kulturelle heraus (vgl. Kap. 5.1). Demnach sollen sie nicht nur das physische
Überleben der Arbeitskraft und das seiner Familie garantieren, sondern
auch sozio-kulturelle Bedürfnisse befriedigen. Der „Umfang sog. notwen-
diger Bedürfnisse, wie die Art ihrer Befriedigung, (ist, I. R.) selbst ein historisches Produkt und hängt daher großenteils von der Kulturstufe eines
Landes, unter andrem wesentlich davon ab, unter welchen Bedingungen,
und daher mit welchen Gewohnheiten und Lebensansprüchen die Klasse der freien Arbeiter sich gebildet hat. Im Gegensatz zu den andren Wa-

ren enthält also die Wertbestimmung der Arbeitskraft ein historisches und moralisches Element" (Marx 1974: 185).

Die Verelendung der Arbeiterklasse zur Zeit der Frühindustrialisierung verweist darauf, dass der Lohn, also der Marktpreis, unter dem natürlichen Preis der Arbeit lag. Die katastrophale Lage war jedoch Ausdruck der insgesamt miserablen Arbeits- und Lebensbedingungen der Proletarier. Außer niedrigen Entgelten, die Kinder- und Frauenarbeit für Unternehmer attraktiv machten, zählen zu den verursachenden Faktoren überlange Arbeitszeiten, zunehmende Arbeitsintensivierung, mangelnder Gesundheitsschutz, fehlende Arbeitssicherheit, keine (Aus)Bildungschancen und gesundheitsschädigende Arbeits- und Wohnverhältnisse. Auf Dauer hätte dieses Elend die neue Wirtschaftsordnung zerstört. Was dem System jedoch das Überleben ermöglichte, waren im Wesentlichen zwei Gegenbewegungen. Zum einen gründeten sich Arbeiterparteien und Gewerkschaften, die durch ihren jahrzehntelangen Kampf, von politischen Verboten und sozialen Rückschritten immer wieder unterbrochen, es vermochten, die Arbeits- und Lebensbedingungen der abhängig Beschäftigten zu verbessern. Zum anderen übernahmen die kontinentaleuropäischen Staaten entgegen dem liberalen Leitbild die Aufgabe, die von Grund auf instabile Marktgesellschaft durch sozial-, aber auch konjunktur- und wirtschaftspolitische Maßnahmen zu stabilisieren und durch die Förderung von Bildung und Forschung überdies ihre Zukunftsfähigkeit zu sichern. Das sozialpolitische Instrumentarium umfasste zunächst den Arbeitsschutz sowie die diversen Zweige der Sozialversicherung, die die Folgen der Wechselfälle des Lebens absichern sollen. Aus den vielfältigen staatlichen Interventionen entwickelte sich das Programm des deutschen bzw. europäischen Sozial- und Wohlfahrtsstaates, der insbesondere nach dem Zweiten Weltkrieg ausgebaut wurde. Dazu zählen auch die Institutionen der Wirtschaftsdemokratie wie das Tarifvertragssystem, das Gewerkschaften und Arbeitgeberverbände bzw. einzelne Unternehmen berechtigt, autonom, d. h. in einer staatsfreien Sphäre, Tarifverträge auszuhandeln, deren Gegenstand im Wesentlichen Arbeitszeit und Entgelt ist (vgl. Müller-Jentsch 1997). Die Arbeitgeberverbände waren erst spät, um die Wende zum 20. Jahrhundert in Reaktion auf die Gründung von Gewerkschaften als so genannte Antistreikvereine entstanden. Außer in diesen Verbandsgründungen zeigte sich die Machtzusammenballung auch in der wachsenden Zahl von Großunternehmen. Der organisierte Kapitalismus hatte den Konkurrenzkapitalismus abgelöst.

Seit den achtziger Jahren des 19. Jahrhunderts stiegen in Deutschland die Reallöhne der gewerblichen Arbeiter kontinuierlich an, „und zwar in einem solchen Maße, daß sie sich von 1871 bis 1913 fast verdoppelt haben" (Wehler 1995: 776). Dabei ist eine differenzierende Argumentation geboten, denn es existierte ein deutliches Lohngefälle zwischen einzelnen Arbeiterkategorien und im Lebenszyklus sowie zwischen den Geschlechtern. Obwohl die Arbeits- und Lebensbedingungen insgesamt immer noch auf einem niedrigen Niveau waren, stieg der Lebensstandard allmählich an. Die Lohnsteigerungen, die auch im internationalen Vergleich der Industrieländer beachtlich waren, folgten der zunehmenden Arbeitsproduktivität. Solche Lohnverbesserungen waren „während der deutschen Industriellen Revolution bestenfalls von einigen Enthusiasten für möglich gehalten worden" (ebd.: 776). Durch eine sukzessive Arbeitszeitverkürzung, eine zunehmende technische Rationalisierung und eine Veränderung der Entlohnungsgrundlage war die Arbeitsproduktivität angestiegen. Die Ablösung des Zeitlohns durch leistungsabhängige Formen des Entgelts förderte die Entwicklung von Selbstkontrolle und Zeitdisziplin bei den Arbeitskräften. Sie erkannten, dass Lohnarbeit kein vorübergehendes, sondern ein generationsübergreifendes Schicksal ist. Zeitökonomie wurde zu einem Arbeits- und Alltagwelt durchdringenden Prinzip. Die Zeit wurde intensiver genutzt mit der Folge, dass der Absentismus sich verringerte, der „blaue Montag" an Bedeutung verlor, der exzessive Alkoholkonsum abnahm, offizielle und inoffizielle Pausen kürzer und weniger wurden (vgl. Deutschmann 1985: 197 ff.).

Bei der Entwicklung der Leistungsentlohnung spielt die Wissenschaftliche Betriebsführung, nach seinem Begründer, dem US-amerikanischen Ingenieur Frederick Winslow Taylor (1856-1915) auch Taylorismus genannt, eine entscheidende Rolle, denn sie bildet die arbeitsorganisatorische Grundlage für das Akkordsystem. Gemäß ihrem Anspruch eines „one best way" wurde und wird sie bis heute im Prinzip weltweit praktiziert, wobei nationaler Eigensinn bei der Umsetzung zu beachten ist. Zudem geht der Anspruch Taylors weit über die Gestaltung der Arbeit in der Fabrik hinaus. Er behauptet, sein System sei für alle Tätigkeiten anwendbar, so in der Verwaltung und bei der Leitung des Haushalts, des Bauernguts, des Handwerksbetriebs sowie von Kirchen, Wohlfahrtsein-

richtungen und Universitäten (vgl. Taylor 1919: 6). Trotz aller Erfolge, die
der Taylorismus zweifellos aufzuweisen hat, ist sein Anspruch als maßlos
und illusionär zurückzuweisen. Sein Begründer gilt als physiologischer
und psychologischer Dilettant (vgl. Friedmann 1952: 50 ff.; Volpert 1975:
33). Überdies fehlt ihm weitgehend das Verständnis für den gesellschaftlichen und wirtschaftlichen Ursprung des industriellen Konflikts. Dennoch
kam und kommt der Taylorismus auch in der Dienstleistungsarbeit zum
Zuge, etwa bei der Gestaltung der Schreibarbeit, bevor Personal Compu-
ter die Tätigkeit von Sekretärinnen revolutionierten, sogar teilweise überflüssig machten. Auch bei der Organisation personenbezogener Dienstleistungen wurde und wird er, wie später noch zu zeigen ist, umgesetzt.

Welche grundlegenden Prinzipien sind für die Wissenschaftliche Betriebsführung charakteristisch? Nachdem die Industrielle Revolution die
Arbeitsteilung ausgeweitet hatte, um zusammen mit neuen Technologien
die Arbeitsproduktivität zu steigern, wie es schon Adam Smith am berühm-
ten Beispiel der Produktion von Nadeln eindrucksvoll aufgezeigt hatte,
vertiefte sich diese mit der Einführung des Taylorismus zur Arbeitszersplitterung. Taylor verfolgt damit mehrere Ziele: Einmal will er eine weitere Steigerung der Produktivität erreichen mit der Aussicht auf entsprechende Gewinn- und Lohnsteigerungen. Er geht von der Annahme aus,
der Mensch sei von Natur aus faul und arbeite nur so viel, wie unbedingt
nötig, um sein Einkommen zu maximieren. Damit übernimmt er das damals – teilweise auch heute noch – gängige Leitbild vom homo oecono-
micus. Zum anderen beabsichtigt er die Entmachtung, Disziplinierung
und Kontrolle der Arbeitskräfte mittels der Arbeitszersplitterung. Indem
nämlich die Arbeit als ein genuin menschlicher Akt, d. h. als Ausdruck
des geistigen Vermögens der Menschen, in ihre Elementarteile, nämlich
Planung, Ausführung und Kontrolle zerlegt und den in der Produktion
Tätigen nur noch die Ausführung verbleibt, wird das Arbeitsvermögen
grundlegend beschädigt, ja auf Dauer zerstört. Das Eingeständnis Taylors,
ein intelligenter Gorilla könne diese Teilarbeiten ausführen, entlarvt in seinem Zynismus diese Stoßrichtung (vgl. Taylor 1919: 43). Mit den skizzierten Strategien will er sein übergeordnetes Ziel, den „industriellen Frieden",
erreichen. Die Ambivalenz der Wissenschaftlichen Betriebsführung zeigt
sich besonders eklatant in den folgenden Wirkungen: Zusammen mit der
Fließfertigung legte sie die Grundlagen für die Massenproduktion – zunächst in der Automobilproduktion bei Henry Ford. Attraktive und qua-

litativ anspruchsvolle Güter können seither bei akzeptablen Preisen von den Konsumenten nachgefragt werden, sofern ausreichende Beschäftigung und wachsende Einkommen gesichert sind. Das war Anfang des 20. Jahrhunderts in den USA die Geburtsstunde der Konsumgesellschaft, die in Deutschland erst spät, nach dem Zweiten Weltkrieg in der Bundesrepublik voll wirkmächtig wurde.

Die Durchsetzung des Taylorismus hatte in Deutschland vor dem Ersten Weltkrieg kaum Chancen und wurde von der Arbeiterbewegung vehement bekämpft. Sein ambivalenter Charakter wurde klar erkannt: Einerseits könne er Arbeitserleichterungen und Lohnsteigerungen bringen und den Sozialismus vorbereiten, andererseits Arbeitsintensivierung, Lohnsenkung, Hierarchisierung der Arbeiterklasse, Arbeitslosigkeit und Entleerung der Arbeit erzeugen (vgl. Stollberg 1981). Nach dem Ersten Weltkrieg veränderte sich die gewerkschaftliche Position grundlegend. Nun galt der Taylorismus als eine Chance, den wirtschaftlichen Wiederaufbau zu meistern und die internationale Konkurrenzfähigkeit möglichst rasch wieder zu erringen. Durchgesetzt wurde er mit dem Refa-Verfahren, einem mit dem Anspruch auf Wissenschaftlichkeit begründeten Lohnfindungssystem (vgl. Schmiede, Schudlich 1976: 271). Zusammen mit der Fließfertigung wurde die Arbeitsorganisation von Grund auf neu konzipiert und Entlohnung nach Akkord weiter durchgesetzt.

Die Veränderungen scheinen aber weit weniger dramatisch gewesen zu sein, als die seinerzeit intensiv geführte Diskussion vermuten lässt (vgl. Bönig 1980: 406 ff.). Erst im Zweiten Weltkrieg wurde die Massenfertigung engagiert vorangetrieben. Die Kriegswirtschaft schuf damit die Grundlagen für den raschen Wiederaufbau nach 1945 (vgl. Abelshauser 2003: 115). Infolge der Rationalisierung war die Produktivität zwischen Kriegsende und Weltwirtschaftskrise um100 Prozent und in Schlüsselbranchen Mitte der zwanziger Jahre um 25 bis 40 Prozent gestiegen (vgl. Wehler 2003: 263). Obwohl im internationalen Vergleich von einer relativen Stagnation gesprochen wurde, wuchs das Volkseinkommen zwischen 1925 und 1928 jährlich um 5,5 Prozent (vgl. ebd.: 253). In den Boomjahren waren die Reallöhne stabil geblieben, und zwar auf einem Niveau, das über der Produktivitätsentwicklung lag (vgl. ebd.: 254). Diese Tatsache ist damit zu erklären, dass die organisierte Arbeiterschaft seit der revolutionären Bewegung von 1918/19 ihre Position auch im Verteilungskampf stärken konnte. „Die Streikwelle unmittelbar nach dem Kriegsende trieb die Reallöhne sogleich über den Stand von 1913 hinaus" (ebd.: 254). Zwischen 1925 und 1929 war bei den Löhnen ein Zugewinn von einem Viertel zu verzeichnen. Zwar waren in der Weltwirtschaftskrise die Reallöhne durchschnittlich bis Ende 1932 um 14 Prozent gesunken, aber die erkämpften Positionsgewinne der Arbeiterbewegung nicht völlig verloren gegangen (vgl. ebd.: 255). Zudem wurden die Löhne durch sozialpolitische Maßnahmen flankiert, um einem Wiederaufflammen der politischen Unruhe vorzubeugen. „So führte etwa der staatliche Mietschutz in Verbindung mit der staatlichen Wohnraumbewirtschaftung binnen kurzem dazu, daß die Mietkosten, die vor 1914 20 Prozent der proletarischen Lebenshaltungskosten ausgemacht hatten, bis 1922 auf nur ein Prozent sanken" (ebd.: 253). Diese günstige Entwicklung hatte ihre Schattenseite in der Erwerbslosigkeit. Vollbeschäftigung kannte die Weimarer Republik nicht.

Die nationalsozialistische Rüstungskonjunktur bis zum Beginn des Zweiten Weltkrieges hatte nach der Erwerbslosigkeit von acht Millionen in der Weltwirtschaftskrise zur Vollbeschäftigung und zu einem Anstieg der Reallöhne geführt (vgl. Wehler 2008: 153). Diese von der Mehrheit der Gesellschaftsmitglieder positiv wahrgenommene Entwicklung stabilisierte die NS-Herrschaft, obwohl gleichzeitig alle demokratischen Errungenschaften und die sie tragenden Institutionen, so Parteien und Gewerkschaften, verboten und deren Mitglieder verfolgt wurden.

Mit der Gründung der Bundesrepublik in Westdeutschland und der Einführung des wirtschafts- und gesellschaftspolitischen Programms der Sozialen Marktwirtschaft begann seit 1950 nach Jahren (nach)kriegsbedingter Verelendung eine Periode der Hochkonjunktur, die, von einer kurzen Rezession unterbrochen, bis Anfang der siebziger Jahre währte. Die Bundesrepublik trat „in das ‚Zeitalter des Massenkonsums'(...) ein" (Abelshauser 2003: 125). Mit zunehmenden Einkommen konnten erstmalig Angehörige fast aller sozialen Schichten langlebige Konsumgüter wie Haushaltgeräte, Unterhaltungselektronik und Automobile erwerben. Das private Auto „revolutionierte(n) den Alltag", da es weit reichende Folgen für die Gestaltung der Freizeit und der Umwelt hatte (ebd.: 125). Dank der Massenproduktion waren zudem die Preise gesunken (vgl. ebd.: 128 f.). Die Automobilindustrie avancierte zu einer Schlüsselindustrie. Von dort traten die mit den Namen Taylor und Ford verbundenen Produktionsmethoden ihren Siegeszug durch die westdeutsche Industrie an. Die Vervierfachung der Reallöhne zwischen 1950 und 1973 sowie die Verfünffachung des Prokopfeinkommens und des Bruttosozialprodukts war „ein ‚sozial-geschichtlich revolutionärer' Vorgang" (Wehler 2008: 154). Die steigenden Einkommen, Vollbeschäftigung, verkürzte Arbeitszeit und sozialstaatli-che Flankierung bedeuteten zwar einen krassen Bruch mit der überkom-menen, mehrheitlich desolaten Lage der Arbeiterschaft, aber im Vergleich mit den anderen sozialen Schichten waren die Veränderungen keinesfalls so gravierend. Die Facharbeiter, 55 Prozent der Arbeiterschaft, erreichten nur 82 Prozent des Durchschnittseinkommens, Un- und Angelernte, ein gutes Drittel der Arbeiterschaft, kamen nur auf 73 Prozent; hingegen la-gen Angestellte 15, Beamte 20 und Selbstständige 100 Prozent über dem Durchschnitt (vgl. ebd.: 155). Die Verteilungsrelationen zu ungunsten der Arbeiter waren von 1950 bis 1990 „außerordentlich stabil" (ebd.: 155). Bur-kart Lutz verweist darauf, dass mit dem sozialstaatlichen Ausbau und sei-nen Lohnersatzleistungen das Lohngesetz stillgelegt wurde (vgl. Lutz 1984: 196 ff.). Mit anderen Worten: In einzelwirtschaftlicher Sicht sind Löhne ein Kostenfaktor und mithin gering zu halten; hingegen in volkswirtschaft-licher Sicht ein Nachfragefaktor, der zusammen mit staatlichen Transfer-leistungen zur wirtschaftlichen Stabilisierung beiträgt.

Seit den siebziger Jahren geriet das Fertigungsmodell der Massenpro-duktion im Wesentlichen aus zwei Gründen in die Krise: Steigende Ein-kommen und veränderte Bedürfnisse der Konsumenten ließen die Nach-frage nach standardisierten Massenprodukten sinken, zumal eine gewisse Sättigung erreicht war. Gleichzeitig begann ein tief greifender Wandel der Wirtschaftsstruktur, der von der „Rückkehr zur Globalisierung" ausgelöst wurde (Abelshauser 2004: 436 ff.). Die Weltwährungsordnung von Bret-ton Woods (1944) brach endgültig 1973 zusammen mit der Folge, dass sich der Wert der Deutschen Mark gegenüber dem Dollar verdoppelte und mit-hin Importe billiger und Exporte teurer wurden. Das löste schwere wirt-schaftliche Verwerfungen aus, da vor allem Branchen der alten Industri-en international nicht mehr wettbewerbsfähig waren, etwa die Textil-, die Stahlindustrie und der Schiffbau. Infolgedessen kam es zu einer, bis heute andauernden Verlagerung der arbeitsintensiven Produktion, also der Massenfertigung in kostengünstigere Länder der Zweiten und Drit-ten Welt. Eine weitere Verschärfung der internationalen Konkurrenz lös-te der Zusammenbruch der sozialistischen Wirtschaftsgesellschaften in den neunziger Jahren aus. Der Druck auf die Einkommen der abhängig Beschäftigten war so stark, dass vielfach die Lohnerhöhungen unterhalb der Inflationsrate und des Produktivitätsanstiegs lagen. Der Strukturwandel erfolgte seit den siebziger Jahren in Richtung diversifizierte Qualitätsarbeit mit entsprechenden Produkten (vgl. ebd.: 432 ff.), die eine qualitativ hochwertige Ausbildung der Arbeitskräfte und exzellente Forschungsleistungen voraussetzen. Die Fertigung solcher Güter war und ist ein klassisches Segment deutscher Industriearbeit, die sich neben der Massenproduktion stets behauptet hatte und nun immer wichtiger wurde und wird.

Der andauernde Strukturumbruch hatte enorme Folgen für die Entgeltsysteme. Davon unberührt blieb das Leistungsprinzip, das eher wichtiger wurde, obwohl der klassische Akkordlohn veraltet ist. Er ist dysfunktional, weil die Leistungserbringung kaum mehr subjektiv steuerbar ist, sondern die Geschwindigkeit von Maschinen vorgegeben wird, zudem entstehen vermehrt Überwachungs- und Steuerungstätigkeiten, ferner haben die Arbeitskräfte vielfältige, qualitativ unterschiedliche Tätigkeiten auszuführen, wobei hohe Produktqualität und Termineinhaltung erwartet werden. Seit den neunziger Jahren kommt es daher vermehrt zu Zielvereinbarungen, zu erfolgs- und gewinnabhängigen Zulagen (vgl. Schmierl 2010: 365, 368 ff.; vgl. Kap. 4.1). Der Strukturwandel von Arbeit, der insbesondere zu qualitativ höheren Anforderungen führt, fordert das tradierte Tarifvertragssystem heraus. In der Metall- und Elektroindustrie vollzieht sich derzeit mit dem Entgeltrahmenabkommen (ERA) eine „Jahrhundertreform", die die überkommenen Status-, Arbeitsbewertungs- und Entgeltdifferenzierungen zwischen Arbeiter und Angestellten durch elf einheitliche, das gesamte Bundesgebiet betreffende Tarifverträge ablöst (ebd.: 372). Der begonnene Umsetzungsprozess stellt hohe Anforderungen, vor allem auch an das Konfliktmanagement. Klaus Schmierl geht davon aus, dass dennoch die neuen Tarifverträge „ohne Zweifel den zukünftigen Standard in der Industrie und in den Dienstleistungssektoren darstellen" (ebd.: 373). Im Verlauf dieser Studie wird sich zeigen, ob diese Annahme berechtigt ist.

2.2 Strukturwandel der Wirtschaftsgesellschaft

Es kann nicht erstaunen, dass die vorgenannten Klassiker den tief greifenden, umfassenden und rasanten Umbruch von der Industrie- zur Dienstleistungsgesellschaft nicht antizipieren konnten, obwohl sie – wie noch zu zeigen ist – Dienstleistungen in ihren wegweisenden industriegesellschaftlichen Analysen durchaus thematisierten. Denn immerhin ging mit der industriellen auch eine „'Tertiäre Revolution'" einher (Abelshauser 2004: 311). „Zuerst waren es Dienstleistungen wie Handel, Banken und Verkehr, die zusammen mit der materiellen Produktion einen steilen Aufstieg nahmen. Schon gegen Ende des 19. Jahrhunderts revolutionierte der Fortschritt von Wissenschaft und Technik aber auch die industrielle Revolution selbst" (ebd.: 311). Im Zuge des wirtschaftlichen, insbesondere des sozio-kulturellen Wandels erweiterte und differenzierte sich die Produktion von Dienstleistungen, so dass die gegenwärtige Gesellschaft vielfach mit dem Etikett Dienstleistung versehen wird. Mit der Wiedervereinigung Deutschlands durchlief auch Ostdeutschland einen Prozess „nachholender Tertiarisierung", denn in der DDR war der Dienstleistungssektor kaum entwickelt worden (Geißler 2006: 368). Es wäre jedoch voreilig, damit die Vorstellung vom Ende der Industriegesellschaft zu verbinden. Zweifellos behält der zweite, industrielle Sektor „seine zentrale Bedeutung und wohlstandsverbürgende Kraft" (Wehler 2008: 58). Den Prozess der wachsende Integration von – so genannten unternehmensnahen – Dienstleistungen in die Güterproduktion bezeichnet Werner Abelshauser als „'Hyperindustrialisierung'", der den überkommenen Zuschnitt von Wirtschaftsektoren obsolet erscheinen lässt (Abelshauser 2004: 314). In diesem Sinne spricht Rainer Geißler von der „industriellen Dienstleistungsgesellschaft" (Geißler 2006: 361).

Mitte der sechziger Jahre des vergangenen Jahrhunderts hatte die Beschäftigung im sekundären Sektor mit 49 Prozent aller Erwerbstätigen ihren Zenit erreicht, aber schon 1953 war das Vorkriegsniveau überschritten worden (vgl. Abelshauser 2004: 305). Innerhalb der damaligen EWG-Staaten und besonders im Vergleich mit den USA und Japan wies die Bundesrepublik „die bei weitem stärkste Industrieorientierung" auf (ebd.: 305). Eine Trendwende auf dem Arbeitsmarkt hin zu einem Beschäftigungszuwachs bei den Dienstleistungen zeichnet sich seit den siebziger Jahren ab. Zu unterscheiden sind öffentliche, also staatliche und sonstige, also private Angebote wie Gaststätten- und Beherbergungsgewerbe, die Wohnungsvermietung, Wissenschaft und Bildung – zumindest teilweise –, Kunst und Publizistik, die freiberuflichen Dienstleistungen, die Wäschereien, das Friseur- und weitere Körperpflegegewerbe sowie Organisationen ohne Erwerbscharakter und die von ihnen betriebenen Einrichtungen. Im geringen Umfang schufen auch Banken und Versicherungen Arbeitsplätze, während im Bereich von Handel und Verkehr die Beschäftigtenzahl seit

Anfang der sechziger Jahre fast stagnierte. Die sonstigen Dienstleistungen und die Dienste in privaten Haushalten gewinnen bis heute zunehmend an Bedeutung (vgl. ebd.: 309 ff.). Die Heterogenität der Dienstleistungen bündelt Martin Baethge in vier Funktionsclustern und weist den jeweiligen Beschäftigtenanteil für 2006 aus (vgl. Baethge 2011: 39): 1. Personenbezogene Dienstleistungen: Gesundheits- und Sozialwesen, Erziehung und Unterricht sowie Gastgewerbe (20,7 Prozent); 2. Unternehmensbezogene Dienstleistungen: Grundstückswesen, Vermietungen, unternehmensbezogene Dienstleistungen (13,5 Prozent) und 3. Markt- und Kommunikationsvermittelnde Dienstleistungen: Handel, Kredit- und Versicherungsgewerbe, Verkehr- und Nachrichtenübermittlung (fast 25 Prozent); 4. Sicherung öffentlicher Infrastruktur und Verwaltung: Öffentliche Verwaltung, Verteidigung, Sozialversicherung, sonstige öffentliche und private Dienstleister (14 Prozent).

Zunächst konnte der Dienstleistungssektor die in der Industrie durch technisch-organisatorische Rationalisierungsprozesse freigesetzten Arbeitskräfte auffangen, aber mit der krisenhaften Entwicklung seit 1973, der so genannten Ölkrise und den nachfolgenden wirtschaftlichen Einbrüchen, stieß dieser Ausgleichsmechanismus an seine Grenzen und die Erwerbslosenzahlen stiegen seither an. Der Anteil der Langzeitarbeitslosen erhöhte sich mit jedem konjunkturell und/oder strukturell bedingten Beschäftigungseinbruch. Innerhalb des tertiären Sektors schaffte zunächst der Staat, vor allem durch den Ausbau des Sozialstaats in den siebziger Jahren, die meisten neuen Arbeitsplätze, aber in den achtziger Jahren stieß er „an die Grenzen seiner Möglichkeiten" (Abelshauser 2004: 311). Der Erhalt und die Schaffung neuer Arbeitsplätze wird – wie bekannt – von politischen Entscheidungen bestimmt und damit von der Haushaltslage der öffentlichen Hand (vgl. ebenda: 314). Gleichwohl ist davon auszugehen, dass die Wertschöpfung öffentlicher und privater Dienstleistungen etwa das gleiche Gewicht hat (vgl. ebd.: 314). Wie in den anderen entwickelten Industriegesellschaften hat mittlerweile der Dienstleistungssektor durch seinen unaufhaltsamen Aufstieg die Führungsrolle in der sozio-ökonomischen Entwicklungsdynamik übernommen. Dieser Sektor brachte „um 1990 schon zwei Drittel des Bruttosozialprodukts hervor" (Wehler 2008: 160). Der Blick auf die konkreten Tätigkeiten bei Vernachlässigung der sektoralen und beruflichen Zuordnung zeigt, dass im Jahr „2000 bereits 86 % (!) überwiegend Dienstleistungen im weiteren Sinne (erbringen, I. R.), nur noch 14 % (...)

überwiegend mit der Herstellung von Gütern und Nahrungsmitteln oder mit dem Bauen befasst" waren (Geißler 2006: 166). In Europa zeigte sich folgender Trend: Mit 15 EU-Mitgliedern, also vor der Erweiterung der Union nach Osten und Südosten 2004, waren 2003 71,4 Prozent der Erwerbstätigen im Dienstleistungsbereich beschäftigt, danach mit 25 EU-Mitgliedern lag die entsprechende Zahl bei 69,2 Prozent (vgl. Jochmann-Döll 2005: 103).

Dabei gilt als „größter Wirtschaftszweig" das Sozial- und Gesundheitswesen, und zwar in Bezug auf den Umsatz und die Zahl der Arbeitsplätze sowie den Anteil am Sozialprodukt und der Steuerkraft (Badura, Hungeling 1997: 462). Die Pflegenden gehören zu der umfangreichsten Berufsgruppe (vgl. Thiele 2004: 4). Innerhalb von fünf Jahren, zwischen 1997 und 2001, ist die Zahl der Beschäftigten von 877.000 auf 953.000, d. h. um 8,7 Prozent gestiegen; bei der Umrechnung in Vollzeitstellen reduziert sich der Zuwachs auf 7,2 Prozent (vgl. ebd.: 97). Von den abhängig Beschäftigten insgesamt sind in dem betrachteten Zeitraum 2,7 Prozent in der Pflege tätig gewesen (vgl. ebd.: 102). Davon sind 85 Prozent Frauen (vgl. ebd.: 126). Pro Jahr wird nahezu jeder Vierte in der Bundesrepublik mit pflegerischen Leistungen versorgt, wobei diese zum überwiegenden Teil von öffentlichen und freigemeinnützigen Einrichtungen erbracht werden (vgl. ebd.: 8). Zahlen für 2012 gehen von insgesamt 4,3 Millionen Beschäftigten in diesem Wirtschaftszweig aus. „Im Jahr 2009 belief sich der Umsatz der Gesundheitswirtschaft auf rund 278 Milliarden Euro. Das entspricht rund 12,0 Prozent des Bruttoinlandsprodukts" (Kundinger, Scharnitzky 2012: 35).

Im europäischen Vergleich weist das deutsche Sozialmodell im Bereich der sozialen Dienste eine Besonderheit auf, und zwar weniger durch die Existenz der freien Wohlfahrtsverbände, sondern vielmehr durch das Subsidiaritätsprinzip, das bei der Zusammenarbeit die freien gegenüber den staatlichen Trägern privilegiert (vgl. Evers, Heinze, Olk 2011: 18). Das Prinzip bedeutet, dass der Staat die notwendigen finanziellen Mittel bereitstellt, aber der jeweilige Träger weitgehend autonom die Arbeitsorganisation und die Arbeitsbedingungen gestalten kann. Erst mit dem Ausbau des Sozialstaats seit den fünfziger Jahren expandierten auch die Wohlfahrtsverbände. Deren Wachstum hält bis heute an (vgl. Kap. 3.1, 3.2).

Vom Ausbau der Dienstleistungen profitiert vor allem die Frauenerwerbstätigkeit, denn es handelt sich vielfach um Tätigkeiten und berufliche Einsatzfelder, für die Frauen aufgrund ihrer Sozialisation und gesellschaftlicher sowie betrieblicher Strategien als besonders geeignet erscheinen. Solche tradierten sozio-kulturellen Wirkungszusammenhänge haben zu einer geschlechtsspezifischen Berufswahl, zur Herausbildung von Frauen- und Männerberufen sowie entsprechenden Arbeitsmärkten beigetragen. Sie haben aber auch zu spezifischen, sich zäh behauptenden Benachteiligungen der Frauen vor allem mit Blick auf Ausbildung, betriebliche Platzierung, Beschäftigungsrisiko und Entgelt geführt. Der Grundsatz „gleicher Lohn für gleiche bzw. gleichwertige Arbeit" gilt für weibliche im Vergleich zu männlichen Arbeitskräften nach wie vor in der Realität nicht. Der Einkommensabstand schwankt über Jahre bzw. Jahrzehnte zwischen 20 und 30 Prozent. Zudem nimmt der Abstand zwischen den Geschlechtern mit der Qualifikation und dem betrieblichen Status zu.

Zwischen 1880 und 1980 wies die Erwerbstätigkeit von Männern und Frauen „eine erstaunliche Stabilität" auf: Im erwerbsfähigen Alter, also zwischen 15 und 60 Jahren, waren 50 Prozent der Frauen und 90 Prozent der Männer erwerbstätig (Willms 1984: 34 ff.). In einem Zeitraum von hundert Jahren erbrachten Frauen ein Drittel der gesamten Arbeitsleistung. Daher ist es eine irrige Annahme, dass erst im Zuge der Industrialisierung und Tertiarisierung Erwerbschancen für weibliche Arbeitskräfte entstanden (vgl. ebd.: 36). Ihre Erwerbsquote stieg zwischen 1970 und 2004 von 46 auf 65 Prozent (vgl. Geißler 2006: 307). Dieser Anstieg geht auf die wachsende Erwerbsbeteiligung verheirateter Frauen und Mütter zurück. So waren 2004 von den westdeutschen Müttern mit Kleinkindern unter drei Jahren 29 Prozent erwerbstätig, mit drei- bis neunjährigen 60 Prozent und mit älteren Kindern von 10 bis 17 Jahren 71 Prozent. In den alten Bundesländern gingen 2004 45 Prozent der Frauen einer Teilzeitbeschäftigung nach und in den neuen nur 28 Prozent (vgl. ebd.: 307). Diese Unterschiede sind dadurch zu erklären, dass in der DDR Frauenerwerbstätigkeit in Vollzeit das gesellschaftliche Leitbild bestimmte und mit 92 Prozent im internationalen Vergleich eine Spitzenposition einnahm (vgl. ebd.: 306). Sie war aus ökonomischen Gründen wegen des Arbeitskräfte- und Fachkräftemangels – auch auf Grund der geringen Produktivität – notwendig und entsprach zugleich sozialistischen Vorstellungen hinsichtlich der Gleichheit von Frau und Mann.

Seit der Industrialisierung vollzieht sich ein markanter Strukturwandel bei der Frauenerwerbstätigkeit (vgl. Wehler 2008: 158, 171): Vor dem Zweiten Weltkrieg war ein Drittel der Frauen als mithelfende Familienmitglieder in Landwirtschaft, Handwerk und Einzelhandel tätig. Ein weiteres Drittel war in der Industrie und im tertiären Sektor beschäftigt. Ein Viertel zählte zu den Selbstständigen in einem weiten Betätigungsfeld, so von der Näherin und Wäscherin bis hin zu den wenigen Ärztinnen und Anwältinnen. Zu Beginn der Bundesrepublik waren weibliche Erwerbstätige zu 35 Prozent in der Landwirtschaft, 25 Prozent in der Industrie, 31 Prozent in Dienstleistungsbereichen und 9 Prozent noch als Dienstmädchen im privaten Haushalt tätig. Vierzig Jahre später, also um 1990, hatte sich die Situation grundlegend verändert: Dienstmädchen wies die Statistik nicht mehr aus, nur noch 2,9 Prozent waren mithelfende Familienangehörige, die Industrie beschäftigte weiterhin 26 Prozent, aber den Dienstleistungssektor hatten die Frauen mit 71 Prozent als Angestellte, Beamte und Selbstständige mittlerweile für sich erobert. Schließlich waren 2003 schon 83,9 Prozent der erwerbstätigen Frauen darin beschäftigt (vgl. Jochmann-Döll 2005: 103).

2.3 Theoretische Ansätze zur Dienstleistungsgesellschaft

Dienstleistungsgesellschaft ist eine gängige, längst in die Alltagssprache eingegangene Kennzeichnung moderner Gesellschaften. Dabei ist das, was mit Dienstleistung bezeichnet wird, bis heute höchst strittig. Ein theoriegeschichtlicher Rückblick überrascht zudem mit der Entdeckung, dass Dienstleistungen schon früh, mit dem neuzeitlichen Denken thematisiert, aber in ihrer ökonomischen und gesellschaftlichen Bedeutung höchst unterschiedlich bewertet wurden (vgl. hierzu auch Häußermann, Siebel 1995: 134 ff.). Adam Smith entwickelte ein spezifisches Verständnis von Dienstleistung und dessen Verständnis prägt bisweilen noch heute unsere Auffassung – in durchaus problematischer Weise, wie im Verlauf dieser Ausführungen zu zeigen ist. Smith entfaltet sein Konzept von „produktiver" und „unproduktiver Arbeit", worin Dienstleistungen eine herausgehobene Rolle spielen. Zugleich setzt er sich dabei mit François Quesnay (1694-1774) auseinander, der sich ebenfalls um eine klare Abgrenzung bemüht hatte. Die Gegenüberstellung beider Vorstellungen ist hier deshalb interessant, weil sie den sozio-historischen Ursprung ihrer begrifflichen Anstrengungen offen legt und zudem zeigt, dass die diesbezüglichen Definitionen eine gesellschaftliche Funktion erfüllen, d. h. sie sollen die überkommenen Verhältnisse oder aber deren Veränderung rechtfertigen. So versucht Ques-

nay zwar, die Legitimation der schon brüchig gewordenen feudalen Ordnung zu festigen, ohne jedoch auf einen kritischen Unterton zu verzichten.
Hingegen will Smith der aufkommenden bürgerlich-liberalen Industriegesellschaft zum Durchbruch verhelfen. Dieser wissenssoziologische Ein-
blick berechtigt zu der Annahme, dass das Verständnis von Dienstleistung
höchst dynamisch, in den gesellschaftlichen Zusammenhang und dessen
Entwicklung eingebettet ist. Es wird überdies von bestimmten Interessen
und Fragestellungen geleitet, was dazu führen kann, dass ein spezifisches
Verständnis auch gesellschaftlich rechtfertigende, also ideologische oder
aufklärende Funktionen erfüllen kann.

Quesnay unterscheidet „drei Bevölkerungsklassen": die produktive
Klasse, die Klasse der Grundeigentümer und die sterile Klasse. „Die produktive Klasse ist diejenige, welche durch Bebauung des Bodens alljähr-
lich den Reichtum der Nation wieder neu erzeugt" (Quesnay 1962: 153).
Hingegen umfasst die Klasse der Grundeigentümer „den Herrscher, die
Grundbesitzer und die Zehntherren. Diese Klasse lebt von den Einkünf-
ten (…) des Ackerbaues, welche ihr jährlich von der produktiven Klasse
bezahlt werden" (ebd.: 153). Schließlich besteht die sterile Klasse „aus allen Bürgern, welche sich anderen Dienstleistungen und anderen Arbeiten als denjenigen der Landwirtschaft widmen und deren Ausgaben von
der produktiven Klasse und von der Klasse der Grundeigentümer bezahlt
werden" (ebd.: 153).

Smith kritisiert diese Einteilung: „Der Hauptirrtum dieses Systems
scheint darin zu liegen, daß es die Klasse der Handwerker, Fabrikanten
und Kaufleute als ganz unfruchtbar und unproduktiv darstellt" und sie
„als eine Art Dienstboten" ansieht (Smith 2009: 762 f.). Er selbst nimmt folgende Einordnung vor: „Es gibt eine Art von Arbeit, die dem Werte des
Gegenstandes, auf den sie verwendet wird, etwas hinzufügt, und eine
andere, die diese Wirkung nicht hat. Die erstere kann, da sie einen Wert
hervorbringt und produziert, produktive, die letzte unproduktive Arbeit
genannt werden" (ebd.: 393). Produktiv ist die Arbeit des Handwerkers
während die des Dienstboten unproduktiv ist, denn sie verwirklicht sich
nicht in einem bestimmten Gegenstand oder in einer verkäuflichen Ware.
Kennzeichen ist vielmehr, dass diese Dienste „gewöhnlich im Augenblick
ihrer Leistung verloren" gehen und „selten eine Spur oder einen Wert zurück" lassen (ebd.: 395). Produktive Arbeit zeichnet sich überdies dadurch
aus, dass die Arbeitsproduktivität durch Maschinen und Werkzeuge so-

wie durch eine geeignete Arbeitsteilung steigen kann (vgl. ebd.: 408). Die Arbeit kann mithin rationeller gestaltet werden. Smith bezeichnet nicht nur die Dienstboten als unproduktiv Arbeitende, sondern auch den Monarchen und „alle seine Zivil- und Militärbeamten mit der ganzen Armee und Flotte" – als die „achtbarsten Klassen der Gesellschaft" (ebd.: 395). Ferner zählt zur Klasse der Unproduktiven „sowohl einige der ernstesten und wichtigsten, als auch manche der unbedeutendsten Berufe (…): Geistliche, Juristen, Ärzte, Gelehrte aller Art, Schauspieler, Musiker, Opernsänger, Tänzer usw." (ebd.: 395). Die Produktiven gewähren den Achtbaren und Nützlichen, aber Unproduktiven auf direktem oder indirektem Wege Unterhalt, und zwar im Wesentlichen durch Grundrente und Kapitalgewinn (vgl. ebd.: 397). Bisweilen wird „das ganze, oder nahezu das ganze Staatseinkommen (…) in den meisten Ländern zum Unterhalt unproduktiver Hände verwendet", etwa für einen großen, glänzenden Hofstaat, eine zahlreiche Geistlichkeit und für gewaltige Flotten und Armeen (ebd.: 407).

Bemerkenswert ist, dass den Definitionen eine gewisse Widersprüchlichkeit eigen ist. Der Handel, die Handwerker- und Unternehmertätigkeit lassen sich durchaus den Dienstleistungen, also dem Unproduktiven zurechnen. Es ist aber vermutlich deren Nähe zur Produktion, mithin zum Produktiven, was Smith zu dieser Einordnung veranlasst. Sie erweist sich durchaus als sinnvoll, da es sich um notwendige, vor und nach gelagerte Bereiche von Produktion handelt, nämlich Planungs- und Managementaufgaben sowie Tätigkeiten, die üblicherweise erst einen unternehmerischen Gewinn realisieren helfen. Heutzutage werden sie als produktionsnahe Dienstleistungen bezeichnet.

Bei Karl Marx verändert sich die Perspektive, wiewohl eine gewisse Übereinstimmung mit Smith beibehalten wird. Marx verwendet, um produktive von unproduktiven Tätigkeiten zu unterscheiden, einen anderen Bezugspunkt. Er rekurriert nicht allein auf die besondere Natur der Tätigkeiten, sondern verweist auf die gesellschaftliche Organisationsform von Arbeit (vgl. Häußermann, Siebel 1995: 138). Lohnarbeit ist produktiv! In einem ersten Schritt teilt Marx noch mit Smith das Verständnis von produktiver Arbeit, wenn auch er diese auf einen konkreten Gegenstand bezieht, dem durch die Bearbeitung etwas hinzugefügt wird, so dass etwas Neues entsteht: „Wäre die spezifische produktive Arbeit des Arbeiters nicht Spinnen, so würde er die Baumwolle nicht in Garn verwandeln, also auch die Werte von Baumwolle und Spindel nicht auf das Garn über-

tragen. (…) In ihrer abstrakten, allgemeinen Eigenschaft also, als Verausga-
bung menschlicher Arbeitskraft, setzt die Arbeit des Spinners den Werten
von Baumwolle und Spindel Neuwert zu" (Marx 1974: 215). Diese Definition produktiver Arbeit ist angemessen für den einfachen Arbeitsprozess,
sie bedarf jedoch der Ergänzung, der Vertiefung mit Blick auf den kapitalistischen Produktionsprozess (vgl. ebd.: 196). Jetzt heißt es lapidar: „Nur
der Arbeiter ist produktiv, der Mehrwert für den Kapitalisten produziert
oder zur Selbstverwertung des Kapitals dient" (ebd.: 532). Dienstleistungen, die nicht Teil des Verwertungsprozesses des Kapitals sind, gelten wie
bei Smith als unproduktiv, so das in privaten Haushalten angestellte Personal, „‚die dienende Klasse'", ferner Menschen, die „zu alt oder zu jung zur
Arbeit, alle ‚unproduktiven' Weiber (…), dann die ‚ideologischen' Stände,
wie Regierung, Pfaffen, Juristen, Militär usw., ferner alle, deren ausschließ-
liches Geschäft der Verzehr fremder Arbeit in der Form von Grundrente,
Zinsen usw." (ebd.: 469). Hingegen arbeitet ein Lehrer, der in einer „Lehrfabrik" tätig ist, produktiv: „Steht es frei, ein Beispiel außerhalb der Sphäre der materiellen Produktion zu wählen, so ist ein Schulmeister produktiver als ein Arbeiter, wenn er nicht nur Kinderköpfe bearbeitet, sondern
sich selbst abarbeitet zur Bereicherung des Unternehmers. Daß letztrer sein
Kapital in einer Lehrfabrik angelegt hat, statt in einer Wurstfabrik ändert
nichts an dem Verhältnis. Der Begriff des produktiven Arbeiters schließt
daher keineswegs bloß ein Verhältnis zwischen Tätigkeit und Nutzeffekt,
zwischen Arbeiter und Arbeitsprodukt ein, sondern ein spezifisches gesellschaftliches, geschichtlich entstandenes Produktionsverhältnis, welches den Arbeiter zum unmittelbaren Verwertungsmittel des Kapitals
stempelt" (ebd.: 532).

Jean Baptiste Say (1767-1832) geht über das bisherige Verständnis von
produktiver und unproduktiver Arbeit hinaus. Er begreift alle Arten von
Betätigung und mithin auch jedwede Dienstleistung als produktiv, sofern
sie zu nützlichen Dingen führen: „Welcher Verrichtung sich auch immer
die Arbeit widmet, sie ist produktiv, da sie ein Erzeugnis hervorbringt. So
ist die Tätigkeit des Gelehrten, der Experimente und Bücher liefert, produktiv. Die Arbeit des Unternehmers ist produktiv, auch wenn dieser nicht
unmittelbar mit Hand anlegt. Schließlich ist die Verrichtung des Handar-
beiters (…), angefangen vom Tagelöhner, der die Erde bearbeitet, bis hin
zum Matrosen, der ein Schiff bedient, produktiv" (Say 1841: 84 f., zitiert
nach: Hofmann 1971: 88).

Als Resümee kann festgehalten werden: Das Verständnis der Autoren ist höchst unterschiedlich. Dienstleistungen sind für Quesnay unproduktiv, bei Smith ebenfalls, sofern sie nicht produktionsnah erbracht werden. Marx teilt zunächst das Verständnis von Smith. Aber mit Blick auf den sich entwickelnden Kapitalismus bezeichnet er all jene Dienstleistungen als produktiv, die Teil des Verwertungsprozesses des Kapitals sind. Selbst eine klassische Dienstleistung wie die des „Schulmeisters", also die Tätigkeit des Unterrichtens, die wohl üblicherweise von den Autoren als unproduktiv qualifiziert würde, wird zu einer produktiven Leistung, sofern ein Unternehmer eine eigene „Lehrfabrik", mithin eine Schule betreibt. Diese klare Einordnung durch Marx wird diffus, wenn er von den unproduktiven Weibern spricht und das Wort unproduktiv in Anführungsstriche setzt. Ist ihre unentgeltliche Arbeit in Haus und Familie möglicherweise für ihn doch produktiv? Say schließlich begreift alle materiellen und immateriellen Erzeugnisse als Ergebnis produktiver Tätigkeit, soweit es sich um nützliche, marktgängige Artikel handelt.

Die Wissenschaftler, die sich seit Mitte des 20. Jahrhunderts, als die ständig wachsenden Dienstleistungen und die zunehmend schrumpfende Beschäftigung in der industriellen Produktion unübersehbar zutage traten, mit dem Strukturwandel auseinander setzten, knüpften an die frühen Debatten nicht unmittelbar an, was sicherlich ein Mangel ist. Gleichwohl stellen sie mittelbar eine Verbindung her, indem die unterschiedliche Produktivität beider Arten von Arbeit das Zentrum ihres Erkenntnisinteresses bildet. Enorme Produktivitätsfortschritte durch den Einsatz von technischen und arbeitsorganisatorischen Innovationen, die es über Jahrhunderte so nicht gegeben hatte, waren bereits für Smith ein selbstverständliches Thema, von Marx ganz zu schweigen. Hier schloss Jean Fourastié (1907-1990) mit seiner programmatischen Studie an, in der er die Grundlagen für die weitere Diskussion legte. Er übernimmt die bereits eingeführte Aufteilung der Volkswirtschaft in einen primären, sekundären und tertiären Sektor und unterscheidet diese nach dem Ausmaß des technischen Fortschritts und der Höhe der Arbeitsproduktivität. Während im primären Sektor, der Landwirtschaft, der technische Fortschritt mittelmäßig stark ist, zeichnet sich der sekundäre, industrielle Sektor durch großen technischen Fortschritt aus (vgl. Fourastié 1954: 80). „Dem tertiären Sektor verbleiben damit sämtliche übrigen Wirtschaftstätigkeiten, d. h. die Wirtschaftsbereiche mit geringem oder ohne technischen Fortschritt" wie der Handel, die

Verwaltung, das Unterrichtswesen, die freien Berufe und eine große Zahl
von Handwerksberufen (ebd.: 80). Zwar kann auch hier trotz stagnieren-
der Tendenzen eine zunehmende Steigerung der Produktivität erwartet
werden, diese entwickelt sich jedoch langsam und „selbst im günstigsten
Falle und bei sehr optimistischer Einstellung (kann, I.R.) eine Verdoppe-
lung des heutigen Wertes nicht vor Ablauf von vierzig oder fünfzig Jahren" erwartet werden (ebd.: 277).

   Die Verzögerung bedeutet aber eine enorme Chance für die entwickelten Industriegesellschaften, denn diese haben die Möglichkeit, die in
der Industrie durch Rationalisierungsprozesse freigesetzten Arbeitskräfte
im Dienstleistungssektor zu beschäftigen, zumal, davon auszugehen ist,
dass der diesbezügliche Bedarf grenzenlos ist. Die „„tertiäre Zivilisation'
(...) wird durch einen dauernden Mangel an tertiären Gütern und Dienstleistungen gekennzeichnet sein. Der tertiäre Sektor ist der ‚Engpaß' der
modernen wirtschaftlichen Entwicklung" (ebd.: 258). Das ist für Fourastié
„die große Hoffnung des zwanzigsten Jahrhunderts". Diese Hoffnung impliziert zugleich sozialen Forschritt (vgl. ebd.: 76), der bereits in den USA
zu erkennen ist. Auch in Europa, das Anfang der fünfziger Jahre noch mit
den Kriegsfolgen zu kämpfen hatte, wird der Lebensstandard steigen, der
individuelle Verkehr zunehmen und zudem die Besiedlung ländlicher Räu-
me. Das private und berufliche Leben wird sich grundlegend verändern.
„Das Haus der Zukunft wird ein technisches Wunderwerk sein, dessen
Leistungen weit über Heizung und Beleuchtung hinausgehen, und das,
soweit als möglich, das unstillbare Bedürfnis nach tertiären Diensten be-
friedigt" (ebd.: 248). Dadurch wird sich „das Leben der Hausfrau grundlegend verändern und ihr das Streben nach gepflegter Eleganz und geis-
tiger Bildung gestatten" (ebd.: 248). In der beruflichen Sphäre werden die
geistigen Anforderungen steigen, zumal sich die Arbeitsorganisation fun-
damental verändert. Der Taylorismus wird überwunden, da durch Gruppenarbeit und durch Fortschritte in der Psychotechnik individuell verschiedene, optimale Arbeitsbedingungen entstehen, die „in hohem Maße
die freie Entfaltung der geistigen Fähigkeiten" fördern (ebd.: 253). Empha-
tisch heißt es an anderer Stelle: „Das Ideal der neuen Arbeitsorganisation
ist dann erreicht, wenn die Arbeit nur mehr aus Initiative besteht" (ebd.:
250). Infolgedessen nehmen Bildung und Ausbildung eine Schlüsselrolle
ein, und „die Hälfte oder drei Viertel der Bevölkerung werden eine hoch-
schulmäßige Bildung haben" (ebd.: 310). Daniel Bell (1919-2011), der sich ei-

nige Jahre später ebenfalls mit der postindustriellen Gesellschaft befasste, charakterisiert die Tendenzen zur Höherqualifizierung als eine Entwicklung zur „Informations- und Wissensgesellschaft" (Bell 1985: 374).

Die Analysen Fourastiés haben auch sechzig Jahre nach Erscheinen noch einen hohen Realitätsgehalt. Unbestritten ist seine Feststellung, dass der tertiäre Sektor aufgrund des geringen technischen Fortschritts einen enormen Beschäftigungszuwachs verzeichnet. Was der Autor jedoch nicht antizipieren konnte sind die technischen und arbeitsorganisatorischen Innovationen, etwa die taylorisierte Arbeitszersplitterung im Büro und Verwaltungsbereich, geringeren Service verbunden mit umfassenden Tendenzen zur Selbstbedienung, standardisierte Beratung im Handel und bei Banken sowie die Arbeitszeitflexibilisierung der Beschäftigungsverhältnisse. Von geradezu revolutionärer Bedeutung sind die anhaltenden Entwicklungen in der Informations- und Kommunikationstechnologie. Infolgedessen ist das Rationalisierungspotential in der Mehrzahl der Dienstleistungsbereiche enorm gestiegen, wozu nun auch Möglichkeiten zur räumlichen Auslagerung, etwa in Gestalt von Telearbeit kommen. Die Rationalisierungsstrategien bremsen nicht nur einen weiteren Ausbau der Beschäftigung, sondern gehen mit deutlichen Beschäftigungsverlusten einher. Produktivitätssteigerungen lassen sich bei den personenbezogenen Dienstleistungen nur begrenzt feststellen, etwa durch Tendenzen der Taylorisierung, d. h. eine kleinteilige, fragmentierte Leistungsbemessung in der Pflegearbeit – auch „Minutenpflege" genannt – , die aber kaum zu befriedigenden Ergebnissen bei den Kunden und Beschäftigten führt. Die Haushaltstechnologien haben eher die Eigenarbeit gefördert als die Nachfrage nach haushaltsnahen Diensten erhöht – bestenfalls bei Älteren und gut Verdienenden. Zudem werden diese Leistungen vielfach in prekärer Beschäftigung erbracht, was auch für weitere personenbezogene Tätigkeiten gilt. Eine generelle Tendenz zur Höherqualifizierung ist bis heute unübersehbar, aber eine angemessene Qualifikation erweist sich angesichts der Defizite im Bereich von Bildung und Aus- sowie Weiterbildung als ein Problem ersten Ranges. Andererseits werden bei personenbezogenen Dienstleistungen Qualifizierungsprozesse vielfach für unnötig erachtet, denn es handele sich – so das Vorurteil – um eine einfache, d. h. Jede-Frau- bzw. Jeder-Mann-Tätigkeit, die mithin gering entgolten werden kann. Die Höherqualifizierung ist zwar auch dem Bedeutungsverlust des Taylorismus geschuldet, aber Tätigkeiten wie Planung, Forschung und Entwicklung haben zusammen mit generellen Professionalisierungstendenzen deutlich zugenommen, was die mittlerweile gängige Metapher von der Wissensgesellschaft unterstreicht. Frauenerwerbstätigkeit und deren Zunahme mit dem Durchbruch zur Dienstleistungsgesellschaft wird im Unterschied zu Bell von Fourastié aber nicht thematisiert. Zwar antizipiert er die wachsende Bildung der Frauen, aber diese fördere nicht ihre Erwerbstätigkeit – durchaus auch in anspruchvollen Berufen –, sondern eine anspruchsvolle Erziehung der Kinder. Diese Tätigkeit zusammen mit der Hausarbeit sei „eine Arbeit von erstrangiger sozialer Bedeutung", wobei zu kritisieren sei, dass sie nicht in die volkswirtschaftliche Gesamtrechnung eingehe (ebd.: 121 f.).

Der Optimismus Fourastiés hinsichtlich der gesellschaftlichen Entwicklung forderte Widerspruch heraus. Dabei spielt die wachsende Frauenerwerbstätigkeit, die Bell als ein typisches Merkmal der nachindustriellen Gesellschaft betont, eine wichtige Rolle, die bisweilen in der Argumentation aber eher verdeckt bleibt. Im Zuge eines kritischen Blicks auf die kapitalistische Moderne, die „tertiäre Zivilisation", mit ihrer Tendenz zur allseitigen Verrechtlichung, Bürokratisierung, Rationalisierung und Professionalisierung verblassen jedoch die optimistischen Visionen. Befürchtungen dämpfen die ursprünglichen Hoffnungen (vgl. Gross 1983: 154 ff.).

Soweit ich sehe, hatte schon Simmel den Ton vorgegeben, als er die ambivalente Rolle des Geldes und die Tendenz zur umfassenden Vermarktung menschlicher Arbeit unterstrich. Die Ablösung der Naturalwirtschaft durch die Geldwirtschaft führt – so Simmel – dazu, dass „das Geld auf der einen Seite eine früher unbekannte Unpersönlichkeit alles ökonomischen Thuns (erzeugt, I.R.), andererseits eine ebenso gesteigerte Selbstständigkeit und Unabhängigkeit der Person" (Simmel 1992: 179). Die durch Gelderwerb gewonnene Freiheit mit ihrer Tendenz zur Individualisierung hat aber eine Kehrseite: „Das ist wiederum das Bedenkliche einer auf Geld gestellten Cultur, wie die (...) der modernen Welt: dadurch, daß immer mehr Dinge mit Geld bezahlt, durch Geld erreichbar werden, und dieses so als der ruhende Pol in der Flucht der Erscheinungen hervortritt, übersieht man gar zu oft, daß auch die Objecte des wirthschaftlichen Verkehres noch Seiten haben, die nicht in Geld ausdrückbar sind; man glaubt gar zu leicht, in ihrem Geldwerthe ihr genaues, restloses Aequivalent zu besitzen. (...) Die qualitative Seite der Objecte büßt durch die Geldwirthschaft an psychologischer Betonung ein, die fortwährend erforderliche

Abschätzung nach dem Geldwerthe läßt diesen schließlich als den einzig gültigen erscheinen" (ebd.: 186). Eingedenk dieses Sachverhalts thematisiert Peter Gross die vorgenannten Folgeprobleme einer wachsenden Dienstleistungsgesellschaft (vgl. Gross 1983: 146, 154). Mit Blick auf den Gesundheitssektor konstatiert er die erwähnten strukturellen Entwicklungen. In totalen Institutionen, die bekanntlich alle Lebensbereiche ihrer Mitglieder erfassen und kontrollieren, spitzen sich diese Tendenzen zu. In bürokratischen Organisationen werden, was hinlänglich erforscht und bekannt ist, die eigentlichen Ziele vielfach verfehlt und zudem humane, qualitative Ansprüche an Dienstleistung nur schwer realisiert. Infolgedessen haben sich Gegenbewegungen formiert, und zwar die Nicht-Professionellen, die Laien. So versuchen Selbsthilfegruppen mit Erfolg, die gesetzten Ziele, beispielsweise den Verzicht auf Drogen, zu realisieren und dabei gleichzeitig humanen Maßstäben zu genügen.

Eine weitere Perspektive skizzieren Hartmut Häußermann und Walter Siebel: Sie erblicken in der wachsenden Vergesellschaftung immer weiterer Lebensbereiche, die die Integration der Frauen in den Arbeitsmarkt erst ermöglicht hat, ebenfalls eine höchst ambivalente Entwicklung, denn damit wird „die kapitalistische Kultur" nur vollendet, aber keine neue hervorgebracht (Häußermann, Siebel 1995: 197). Insofern sehen sie in einem gewissen Rückstand der Bundesrepublik „eine Chance, nämlich dafür, den Weg in die restlos warenförmig bzw. bürokratisch organisierte Gesellschaft eben nicht bis ans Ende zu gehen. Das hieße, einen bestimmten Anteil von Arbeit und Bedürfnisbefriedigung weiterhin oder sogar vermehrt informell in den sozialen Netzen von Verwandtschaft, Freundschaft und Nachbarschaft zu organisieren" (ebd.: 198). Dazu ist ein Weg in eine andere Moderne vonnöten, nämlich jenseits überkommener geschlechtsspezifischer Arbeitsteilung eine Gleichverteilung von Erwerbs- und Nichterwerbsarbeit anzustreben. Lutz, auf den sich die beiden Autoren beziehen (vgl. ebd.: 201), argumentiert in die gleiche Richtung, jedoch pessimistischer, da er den gedanklichen Sprung in eine radikal andere Moderne nicht wagt. Er schreibt: „Vieles spricht dafür, daß mit der Absorption des traditionellen Sektors durch den industriell-markwirtschaftlichen Sektor menschheitsgeschichtliche Leistungen hohen Werts zerstört wurden, für die bisher kein auch nur einigermaßen gleichwertiger Ersatz entstanden ist. (...) Hierzu gehören (...) sozialisatorische Effekte, Formen der Persön-

lichkeitserziehung und -bildung, deren Borniertheit, ja vielfach Gewalt-
tätigkeit offenkundig ist, deren im weitesten Sinne kultureller Reichtum
jedoch erst in dem Maß sichtbar wird, in dem er vor unseren Augen ver-
lorengeht" (Lutz 1984: 233). Die Alltagsnähe vieler Dienstleistungen lässt
Baethge ebenfalls skeptisch formulieren: „Vielleicht gehört es zu einer humanen Dienstleistungsgesellschaft, nicht die ganze Alltagskultur der Erwerbsquote zu überantworten und sich Bezirke zu bewahren, die nicht in
den Status von Lohnarbeit überführt werden" (Baethge 2001: 42). Das folgende Resümee könnte kaum radikaler ausfallen: „Die Unterwerfung aller
Lebensbereiche unter die Warenform würde so zugleich die Grundlagen
des gesellschaftlichen Lebens zerstören" (Häußermann, Siebel 1995: 202).

Dieser, keineswegs vereinzelt vertretenen Sichtweise hat Karin Gottschall vehement widersprochen. Die Sicht ist einseitig, denn sie überdeckt
einen wichtigen Tatbestand: Die Annahme, dass der Verbleib personenbezogener Dienstleistungen im privaten Haushalt, also Erziehung, Betreuung
und Pflege, per se eine bessere Qualität garantiert als jede professionelle,
erwerbsförmig erbrachte Dienstleistung übersieht, „dass diese fürsorgli-
che Praxis für die fürsorgende Person mit sozialer Abhängigkeit einhergeht und im übrigen keineswegs vorgesellschaftlich ist" (Gottschall 2000:
16). Überdies wird dieser Tätigkeit Anerkennung verwehrt. Anerkennung
wird aber nach wie vor durch Erwerbsarbeit als Medium sozialer Integration und individueller Emanzipation erlangt. Zu diesem gesellschaftlichen
Fortschrittsmodell gibt es bislang keine Alternative. Da Gesellschaft sich
über wechselseitige Anerkennung ihrer Mitglieder konstituiert, muss in
einem Gegenmodell zum Status quo jene „Abhängigkeit, wie sie typischer-
weise in fürsorglichen sozialen Praktiken entsteht, anerkannt und den verantwortlichen Umgang mit Abhängigkeit honoriert (werden, I.R.), statt ihn
auszubeuten" (ebd.: 17). Mit Blick auf die gesellschaftliche Zukunft muss
die Frage beantwortet werden: „Wie viel Arbeit verbleibt im häuslich-fa-
miliären Kontext und wer verrichtet sie, was übernehmen Markt, Staat,
Familie und intermediäre Organisationen?" (ebd.: 17).

International vergleichende Studien zeigen, dass die Frauenerwerbsquote zusammen mit der spezifischen nationalen wohlfahrtsstaatlichen
Ausprägung wesentliche Faktoren sind, um die Dynamik des Dienstleistungssektors, vor allem im Bereich personenbezogener Dienstleistungen,
zu erklären. Dessen Expansion hängt mithin von politischen Steuerungs-
optionen und gesellschaftlichen Wertvorstellungen ab. Mit anderen Wor-

ten: „Die Trends und Gegentrends zur Dienstleistungsgesellschaft lassen sich also nicht verabsolutieren, sondern finden innerhalb gewisser Entwicklungspfade statt" (Heinze 2011: 175). Auf Grund dieser Abhängigkeit gilt für die zukünftige Entwicklung in Deutschland „ein rein marktwirtschaftliches Szenario der sozialen Dienstleistungsproduktion (als, I.R.) unwahrscheinlich. Eher wird es einen Weg zu einem neuen ,Wohlfahrtsmix' geben, der aber durchaus mehr Wettbewerbselemente und Transparenz erlauben wird" (ebd.: 183).

Ich fasse zusammen: In einem ersten Schritt wurden ausgehend von Positionen einiger Klassiker der Wirtschafts- und Gesellschaftslehre unterschiedliche Verständnisse von Dienstleistung im Spannungsfeld von produktiver und unproduktiver Arbeit skizziert. Es kennzeichnet, wie noch zu zeigen ist, auch die gegenwärtige Diskussion. In einem zweiten Schritt wurden einige AutorInnen mit ihren theoretischen Ansätzen zur Dienstleistungsgesellschaft seit den fünfziger Jahren des vergangenen Jahrhunderts vorgestellt. Es wurden zwei typische Positionen konfrontiert. Die optimistische Variante, für die Fourastié steht, konnte vor allem das mittlerweile immense technisch-organisatorische Rationalisierungspotential der neuen Technologien mit den Folgen für die Beschäftigung nicht voraus sehen. Die gesellschaftskritische Sicht, die Gross, Häußermann/Siebel, Baethge und Gottschall präsentieren, thematisiert im Zuge des Wandels zu einer nahezu alle Lebensbereiche durchdringenden Dienstleistungsgesellschaft unter kapitalistischem Vorzeichen Prozesse der Verrechtlichung, Bürokratisierung, Rationalisierung und Professionalisierung. Diese können die Realisierung von Qualitätsstandards gefährden. Sie plädieren daher für eine zumindest teilweise Beibehaltung der Produktion von Dienstleistung jenseits des Marktes, im privaten, häuslichen Lebensbereich. Dabei unterstellen sie, auch unter Bezug auf Lutz, dass hier eher Qualitätsmaßstäbe erfüllt werden. Gottschall hingegen verweist auf die soziale Abhängigkeit und Nicht-Anerkennung dieser Leistung, die überwiegend von Frauen unentgeltlich erbracht wird, durch das gesellschaftliche Umfeld. Erwerbstätigkeit ist eben, wie schon Simmel nicht ohne Ambivalenz feststellte, nach wie vor *das* Medium gesellschaftlicher Partizipation, Individualisierung und Emanzipation. Gottschall weitet den Horizont über Häußermann/Siebel und Baethge hinaus, wenn sie mit Blick auf die Produktion von Dienstleistungen die gesellschaftlichen Akteure auffordert, eine neue Balance zwischen Haushalt, Staat, Markt und intermediären Or-

ganisationen auszuhandeln. Diese Prozesse sind eingebettet in die bisherige, also Pfadabhängigkeit wohlfahrtsstaatlicher Entwicklung. Dazu gehört für Gottschall selbstverständlich auch die Antwort auf die Frage, wer
welche Arbeiten und in welchem Umfang zu verrichten hat.

2.4 Arbeit, Dienstleistung und Entgelt

Während die vorgestellten Klassiker bereits Dienstleistungen thematisierten, wobei sie deren Bewertung mit Blick auf produktive Arbeit kontrovers
diskutierten, scheint, folgen wir den Ausführungen Herbert Marcuses (1898-
1979), in den späteren Dekaden eine vielfache Verengung des Verständ-
nisses von Arbeit – genauer von Erwerbsarbeit – stattgefunden zu haben,
so dass in der Konsequenz Dienstleistungen ausgeblendet wurden. Mehr
noch, die persönlichkeitsformende, gesellschafts- und geschichtsprägen-
de Rolle von Arbeit ist in der ökonomischen Theorie nicht mehr präsent.
Arbeit wird – so Marcuse – auf einen bloßen Produktionsfaktor reduziert.
Sie wird auf die wirtschaftliche Tätigkeit, auf materielle Güterproduktion beschränkt. „(…) während man die Tätigkeit z. B. des Politikers, Künst-
lers, Forschers, Priesters nur im übertragenen Sinne und etwas unsicher
als Arbeit bezeichnet, sie jedenfalls gerade in einen grundsätzlichen Gegensatz zur wirtschaftlichen Tätigkeit bringt" (Marcuse 1967: 8). Präzisierend fügt Marcuse später hinzu: „Daß alle Arbeit wesentlich auf Gegen-
ständlichkeit bezogen ist, erscheint sofort zweifelhaft, wenn man etwa an
,geistige' Arbeit, an politisches Handeln, an gesellschaftliche ,Dienstleis-
tungen' (wie die Tätigkeit des Arztes, des Lehrers u. a.) denkt" (ebd.: 28).
Hinzu kommt eine weitere Reduktion, nämlich „auf die geleitete, unfreie
Tätigkeit (deren Begriffsmodell die Arbeit des Lohnarbeiters ist)" (ebd.: 8).
Simmel betont grundlegend: „In der Arbeit gewinnen die Körperlichkeit
und die Geistigkeit des Menschen, sein Intellekt und sein Wille eine Ein-
heitlichkeit" (Simmel 1992: 421). Der Soziologe Ferdinand Tönnies (1855-
1935) macht sich ein eingeschränktes Verständnis von Arbeit zu Eigen. Er
schreibt: „Der Fabrikant oder Unternehmer mag aber in Wirklichkeit irgendwelche eigene Arbeit oder doch: Tätigkeit und Dienstleistung in den
Produktionsprozeß hineinfügen, so daß sie zum Ergebnisse mitwirkt und
zur Konstitution des aktuellen *Wertes* der hervorgebrachten Sachen beiträgt; und am ehesten ist von dieser Beschaffenheit, was als Leitung und

Anweisung, als Disposition der vorhandenen Kräfte, oberste Aufsicht, kurz als: die Regierung oder Direktion eines komplizierten Systemes der Bewegungen und Tätigkeiten, von der eigentlichen Arbeit sich abhebt. So leicht diese Verbindung in Begriff und Wirklichkeit sich erhält, so ist sie doch nur per accidens vorhanden und kann folglich, *gleich aller eigentlichen Arbeit*, von der unternehmenden Funktion geschieden werden; *muß* von ihr geschieden werden, damit diese ihrem reinen Begriffe gemäß erscheine" (Tönnies 1979: 58). Einer solchen Auffassung widerspricht Weber, wenn er die disponierende Leistung, etwa die des Unternehmers, des Managers, „selbstverständlich *auch* und zwar im stärksten denkbaren Maße" als Arbeit begreift (Weber 1964: 82). In neuerer Zeit haben Rolf G. Heinze und Claus Offe zwar zu Recht auf die Gefahr einer inflationären Verwendung des Arbeitsbegriffs aufmerksam gemacht. Indem sie sich aber ausschließlich an der Güterproduktion orientieren, ignorieren sie die (personenbezogenen) Dienstleistungen, vor allem auch deren besondere Qualität. Sie schreiben: „Auch begrifflich-analytisch sind gegen eine allzu expansive Neubestimmung des Arbeitsbegriffs Einwände zu erheben. Von ‚Arbeit' kann nur gesprochen werden, wenn eine Tätigkeit durch ein vorbedachtes und nicht nur von den Arbeitenden selbst, sondern auch von anderen als nützlich bewertetes Ziel geleitet wird und wenn sich die auf dieses Ziel gerichteten Anstrengungen in einer gewissen Übereinstimmung mit dem gesellschaftlich erreichten Stand der technischen Produktivität befinden" (Heinze, Offe 1990: 9).

Auf eine darüber hinaus gehende folgenreiche Verengung mit Blick auf personenbezogene Dienstleistungen und deren Bewertung hat die neuere Frauenbewegung und -forschung hingewiesen. Die gesellschaftliche Ignoranz hat allem Anschein nach bis heute gravierende Folgen, etwa beim Entgelt für diese, auch in Erwerbsarbeit transformierten Tätigkeiten. Spätestens seit der bürgerlich-kapitalistischen Gesellschaft wird Arbeit mit Erwerbsarbeit gleichgesetzt (vgl. Neusüß 1983: 181 ff.; Schmid 1990: 258 ff.). Ausgeblendet werden all jene Arbeiten, die in der Regel von Frauen verrichtet werden und die erst die Voraussetzungen für Erwerbsarbeit schaffen, so die Erziehung von Kindern, die Betreuung und Pflege von Kranken und Alten sowie die Hausarbeit, die zusammen mit der Beziehungsarbeit die physische und psychische Wiederherstellung, auch der männlichen Arbeitskraft, im Alltag sicherstellen. Diese Sorgearbeit wird von Frauen unabhängig davon geleistet, ob sie selbst erwerbstätig sind oder nicht. Entlastende Dienstleistungen können sich nur die gut Verdienenden kaufen. Theoretiker der Dienstleistungsgesellschaft, die seit den fünfziger Jahren des vergangenen Jahrhunderts die Debatten bestimmen, haben stets um ein angemessenes Verständnis von Dienstleistung gerungen (vgl. Fourastié 1954, Gershuny 1981, Gartner, Riessman 1978, Gross 1983, Bell 1985). Diese begriffsgeschichtliche Rekonstruktion interessiert in diesem Zusammenhang weniger, es geht vielmehr in pragmatischer Absicht um ein angemessenes, den Fortgang der Analyse leitendes Verständnis. Anders verhält es sich mit jenen oben vorgestellten Positionsbestimmungen durch die frühen Theoretiker, deren Ansätze auch deshalb als klassisch bezeichnet werden können, da sie teilweise bis heute das Verständnis von Dienstleistung prägen, zumal es sich nach wie vor als höchst unterschiedlich, widersprüchlich und kontrovers präsentiert. Die Definitionsversuche weisen mithin eine sehr wechselvolle Geschichte auf. In die Diskussion spielt zudem die strittige Auffassung von Arbeit mit ihren spezifischen Ausgrenzungen mit hinein, wie im Folgenden zu zeigen ist. Sie gibt die Richtung der Argumentation vor.

Als Resümee kann festgehalten werden, dass Dienstleistungsarbeit in theoriegeschichtlicher Perspektive, aber auch im Alltagsverständnis mehrfachen Reduktionen ausgesetzt ist, was – so ist wenigstens für bestimmte Bereiche zu vermuten – Folgen hinsichtlich gesellschaftlicher Anerkennung und Vergütungspraxis zeitigt. So kann die folgende aktuelle Feststellung, in der auch verhaltende Kritik an den Gewerkschaften formuliert wird, kaum verwundern: „(...) produzierende, also Sachgüter erstellende Arbeit gilt verbreitet als produktiv, als gewissermaßen ,eigentliche' Arbeit, der gegenüber Dienstleistungsarbeit vielleicht notwendig, aber unproduktiv ist, eine Unterscheidung, die auch der Gewerkschaftsbewegung nicht fremd war" – und möglicherweise noch ist (Voswinkel 2010: 23).

Ebenfalls in neuerer Zeit haben Johannes Berger und Offe eine Definition von Dienstleistung vorgelegt und sie in ein weiteres theoretisches Gefüge eingebettet. Hier findet sich zehn Jahre früher das reduzierte Verständnis von Arbeit wieder, wie wir es oben bei Heinze/Offe bereits kennen gelernt haben. Die Autoren betonen, wie schon die älteren Theoretiker, das Nicht-Materielle, die „Nicht-Stofflichkeit" von Dienstleistung und deshalb „kann das Leistungsergebnis nicht in Zeit und Raum verschoben, d. h. gelagert und transportiert werden" (Berger, Offe 1980: 43). Sie unterstreichen die makrosoziologische und funktionale Ausrichtung ihrer Begriffsbestimmung: „Sie besagt im Kern, daß der Dienstleistungssektor die Gesamtheit jener Funktionen im gesellschaftlichen Reproduktionsprozeß umfaßt, die auf die Reproduktion der Formalstrukturen, Verkehrsformen und kulturellen Rahmenbedingungen gerichtet sind, unter denen die materielle Reproduktion der Gesellschaft stattfindet" (ebd.: 44). Dabei ist Reproduktion nicht starr und statisch zu verstehen, sondern durchaus dynamisch, d. h. sie gibt Raum für Prozesse der Innovation, der Veränderung und der aktiven Anpassung. Das soziologisch Gemeinsame aller Dienstleistungsarbeiten ist, „daß sie sämtlich mit der Sicherung, Bewahrung, Verteidigung, Überwachung, Gewährleistung usw. der historischen Verkehrsformen und Funktionsbedingungen einer Gesellschaft und ihrer Teilsysteme zu tun haben" (ebd.: 46). Dienstleistung wird mit Arbeit jedoch nicht umstandslos identifiziert. Der Begriff Arbeit wird für herstellende Tätigkeiten reserviert, während Dienstleistung, die letztlich auf die materielle Produktion funktional bezogen ist, als „Meta-Arbeit", als „reflexive Arbeit" bezeichnet wird (ebd.: 45 f.). Als Organisationsformen von Dienstleistungen unterscheiden die Autoren kommerzielle, organisationsinterne und staatlich-öffentliche (vgl. ebd.: 53).

Da Dienstleistungen höchst heterogen sind, ist es für ein adäquates Verständnis erforderlich, die einzelnen Tätigkeiten genauer zu beleuchten. Begriffe wie Produktion, Produkt, Anbieter, Konsument, die mit wirtschaftlicher Tätigkeit verbunden werden, sind – so Bernd Badura – für die Analyse personenbezogener Dienstleistungen völlig unangemessen. Gleichwohl ist ein grundlegendes Umdenken noch nicht in Sicht (vgl. Badura 1995: 183). Für personenbezogene Gesundheitsdienste gilt die „Koerstellungsthese, d. h. der Patient (...) hat in der Regel einen großen, oft sogar entscheidenden Anteil daran, welche Leistungen zu welchem Zeitpunkt, wie und mit welchem Ergebnis zustande kommen" (ebd.: 183). Bell wählt dafür das treffende Bild vom „Spiel zwischen Personen" (Bell 1985: 134, 374). Eine Standardisierung einzelner Arbeitschritte verbietet sich wegen der je unterschiedlichen Voraussetzungen und der Individualität jedes Hilfebedürftigen. Anderenfalls wird die Qualität der Leistung gefährdet. Einschlägige Forschungsergebnisse haben zudem gezeigt, dass „interaktionsintensive Leistungen wie Zuwendung, Zuspruch, Information und Beratung nicht nur die Wirksamkeit technikintensiver Maßnahmen erhöhen, sondern darüber hinaus auch einen eigenständigen, salutogenen Einfluß auf Bewußtsein, Gefühlsleben und Verhalten und, vermittelt über Botenstoffe und Hormone, auf zentrale Körperfunktionen wie das Immun- und das Herz-Kreislauf-System ausüben" (Badura 1995: 185 f.). Die Qualität und die Effizienz der Leistungen sind „extrem abhängig von der Qualifikation und Motivation der Beschäftigten" (Badura, Humeling 1997: 471). Bei einer solchen interaktiven, kommunikativen Tätigkeit erweist sich soziale Kompetenz als Schlüsselkompetenz (vgl. ebd.: 473).

Es zeigt sich nun und dies kann nicht erstaunen, dass bei personenbezogenen Dienstleistungen nun jene Anforderungen tätigkeitsrelevant werden, die die im Privaten, unentgeltlich erbrachte Erziehungs-, Beziehungs- und Pflegearbeit von jeher charakterisiert: die Ganzheit der Arbeitsaufgabe, die auf unmittelbare Bedürfnisbefriedigung zielt und einem natürlichen Zeitrhythmus unterliegt, wobei als Qualifikationen besonders Erfahrungswissen, Intuition und Empathie gefördert werden (vgl. Ostner 1978: 121 ff.). Das sind auch die Merkmale, die die Debatten um subjektivierendes Arbeitshandeln bzw. Subjektivierung von Arbeit ganz wesentlich mitbestimmen (vgl. Raehlmann 2004: 31 ff.; Aulenbacher 2005: 232).

Wie schon die vorgenannten Theoretiker verweisen auch Berger/Offe auf die geringe Produktivität von Dienstleistungsarbeit (vgl. Fourastié 1954: 30; Bell 1975: 159; Gershuny 1978: 111). Sie existiert „jedenfalls dann, wenn Produktivität in Analogie zur industriellen Produktion als realisierter output pro Arbeitseinheit (z. B. geheilte Patienten pro Beschäftigten im Gesundheitssystem pro Jahr) gemessen wird und nicht als *potentieller output* (z. B. Verfügbarkeit medizinischer Leistungen)" (Berger, Offe 1980: 49). Der Produktivitätsrückstand wird von den Autoren insgesamt auf das – teilweise auch heute noch vorhandene – geringe technisch-organisatorische Rationalisierungspotential zurückgeführt. Dieses Dilemma diene als entscheidendes Argument, um in bestimmten Bereichen von Dienstleistungsarbeit niedrige Löhne zu rechtfertigen. Für diesen Sektor sei daher eine Polarisierung des ökonomischen und des sozialen Status der Beschäftigten typisch. Das Argument der beschränkten Möglichkeit zur Produktivitätssteigerung scheine auch zukünftig ein zentrales Problem bei der Gestaltung der Einkommen für Dienstleistungsarbeit zu sein (vgl. Evers, Heinze, Olk 2011: 26).

Günter Thiele geht der Frage nach der Produktivität bei Pflegeleistungen nach und bezieht sich dabei auf das Verfahren des Statistischen Bundesamtes (vgl. Thiele 2004: 104). Es ermittelt die Produktivität, indem die

Bruttowertschöpfung durch die Anzahl der Erwerbstätigen dividiert werde. Pro Pflegebeschäftigten errechnet Thiele eine Arbeitsproduktivität 1997 von 52.000 Euro und 2001 von 53.000 Euro. Zwar ist, so seine Schlussfolgerung, die Produktivität in den einzelnen Einrichtungen des Pflegesystems höchst unterschiedlich, aber in der ambulanten und (teil)stationären Pflege gibt es „Hinweise dafür, dass die Arbeitsproduktivität (...) überdurchschnittlich hoch ist" im Vergleich zur gesamtwirtschaftlichen (ebd.: 127). Dies lässt auf eine zunehmende Verdichtung der Arbeit schließen, so dass sich für den Autor die Frage stellt, ob unter diesen Bedingungen qualitativ hochwertige Pflege überhaupt geleistet werden kann.

Andere Autoren werfen die grundsätzliche Frage auf, ob mit dem herkömmlichen Verständnis von Produktivität überhaupt eine sinnvolle, zukunftsweisende Perspektive verfolgt werden könne. Ralf Reichwald und Kathrin Möslein haben mit Blick auf unternehmensnahe Dienstleistungen den konventionellen Produktivitätsbegriff als zentrale Bezugsgröße verworfen (vgl. Reichwald, Möslein 1995: 324 ff.; 1997: 75 ff.). Sie verweisen auf das unternehmerische Innovationspotential als den Dreh- und Angelpunkt im globalen Wettbewerb. „(...) Strategien der Produktivitätsoptimierung bieten heute weder für die Sicherung der Wettbewerbsfähigkeit von Wirtschaftsunternehmen, noch für die Sicherung der Wettbewerbsfähigkeit von Wirtschaftsstandorten Hilfestellungen. Die aktuellen Rahmenbedingungen des Wettbewerbs haben die Erfolgskoordination grundlegend verschoben: Nicht eine etwaige ‚Produktivitätslücke', sondern vielmehr eine deutliche ‚Innovationslücke' im Bereich der Dienstleistung bildet heute das vordringliche Problem für den Unternehmens- und Wirtschaftsstandort Deutschland" (Reichwald, Möslein 1997: 76). Ihre Argumentation ist auch hier für die Fragestellung interessant, da sie auf eine wissenschaftliche wie praktische Tradition aufmerksam macht, die nicht nur für die Produktions- sondern später auch für die Dienstleistungsarbeit – zumindest teilweise – bestimmend geworden ist. Es handelt sich um die Wissenschaftliche Betriebsführung, also den Taylorismus. Ausgangspunkt ihrer Argumentation ist die vielfach beklagte „sogenannte Produktivitätslücke der Dienstleister" (Reichwald, Möslein 1995: 324). Dieses Problem verschärft sich mit wachsender Bedeutung des Dienstleistungssektors: „Die Produktivität der Dienstleistung, aber auch der industriellen Sachleistung ist für den Wohlstand einer Dienstleistungsgesellschaft nicht länger ausschlaggebend. Die Probleme liegen tiefer" (ebd.: 324). Dazu zählt beispielsweise, dass „das klas-

sische Instrumentarium der Produktivitäts- und Wirtschaftlichkeitsbeur-
teilung weitgehend unbrauchbar" ist (ebd.: 336), denn es wurde „in einer
anderen Zeit, mit einem anderen Fokus und vor allem unter anderen Rahmenbedingungen entwickelt" (ebd.: 339). Gemeint ist damit die taylorisierte Massenproduktion unter dem Diktat des Akkordlohns, die weitgehend
obsolet geworden ist. Dennoch geht es heute immer noch um den „„Taylorismus in unseren Köpfen'" (ebd.: 339), d. h. um die systematische Trennung von Kopf- und Handarbeit (vgl. ebd.: 343). Mehr denn je verbinden
sich jedoch in der Realität „Kopf- und Handarbeit" zu einem Verbundpro-
dukt, d. h. „innerhalb der Sachgüter produzierenden Industrie (sind, I. R.)
40 % der Beschäftigten nicht mehr mit der eigentlichen Produktion, sondern mit der Erbringung von Dienstleistungen befaßt" (ebd.: 239). Diese
„verdeckte Produktivität (,hidden productivity') der Dienstleister" ist mit
dem klassischen Instrumentarium nicht zu erfassen (ebd.: 335).Was daher
notwendig ist, „ist die Entwicklung eigenständiger Konzepte, Methoden
und Strategien für eine effektive und effiziente Gestaltung von Dienstleis-
tungsprozessen und zwar sowohl für industrienahe Service- und Verwal-
tungsbereiche als auch für den Bereich der nicht produktionsgebundenen
Dienstleistung" (ebd.: 343). Letztlich geht es um den Ausbau qualifizierter
Arbeitsplätze, denn anderenfalls ist die Misserfolgsspirale von Qualitäts-
minderung, Unzufriedenheit und mögliche Abwanderung von Kunden
und Dienstleistern sowie schlechte Renditen nicht aufzuhalten (vgl. Schlesinger, Heskett 1991: 71). Das auch für Dienstleistungstätigkeiten vorherr-
schende Leitbild industrieller Produktion bedeutet u. a., dass sie „keinen
eigenen Begriff von Effizienz und Produktivität ausgebildet haben" (Baethge 2001: 29). Das gilt auch für personenbezogene Dienstleistungen in
Deutschland. Notwendig ist ein Ausbau „innovativer und qualitativ an-
spruchsvoller Beratungs- und Betreuungsleistungen vor allem für private Haushalte" (Oberbeck 1997: 160). Solches ganzheitliche Arbeitshandeln
sperrt sich aber gegenüber einem quantifizierenden Zugriff in Gestalt der
den Taylorismus kennzeichnenden Messzahlen und Kennziffern.

  Die Frage stellt sich nun: „Wonach soll sich das Entgelt all jener richten, die in dem wachsenden Sektor der ,tertiären Berufe' tätig sind?" (Hofmann 1971: 237). Noch präziser: Wie sehen die „Mechanismen der Lohn-
bzw. Einkommensbildung für Dienstleistungsarbeit" aus? (Berger, Offe
1980: 50). Die Anforderungen für Beschäftigte im Dienstleistungssektor
sind, wie erwähnt, höchst unterschiedlich und mithin findet eine erheb-

liche Spreizung der Einkommen statt. Eine gängige, empirisch durchaus belegte Argumentation lautet, dass die im sekundären Sektor Freigesetzten, die vielfach zu den Unqualifizierten gehören, im tertiären Sektor Beschäftigung bei einem geringeren Entgelt fänden. Die wachsenden gehobenen Dienstleistungsbereiche blieben den Unqualifizierten hingegen verschlossen. Das Segment für die Unqualifizierten übertrifft in Deutschland dasjenige für die Qualifizierten. „Was das für die Entwicklung der Pro-Kopf-Einkommen bedeutet, ist aufgrund der unterschiedlichen Lohn- und Gehaltsniveaus dieser Dienstleistungsbereiche offensichtlich: Die Pro-Kopf-Einkommen in den Bereichen wachsender Beschäftigung liegen im Mittel unter dem Durchschnittseinkommen" (Reichwald, Möslein 1995: 329).

Entgegen weit verbreiteter Auffassung kann, so Berger/Offe, bei vielen Dienstleistungen das Entgelt nicht als Äquivalent für erbrachte Arbeitsleistungen verstanden werden. Die Eigenart dieser Arbeit, nämlich unstetiger Rhythmus des Arbeitsanfalls und weitere unregelmäßige Inanspruchnahme des Arbeitsangebots, bedeutet, dass eine „leistungsabhängige" Entlohnung unangemessen ist. Sie widerspricht nicht nur überkommenen Prinzipien sozialer Gerechtigkeit, sondern gefährdet auch die Funktionsfähigkeit von Dienstleistungsarbeit. Da die Nachfrage bei Bereitstellung eines Angebots stets ungewiss ist, wird dieses Risiko auf die Einkommensansprüche der Beschäftigten überwälzt mit der Folge, dass nicht genügend Arbeitskräfte zur Verfügung stehen (vgl. Berger, Offe 1980: 51). Ein zu knappes Arbeitsangebot mag in Zeiten einer guten Beschäftigungslage ein Risiko sein, jedoch bei einer angespannten Arbeitsmarktsituation wohl kaum. Das Kriterium der Produktivität spielt bei Tarifverhandlungen im Dienstleistungsbereich keine Rolle, Bezugspunkte sind vielmehr die Einkommenssicherung und mithin die Inflationsrate (vgl. ebd.: 52). Diese Aussage ist meines Erachtens dahingehend einzuschränken, dass die niedrigen Entgelte bei zumindest so genannten einfachen Dienstleistungen mit dem überkommenen Argument geringer Produktivität nach wie vor gerechtfertigt werden. Ob es sich dabei tatsächlich um einfache Tätigkeiten handelt, kann erst eine Analyse der Qualifikationsanforderungen klären – schon jetzt sind erhebliche Zweifel angebracht (vgl. Kap. 3.5, 4.2). Mittlerweile erreichen solche Tätigkeiten häufig ein Niveau unterhalb des sozio-kulturellen Existenzminimums. Auch finden sich bei der Dienstleistungsarbeit solche Formen der Vergütung, die „mit aller Vorsicht als Formen des ‚politischen Lohns', d. h. der vorwiegend normativ und symbolisch bestimmten Form der Einkommenszuteilung charakterisiert werden können. Diese ‚politische' Komponente erstreckt sich sowohl auf die Höhe wie die Art der Vergütung" (ebd.: 52). Ein Beispiel dafür ist das besoldungsrechtliche Prinzip der „angemessenen" bzw. „standesgemäßen" Lebenshaltung im Öffentlichen Dienst. Auffällig ist zudem im tertiären Bereich das hohe Maß askriptiver, insbesondere an Geschlecht, Alter und Nationalität anknüpfender Rekrutierung (vgl. ebd.: 52).

Im Anschluss an William J. Baumol (1967) teilen einige Autoren das Argument der Kostensteigerung von Dienstleistungsarbeit, die einer gewissen Rationalisierungsresistenz und einer Tendenz zur Anpassung der Entgelte an den sekundären Sektor geschuldet sei. Dieser „Kostenkrise" kann mit verschiedenen Strategien begegnet werden. Um ein akzeptables Versorgungsniveau zu erreichen, sind zwar Überkapazitäten bereit zu stellen, die jedoch durch technisch-organisatorische Rationalisierungsmaßnahmen begrenzt werden können (vgl. Berger, Offe 1980: 60). Beispiele hierfür sind zum einen ein flexibler Personaleinsatz nach vorhersehbarem Arbeitsanfall und zum anderen die Selbstbedienung des Kunden am Geldautomaten. Ferner bietet sich eine Externalisierung an, „also die Verschiebung von Dienstleistungsfunktionen zwischen den oben unterschiedenen Organisationsformen von Dienstleistungsarbeit" (ebd.: 64). Beispiele für diese Strategie sind die Privatisierung bislang öffentlicher Dienstleistungen oder auch die Rückführung dieser Leistungen in den privaten Haushalt. Externalisierung kann darüber hinaus auch bedeuten, Dienstleistungen in Form der Selbsthilfe, des Ehrenamts bzw. der Bürgerarbeit zu organisieren (vgl. ebd.: 64 ff.). Mit dem Siegeszug der Informations- und Kommunikationstechnologien greifen auch Unternehmen seit den neunziger Jahren des vergangenen Jahrhunderts vermehrt zu der Strategie, neben einfachen wie Datenverarbeitung auch anspruchsvolle Dienstleistungen wie Forschung und Entwicklung in andere Länder auszulagern. Dabei spielen Kostenaspekte eine Rolle, aber auch der Gesichtspunkt, auf Zukunftsmärkten frühzeitig präsent zu sein.

2.5 Zusammenfassung

- Entgelte sind in einer kapitalistischen Wirtschaftsgesellschaft individuell oder kollektiv vereinbarte Kompromisse auf der Grundlage von
  Macht- und Herrschaftsverhältnissen.

- Die Höhe des Entgelts hat nicht nur das physische Existenzminimum
  der Arbeitskraft und das seiner Familie sicherzustellen, sondern auch
  sozio-kulturelle Bedürfnisse zu beachten, die selbst historisch gewach-
  sen sind und sich aber auch weiterhin verändern.

- Der Akkordlohn, ein klassisches Entgelt der Industriegesellschaft,
  ist vielfach veraltet. Der gesellschaftliche Strukturwandel mit seinem wachsenden Anteil an Dienstleistungen erfordert methodische
  Innovationen bei der Bestimmung des Entgelts, was zur Folge haben
  muss, den überkommenen Taylorismus außer Kraft zu setzen, der
  den Produktivitätsvorstellungen zumindest implizit zu Grunde liegt.

- Dienstleistungen stellen in mehrfacher Hinsicht eine theoretische
  Herausforderung für die einschlägigen Wissenschaften dar. Das hat
  auch Folgen für das praktische, politische Geschehen, etwa bei der
  Anerkennung und der Entlohnung: Im wissenschaftsgeschichtlichen
  Rückblick zeigt sich, dass ihre Anerkennung als Arbeit, zumal als
  produktive Arbeit strittig war und bisweilen heute noch ist und sich
  zudem das Arbeitsverständnis auf Erwerbsarbeit fokussiert. Erst mit der
  Frauenbewegung und -forschung beginnt eine erweiterte Auffassung,
  die Nicht-Erwerbsarbeit berücksichtigt, sich durchzusetzen.

- Die geringe Produktivität, von der bei bestimmten Dienstleitungen
  ausgegangen wird und die die niedrigen Einkommen rechtfertigen
  soll, verweist auf eine gewisse technisch-organisatorische Rationalisierungsresistenz wie sie in der industriellen Fertigung so nicht existiert. Die gängige Vorstellung von Produktivität ist der Eigenart von
  Dienstleistungsarbeit nicht angemessen. Mit anderen Worten: Arbeit
  in der unmittelbaren Fertigung und (personenbezogene) Dienstleistungsarbeit unterscheiden sich grundlegend, also qualitativ.

- Als eine Schlüsselgröße für die Erklärung der Dynamik des Dienstleistungssektors, insbesondere im Bereich der personenbezogenen
  Arbeit, kann die Frauenerwerbsquote gelten. Der Anstieg der Frauenerwerbstätigkeit ist Voraussetzung und Folge eines gesellschaftlichen
  Individualisierungsprozesses und Wertewandels, in dessen Verlauf sich
  die privaten Lebensformen nachhaltig differenzieren. Die Entwicklung

weiblicher Erwerbstätigkeit steht wiederum im Zusammenhang mit der national spezifischen Gestaltung des Wohlfahrtsstaates.

3. Entgelt – Voraussetzungen und Verfahren

3.1 Gesellschaftliche und gesetzliche Rahmenbedingungen einschließlich europäischer Perspektiven

Die Höhe des Entgelts und seine Gestaltungsgrundlagen werden heute in unterschiedlichen Arenen paritätisch zwischen einzelnen Unternehmen oder Arbeitgeberverbänden und Gewerkschaften, ferner zwischen dem Management und den Betriebs- oder Personalräten verhandelt und nicht wie im 19. Jahrhundert vom Arbeitgeber einseitig, autoritär festgesetzt. Als klassische Instrumente gelten der Abschluss von Tarifverträgen und Betriebs- bzw. Dienstvereinbarungen, die der Gesetzgeber durch das Tarifvertragsgesetz (1949, 1969) und das Betriebsverfassungs- (1952, 1972, 2001) bzw. Personalvertretungsgesetz (1955, 1974) ermöglicht hat. Es handelt sich um „eine staatsfreie Sozialsphäre" in der die jeweiligen Interessenvertretungen autonom, ohne staatliche Intervention verhandeln und entscheiden können (Müller-Jentsch 1997: 203). Weitere Entscheidungsträger sind der Staat als Gesetzgeber und die EU. Die Parlamente können beispielsweise eine gesetzliche Mindestlohnregelung vereinbaren, und die Mitglieder des Europäischen Gerichtshofs (EuGH) die Entgeltgleichheit zwischen Männern und Frauen durch eine entsprechende Rechtsprechung voranbringen. Die verschiedenen Institutionen mit ihren Teilnehmern haben sich in einem langen konfliktträchtigen, von Fort- und Rückschritten geprägten Prozess industriegesellschaftlicher Entwicklung herausgebildet. Neben dem System der Sozialversicherung stellen sie zentrale Pfeiler der sozialstaatlichen Architektur dar. Das Sozialstaatsgebot des Grundgesetzes (GG Artikel 20, 28) hat nämlich außer einer quantitativen auch eine qualitative, partizipative Dimension. Seit Gründung der Bundesrepublik Deutschland ist der Sozialstaat, häufig begleitet von heftigen politischen Auseinandersetzungen, entwickelt und ausgebaut worden, so dass der Altbundeskanzler Helmut Schmidt ihn wiederholt „als die größte Kulturleistung der Europäer im 20. Jahrhundert" bezeichnet hat (Schmidt 2006:

3). Das schließt jedoch keineswegs aus, dass sein Bestand bisweilen substantiell gefährdet ist und insofern immer wieder erkämpft werden muss. Die potentielle Verhandlungsmacht auf der tariflichen und der betrieblichen Ebene hängt von der Anzahl der Mitglieder bzw. vom Organisationsgrad der Gewerkschaften und der Arbeitgeberverbände ab. Auf Grund verschiedener Faktoren ist die Verhandlungsmacht bei den hier in Rede stehenden personenbezogenen Dienstleistern gebrochen, wenn nicht sogar schwach, was, soweit ich sehe, für die Gewerkschaften in besonderem Maße gilt. Darüber hinaus fehlen, etwa im Bereich der Pflege, Berufsverbände, die einen Schutz der Qualifikation bewirken und mithin die Konkurrenz durch Un- und Angelernte unterbinden können (vgl. Gottschall 2010: 681). Die Gründe dafür sind nachfolgend und im nächsten Abschnitt darzulegen (vgl. Kap. 3.2).

Die im Dienstleistungssektor tätigen ArbeitnehmerInnen organisieren sich in der Mehrzahl einheitlich, aber bis heute auch noch in unterschiedlichen Gewerkschaften. Die Vereinigte Dienstleistungsgewerkschaft (ver.di) entstand 2001 aus den Vorgängerorganisationen Öffentliche Dienste, Transport und Verkehr (ÖTV), Deutsche Angestelltengewerkschaft (DAG), Handel, Banken und Versicherungen (HBV), Deutsche Postgewerkschaft und IG Medien. Es handelt sich um eine „'Multibranchengewerkschaft'" (Keller 2010: 70). Seit der Nachkriegszeit waren 16 Einzelgewerkschaften im Deutschen Gewerkschaftsbund (DGB) organisiert. Die DGB-Gewerkschaften verstehen sich vor dem Hintergrund der gemeinsamen Erfahrung im Widerstand gegen den Nationalsozialismus als Einheitsgewerkschaft, d. h. als weltanschaulich neutral. Um die Jahrtausendwende setzte ein allgemeiner Konzentrationsprozess ein. Als Ergebnis diverser Zusammenschlüsse reduzierte sich die Zahl auf acht Einzelgewerkschaften. Ursache dafür war ein anhaltender Mitgliederschwund, der sich wesentlich durch den Strukturwandel von der Industrie- zur Dienstleistungsgesellschaft erklären lässt (vgl. Müller-Jentsch 2007: 31 ff.). Die Gründung von ver.di, worin auch BeamtInnen sowie ArbeitnehmerInnen in kirchlichen Einrichtungen – beide Gruppen ohne Streikrecht – organisiert sind, verfolgte das Ziel, wie der Vorsitzende Frank Bsirske in einem Interview äußerte, „separate, zum Teil in inniger Konkurrenz miteinander verbundene Gewerkschaften" zu vereinen, um so „Handlungsfähigkeit zu gewinnen" (Bsirske 2007: 27). Dazu zählt auch, Synergieeffekte in finanzieller und organisatorischer Hinsicht sich zu Nutze zu machen. Andererseits kann durch die Heterogenität der Mitglieder das Prinzip einer gleichrangigen Berücksichtigung von Interessen leicht zur Fiktion werden. Einige Organisationen wie die Gewerkschaft Erziehung und Wissenschaft (GEW) sowie die Gewerkschaft der Polizei (GdP) blieben vermutlich auch deshalb eigenständig. Das Berufsverbandsprinzip, nachdem diese Organisationen gebildet wurden, prägte im 19. Jahrhundert den Beginn der Gewerkschaftsbewegung insgesamt. Es hat sich neben dem mittlerweile vorherrschenden Industrieverbandsprinzip bis heute in Teilbereichen erhalten und erlebt derzeit eine Renaissance, etwa bei den Ärzten, den Piloten und den Lokomotivführern. Ihre berufliche und organisatorische Schlüsselposition stattet sie mit starker Verhandlungsmacht aus, die sie in den letzten Jahren in separaten Tarifverträgen mit vergleichsweise hohen, ihre Mitglieder zufrieden stellenden Abschlüssen umgesetzt haben. Sie sind Ausdruck des Unmuts gegen die nivellierende Tarifpolitik der sektor- und branchenbezogenen Gewerkschaften. Die so genannten Spartengewerkschaften setzen jedoch den Grundsatz, demzufolge in jeder Branche, in jedem Unternehmen/Betrieb *eine* Gewerkschaft die Interessen aller Beschäftigten in Tarifverhandlungen vertritt, außer Kraft und untergraben auf diese Weise solidarisches Handeln. Das gilt unabhängig davon, dass Betriebsräte/Personalräte eine eigenständige Interessenvertretung der Beschäftigten bilden, d. h., diese sind nicht der verlängerte Arm der Gewerkschaften, obwohl sie zu einem hohen Anteil auch Mitglieder einer Gewerkschaft sind. Die christlichen Gewerkschaften, die sich ebenfalls nach dem Krieg wieder gegründet hatten, spielten lange Zeit kaum eine Rolle. Erst in jüngster Zeit traten sie als Tarifvertragspartei in Erscheinung. Sie schlossen mit den Arbeitgebern der Leiharbeitsbranche Tarifverträge ab, die im Ergebnis ihrem Namen nicht zur Ehre gereichen. Im Dezember 2010 entschied das Bundesarbeitsgericht (BAG), dass die Tarifgemeinschaft Christlicher Gewerkschaften für Zeitarbeit nicht tariffähig ist (vgl. Hans-Böckler-Stiftung 2011: 6; Rudzio 2011: 22).

Noch in anderer Hinsicht wird gewerkschaftliche Macht und diesbezüglicher Einfluss geschwächt. Im Rahmen der EU handelt es sich um einen deutschen Sonderweg. Das GG (Artikel 140) garantiert den Religionsgemeinschaften wie schon die Reichsverfassung der Weimarer Republik (Artikel 137) ein Selbstbestimmungsrecht, d. h. jede diesbezügliche Gemeinschaft „ordnet und verwaltet ihre Angelegenheiten selbständig innerhalb der Schranken des für alle geltenden Gesetzes". Die sozialstaatliche Konstruktion in Deutschland basiert auf dem Subsidiaritätsprinzip, was impliziert, dass das Handeln der Wohlfahrtsverbände Vorrang vor dem des Staates hat. Gleichwohl werden die Einrichtungen dieser Verbände weitgehend aus dem allgemeinen Steueraufkommen, aus Kassen- und Patientenbeiträgen sowie Kindergarten- und Schulgebühren finanziert. Hinzu kommen noch Spenden. Der Anteil aus Kirchensteuern beträgt fünf bis zehn Prozent (vgl. Spörrle 2012: 64; von Hardenberg 2012: 2). Karitative Einrichtungen der Kirchen unter dem Dach von Caritas und Diakonie gelten als Tendenzbetriebe, indem das Betriebsverfassungsgesetz (BetrVG) „nicht oder nur bedingt Anwendung (§ 118)" findet (Göbel 1972: 50). Das bedeutet, dass die nach dem Staat zweitgrößten Arbeitgeber in der Bundesrepublik gemäß einem speziellen kirchlichen Arbeitsrecht, dem so genannten Dritten Weg, handeln. Derzeit sind 1,3 Millionen Beschäftigte – laut gemeinsamer Statistik der Kirchen, etwa 675 000 in der Evangelischen und 650 000 in der Katholischen Kirche – davon betroffen (zitiert nach: Rudzio 2012: 25). Es sind also in kirchlichen Einrichtungen insgesamt mehr Menschen als in deutschen Großunternehmen wie Volkswagen oder die Deutsche Post beschäftigt. Die Zahl der darin Tätigen wird vermutlich in Zukunft noch steigen: Seit den neunziger Jahren orientiert sich die öffentliche Hand am Modell „schlanker Staat". Vornehmlich wegen der klammen Kassen gehen Kommunen vermehrt dazu über, bislang öffentlich erbrachte Leistungen zu privatisieren. So werden Sozialeinrichtungen von der Caritas und Diakonie übernommen. Das scheint auf Grund der „besonderen Finanzierungsbedingungen in Deutschland" für die Kommunen kostengünstiger zu sein als sie weiter in eigener Regie zu führen (Müller 2013: 95, vgl. ebd.: 83 ff.). Das führt zu einer paradoxen Situation: Beide Kirchen verlieren zwar zunehmend Mitglieder, aber ihr gesellschaftlicher Einfluss steigt dennoch. Gut möglich, dass sie in einigen Regionen schon jetzt Monopolist als Arbeitgeber bzw. Anbieter im Bereich personenbezogener Dienstleistungsarbeit sind.

Das kirchliche Arbeitsrecht hat erhebliche Folgen für die Beschäftigten. „Christliche Dienstnehmer" und „Christliche Dienstgeber", verbunden in einer „Dienstgemeinschaft", nehmen gemeinsam Verantwortung wahr. Das bedeutet, dass Entgelte im Konsens vereinbart werden, und zwar in einer Kommission, die paritätisch aus Vertretern der Arbeitgeber und der Arbeitnehmer gebildet wird. Kommt keine Einigung zustande, dann wird ein Schlichter gerufen. Den Kern dieses Sonderarbeitsrechts bildet eine grundsätzliche Absprache: „keine Betriebsräte, keine mit Gewerkschaften ausgehandelten Tarifverträge, kein Arbeitskampf – aber Löhne, die sich grob an denen des öffentlichen Dienstes orientieren" (Romberg 2011: 35). Das Verbot von Arbeitskämpfen bedeutet, dass die ArbeitnehmerInnen kein Streikrecht haben und damit auch das Recht der Arbeitgeber auf Aussperrung hinfällig ist. Für die Diakonie explizit – übertragbar auch auf die Caritas – stellt Wehler fest: Diese Institutionen sind ein „bürokratisch organisierter Apparat, in dem es aber an Mitspracherechten, wie sie die streng ferngehaltenen Gewerkschaften forderten, überall mangelte. Als progressiver Arbeitgeber führte sich die Kirche auf allen ihren institutionellen Ebenen mitnichten auf" (Wehler 2008: 367). Das gilt nicht nur für die Vergangenheit, sondern auch für die Gegenwart.

Nachdem der Markt und mithin der Wettbewerb seit den neunziger Jahren auch im Sozial- und Gesundheitswesen Einzug gehalten hat, haben sich als Folge dieser Ökonomisierung die Arbeitsbedingungen verschlechtert: Der ver.di-Vorsitzende bestätigt in einem Interview, dass bis zu diesem Zeitpunkt, „die Kirchen sich an den Tarifen des Öffentlichen Dienstes orientiert" haben (Bsirske, Stockmeier 2012: 6). Nun findet „Lohndumping, Leiharbeit und Outsourcing (...) auch unter dem Dach der Kirche statt" (Romberg 2011: 35). Ein flächendeckendes Lohndumping lässt sich jedoch nicht nachweisen (vgl. Rudzio 2012: 25). Outsourcing gibt es im Service, also bei Hauswirtschaft, Küche und Reinigung (vgl. Bsirske, Stockmeier 2012: 6). Allerdings gibt es umfangreiche Leiharbeit bei der Caritas in einer Region Niedersachsens und in Berlin, was zu einer deutlichen Absenkung der Entgelte geführt hat (vgl. Breiholz 2011: 23 ff.).

Generell ist Leiharbeit in der Pflege bislang jedoch noch gering verbreitet, aber sie wird zunehmen, um das Defizit an Planstellen und Fachkräften auszugleichen sowie Kosten zu sparen (vgl. Öchsner 2012: 19). Sie wird nicht wie in der Industrie „zur Kompensation von Auftragsspitzen eingesetzt, sondern eher als letztes Mittel zur Aufrechterhaltung der Versorgung" (Bräutigam u. a. 2010: 7). Immerhin hat sich die Zahl der verliehenen Pflegekräfte – laut aktuellem Bericht der Bundesanstalt für Arbeit (BA) – „von 2000 bis 2011 um mehr als 400 Prozent auf etwa 16.350 erhöht" (Öchsner 2012: 19). Die Entgelte „erreichen z. T. noch nicht einmal 50 % des Medians" (Bräutigam u. a. 2010: 12). Aktuellere und genauere Zahlen aus der BA lauten: „Der Durchschnittslohn lag bei nur 1600 Euro brutto im Monat. Knapp zwei Drittel der Leiharbeiter kamen auf ein Gehalt unterhalb der bundeseinheitlichen Niedriglohnschwelle, die für einen Alleinstehenden bei 1802 Euro liegt. Der Durchschnittsverdienst im Gesundheits- und Sozialwesen betrug Ende 2010 dagegen 2456 Euro brutto im Monat" (Öchsner 2012: 19).

Es zeigen sich in kirchlichen Einrichtungen noch weitere Probleme: Da die Tariferhöhung für Angestellte im Öffentlichen Dienst von der Diakonie nicht mehr übernommen wurde, entstand ein Wettbewerbsvorteil. Dadurch sah sich ver.di und die Ärztegewerkschaft Marburger Bund zum Handeln herausgefordert, wobei sie sich von einem Urteil des Landesarbeitsgerichts Hamm vom Januar 2011 unterstützt sahen. Demzufolge wird „das uneingeschränkte Streikverbot der Kirche bestritten" (Drobinski 2011: 6). Das hat den Streit zwischen Kirche und Gewerkschaft befeuert und den ver.di-Vorsitzenden veranlasst, „der Diakonie einen Tarifvertrag für die gesamte Sozialbranche" anzubieten (ebd.: 6). Am 20. November 2012 ist zu diesem Streit ein Urteil des BAG ergangen: Danach wird das kirchliche Streikverbot gelockert. Zukünftig gilt das Verbot nur noch dann, wenn Caritas und Diakonie die Gewerkschaften in die Tarifverhandlungen einbinden und das Ergebnis der getroffenen Vereinbarungen verbindlich ist, d. h. es flächendeckend umgesetzt wird. Auf diese Weise ist der so genannte Dritte Weg erneut legalisiert worden. Durch die Einbeziehung der Gewerkschaften wird das Defizit an Erfahrung, Kompetenz und Macht bei den „christlichen Dienstnehmern" gegenüber den „christlichen Dienstgebern" teilweise korrigiert. Ob die Lockerung des Streikverbots „die kollektive Bettelei" – wie Arbeitsrichter das Streikverbot qualifizieren – beenden wird, zeigt sich erst in der Zukunft.

Ein weiterer Aspekt betrifft die Einstellungspraxis von Diakonie und Caritas. Mit der Entwicklung der bürgerlichen Gesellschaft setzte sich die Trennung der Lebenssphären zwischen öffentlich, beruflich und privat durch. In der Moderne ist im Rahmen der Gesetze der private Lebensbereich von den BürgerInnen gemäß eigenen Vorstellungen, also autonom zu gestalten. Die kirchlichen Arbeitgeber erwarten hingegen von den Beschäftigten, die bei einer Festanstellung Mitglieder der jeweiligen Kirche sein müssen, eine Lebensführung nach ihren sittlichen Vorstellungen. Sie kündigen etwa das Arbeitsverhältnis wenn dagegen verstoßen wird, wobei die Praxis der Katholischen Kirche besonders rigoros ist. Mittlerweile lassen Betroffene die Rechtmäßigkeit einer solchen Kündigung zunehmend durch Gerichte klären. Kirchliche Einrichtungen – das sind Tendenzbetriebe – beschäftigen also nur „christliche Dienstnehmer", was den früheren Bundesverfassungsrichter Brun-Otto Bryde zu der Aufforderung an die Kirchen veranlasste, diese Praxis zu überprüfen: „,Wir sprechen da ein ganzes Berufsfeld für Migranten an, das sehr chancenreich wäre – gerade für Migrantinnen'" (Preuß 2012: 6). Die Integrationsministerin von Baden-Württemberg, Bilkay Öney (SPD), pflichtet ihm bei und wirbt ebenfalls dafür, dieses Berufsfeld für andersgläubige Migranten zu öffnen angesichts der hohen Erwerbslosigkeit dieser Gruppe (vgl. ebd.) und des gravierenden Fachkräftemangels.

Das kirchliche Arbeitsrecht wirft angesichts der wachsenden arbeitsmarktpolitischen Bedeutung der Einrichtungen von Caritas und Diakonie eine Reihe von Fragen auf. Die grundsätzliche Frage ist, ob das kirchliche Arbeitsrecht für alle ArbeitnehmerInnen gelten soll, d. h. auch für diejenigen, die mit Kernaufgaben der Kirchen nicht beschäftigt sind. Das sehen die Kirchen naturgemäß anders. Laut einer gemeinsamen Statistik der Evangelischen Kirche in Deutschland (EKD) und der Deutschen Bischofskonferenz, die – was die Einordnung von Erzieherinnen anlangt – strittig sein dürfte, ergibt sich folgendes Bild: Als „Krankenschwestern, Ärzte, Altenpfleger" sind in den Einrichtungen der Diakonie 67 und in der Caritas 77 Prozent und in der „Amtskirche" entsprechend 33 und 23 Prozent als „Pfarrer, Priester, Küster und Erzieherinnen" tätig (zitiert nach: Rudzio 2012: 25). Das BAG-Urteil ist vermutlich ein wichtiger, erster Schritt zu einer Rechtreform, die in Zukunft das allgemeine Arbeitsrecht auch für die Beschäftigten in kirchlichen Einrichtungen für verbindlich erklären könnte, sofern diese nicht mit dem zentralen Auftrag der Kirchen, d. h. mit der Verkündigung der christlichen Botschaft befasst sind. Dieser Rechtsfortschritt wäre aber kein mechanischer Vorgang, sondern das Resultat von Verhandlungen. Schon die allgemeine Erfahrung und mehr noch das rechtssoziologische Wissen lehren, dass das Recht nicht auf Dauer gegenüber dem sozio-ökonomischen und sozio-kulturellen Wandel sich verschließen kann. Zudem streiten längst politische und gesellschaftliche Akteure für eine Veränderung. Auf dem wahrscheinlich längeren Weg dorthin sind jedoch einige Hürden zu überwinden.

Eine Reform des BetrVG könnte ein wichtiger Schritt sein, aber er wäre durch das Grundgesetz wahrscheinlich nicht gedeckt. In diesem Konflikt geht es nämlich im Kern um Artikel 9 und den vor genannten Artikel 140 GG. Artikel 9 gibt allen Deutschen das Recht, zur „Wahrung

und Förderung der Arbeits- und Wirtschaftsbedingungen Vereinigungen
zu bilden". Diese Koalitionsfreiheit ist die Grundlage für die Tarifautonomie. Die Rechtsordnung der Bundesrepublik kennt „zwar kein explizites
Streikrecht", aber durch Grundsatzurteile des BAG von 1955 und 1971 ist
ein von den Gewerkschaften geführter Streik legal (Müller-Jentsch 1997:
209). Überdies ist davon auszugehen, dass die Parteien ebenso wie die Kirchen unter den so genannten Tendenzschutz fallen und womöglich deshalb kein Interesse an einer Veränderung besteht. Parteien wie die SPD,
die FDP und Bündnis 90/Die Grünen scheuen vermutlich den Konflikt mit
den Kirchen, da sie Wählerstimmen verlieren könnten (vgl. Müller 2013:
115 ff.). So haben SPD geführte Regierungen bei ihren mehrfachen Novel-
lierungen des BetrVG die entsprechenden Artikel nicht angetastet. Immerhin war bei der letzten Novellierung 2001 die arbeitsmarktpolitische
Relevanz dieses Dienstleistungssegments längst offenkundig. Außerdem
sparte die politische Umsetzung der EU-Richtlinie gegen Diskriminierung
das kirchliche Arbeitsrecht aus. Daher ist es gut möglich, dass in Zukunft
auch das Bundesverfassungsgericht und der EuGH mit diesem konfliktträchtigen Thema sich befassen müssen.

Ferner stellt sich die Frage, ob und inwieweit die EU auf die Gestaltung
und Höhe des Entgelts Einfluss nimmt und mithin die Verhandlungsopti-
on bzw. -macht nationaler Gewerkschaften tangiert. Die EU ist ein trans-
nationaler Wirtschaftsraum, dessen Akteure arbeitspolitische Institutionen wie ein System der industriellen Beziehungen bis heute nur im Ansatz
entwickelt haben. Aus deutscher Sicht lässt sich die europäische Politik
durch Liberalisierung und Deregulierung kennzeichnen, „die den Sozialstaat durch einen Wettbewerbsstaat ersetzt" (Müller-Jentsch 2007: 128).
Allerdings ist zu vermuten, dass im Laufe der Zeit auch ein transnatio-
naler Sozialraum geschaffen wird (vgl. ebd.: 125). Immerhin existiert seit
1973 der Europäische Gewerkschaftsbund (EGB) und schon seit 1958 die
entsprechende Organisation der Unternehmer und Arbeitgeber, und zwar
getrennt für den privaten und öffentlichen Sektor, nämlich die Union der
Industrie- und Arbeitgeberverbände (UNICE) und das Centre Européen
des Entreprises Publiques (CEEP) (vgl. ebd.: 132 ff.). Eine weitere europäische Institution auf dem Feld der industriellen Beziehungen ist der Europäische Betriebsrat, der seit 1994 in gemeinschaftsweit operierenden Unternehmen einzusetzen ist, sofern diese „mindestens 1.000 Arbeitnehmer
in den Mitgliedsstaaten beschäftigen mit jeweils mindestens 150 Arbeit-

nehmern in mindestens zwei Mitgliedsstaaten" (ebd.: 136). Zu den weiteren zahlreichen arbeitspolitisch relevanten Verordnungen und Richtlinien
der vergangenen Jahrzehnte, die in diesem Kontext interessieren, gehören
die Gleichbehandlung von Männern und Frauen (1989) und die Dienstleistungsrichtlinie (2006) (vgl. Müller-Jentsch 1997: 320; 2007: 128). Ergebnis
der regelmäßig stattfindenden Treffen der Sozialpartner ist, dass europäische Tarifverhandlungen derzeit keine Chance haben, denn sie würden
von den Arbeitgebern „prinzipiell" abgelehnt (Müller-Jentsch 2007: 134).
„Für sie besteht wenig Anreiz, die durch den europäischen Binnenmarkt
entstandenen Vorteile der Liberalisierung und Deregulierung durch tarifvertragliche Re-Regulierung preiszugeben. Ihre Vorteile sind für die
Gewerkschaften Nachteile. Diese sehen sich einer verstärkten Lohnkonkurrenz ausgesetzt und befürchten zunehmenden Druck auf nationale
Lohnsätze und Sozialstandards" (ebd.: 134).

Die Dienstleistungsrichtlinie wurde Ende 2009 in deutsches Recht
umgesetzt. „So gilt für Dienstleister – zu denen die EU über das landläu-
fige Verständnis hinaus auch Handwerker oder produzierendes Gewerbe
zählt – grundsätzlich das Recht ihres Herkunftsstaats" (Tornau 2010: 48).
Damit öffnet sich „ein ‚Riesentor für Sozialdumping'", was den DGB veranlasste seine Forderung „Gleicher Lohn für gleiche Arbeit am gleichen
Ort" wiederholt zu unterstreichen verbunden mit dem Verlangen nach
einem allgemeinen Mindestlohn (ebd.: 48 f.). Das europäische Sozialmodell wurde noch in anderer Hinsicht unterminiert. Bereits 2008 hatte der
EuGH die Absenkung bisheriger Standards der Arbeitsbedingungen für
rechtens erklärt. Demzufolge durfte das Land Niedersachsen „seine Auf-
tragvergabe nicht mehr daran koppeln, dass die Unternehmen Tariflöhne
zahlen. Das Gericht verbietet diesen Tarifzwang und räumt dem Prinzip
der Dienstleistungsfreiheit Priorität ein" (Pinzler 2008: 37). Das kommen-
tiert die Autorin der liberalen Wochenzeitung „Die Zeit" so: „Das ist nicht
nur für die betroffenen Arbeitnehmer in Niedersachsen fatal. Das wird es
auch schwieriger machen, bei den Bürgern auch glaubhaft für das soziale Europa zu werben" (ebd.: 37). Als Reaktion auf das Urteil wurden von
den zuständigen Tarifvertragsparteien für die Vergabe öffentlicher Aufträge europarechtskonforme Tariftreueregelungen vereinbart, die gemäß
einem Grundsatzurteil des Bundesverfassungsgerichts von 2006 das Tarifvertragssystem stabilisieren sollen (vgl. Schulten 2011: 31).

Für den Grundsatz der Gleichbehandlung von Männern und Frauen beim Entgelt hat die EU einen gesetzlichen Rahmen vorgegeben, der die Mitgliedsstaaten bindet, d. h. die Gesetze gelten vor nationalem Recht. Auf die Grundlagen der Entgeltermittlung ist in den weiteren Abschnitten dieses Kapitels einzugehen. In der EU gelten in etwa die gleichen Prinzipien (vgl. Stefaniak u. a. 2002: 7 ff.). Der Grundsatz der Entgeltgleichheit für Männer und Frauen gehört zu den europäischen Gemeinschaftsgrundrechten. Artikel 141 EG Vertrag (Amsterdamer Vertrag) von 1999, der den Artikel 119 EWG Vertrag von 1957 ablöste, lautet: „Jeder Mitgliedsstaat stellt die Anwendung des Grundsatzes des gleichen Entgelts für Männer und Frauen bei gleicher oder gleichwertiger Arbeit sicher"(§1) (zitiert nach: ebd.: 13). Im Unterschied zu der Regelung von 1957 wurde die Formulierung „oder gleichwertiger Arbeit" neu aufgenommen.

3.2 Mitglieder und Organisationsgrad der Tarifvertragsparteien, Tarifverträge und Betriebs- bzw. Dienstvereinbarungen

Seit der Wiedervereinigung der beiden deutschen Staaten 1990 hat sich die Zahl der Mitglieder bzw. der Organisationsgrad der Tarifvertragsparteien dramatisch verändert. Nachdem die Mitgliederzahlen der DGB-Gewerkschaften Anfang der neunziger Jahre kurzzeitig nach oben schnellten, gingen sie mit der wirtschaftlichen Transformation in den Neuen Bundesländern merklich zurück. Dies bedeutete eine De-Industrialisierung mit einem umfassenden Arbeitsplatzabbau und einem industriellen Neuanfang samt produktiven, effizient gestalteten Arbeitsstrukturen bei einer im Vergleich zu früher deutlich geringeren Beschäftigtenzahl. Der Mitgliederschwund ist derzeit fast zum Stillstand gekommen (vgl. Süddeutsche Zeitung 2013: 6). Mit dem Strukturwandel in den Alten Bundesländern hatte sich der Schwerpunkt der Beschäftigung von der Industrie zur Dienstleistung längst verschoben. Das klassische Rekrutierungsfeld der Gewerkschaften – das sind die Facharbeiter in der Industrie – schrumpfte auf Grund des Bedeutungsverlustes bestimmter Branchen und der umfassenden technisch-organisatorischen Rationalisierungsprozesse. Der Beschäftigungsrückgang schmälert aber mitnichten die gesamtwirtschaftliche Bedeutung des industriellen Sektors.

Dazu einige Zahlen: Hatte 1991 der DGB 11.800.000 Mitglieder und einen Organisationsgrad – Anteil an den abhängigen Erwerbspersonen – von 33 Prozent, so schrumpfte deren Zahl bis 2005 auf 6.778.000 bzw. 17,7 Prozent (vgl. Müller-Jentsch 2007: 37). Ende 2012 betrug die entsprechende Zahl 6.151.000 (vgl. Süddeutsche Zeitung 2013: 6). Bis heute sehen sich die Gewerkschaften herausgefordert, vermehrt um Angehörige technischer Berufe, Angestellte und Frauen zu werben und sie zu organisieren. Die Mitgliederstruktur entsprich immer „noch der Berufsstruktur der fünfziger und sechziger Jahre des vorigen Jahrhunderts", denn die wachsende Zahl der Angestellten und die Zunahme der Frauenerwerbstätigkeit – wobei sich beide Gruppen teilweise überlappen – spiegeln sich noch nicht in den Daten wider (Müller-Jentsch 2007: 38). So wiesen Frauen 2005/06 einen Anteil von 46,4 Prozent an den abhängig Beschäftigten auf, aber sie waren nur zu 31,9 Prozent gewerkschaftlich organisiert (vgl. ebd.: 38). Auf Grund fortschreitender gesellschaftlicher Individualisierung sinkt generell die Bereitschaft der BürgerInnen, in Groß-Organisationen wie Kirchen, Parteien und eben auch Gewerkschaften Mitglied zu werden.

Die geringe Mitgliedschaft weiblicher Arbeitskräfte haben die Gewerkschaften teilweise selbst verschuldet, nämlich durch ihren früheren Antifeminismus, der sich gegen die gewerkschaftliche Mitgliedschaft von Frauen richtete und darüber hinaus durch die bis heute existierende – in der Regel indirekte – Lohndiskriminierung von Frauen in Tarifverträgen (vgl. Kap. 3.3 bis 3.5). Mit der Zunahme weiblicher Erwerbstätiger seit den siebziger Jahren steigt ihre Mitgliederzahl in den Gewerkschaften, obwohl der Dienstleistungssektor, schon wegen seiner heterogenen Tätigkeitsfelder und Beschäftigungsverhältnisse, vermutlich zukünftig kaum an den früheren Organisationsgrad in der Industrie heranreichen wird. Dazu wiederum einige Zahlen: Zu Beginn der fünfziger Jahre betrug der Anteil der Frauen in den DGB-Gewerkschaften 16,4 Prozent, 1984 stieg er auf 21,6 Prozent. Der Organisationsgrad der Frauen war 1984 mit 18,7 im Vergleich zu dem der Männer mit 41,6 Prozent gering. Auffällig sind die Unterschiede zwischen Arbeiterinnen mit 27 und weiblichen Angestellten mit 12,5 Prozent. Ende 1991 waren 33 Prozent der DGB-Mitglieder weiblich, wobei der Organisationsgrad wegen der deutschen Wiedervereinigung 1990 einen Spitzenwert von 24,4 Prozent erreichte (vgl. Raehlmann 1997: 298). Mit der steigenden Mitgliedschaft wuchs auch der Anteil der

Frauen in den gewerkschaftlichen bzw. betrieblichen Gremien, aber gemessen an ihrer Mitgliederzahl sind sie nach wie vor darin unterrepräsentiert. Der Blick auf die Entwicklung der Zahlen und der Struktur der Mitglieder bei ver.di ist hier von besonderem Interesse. Die von ver.di mir zur Verfügung gestellten Daten bieten folgendes Bild: Die Mitgliederentwicklung zwischen 2001 und 2010 ist negativ. Startete ver.di nach der Gründung 2001 zunächst als größte Einzelgewerkschaft mit 2.895.207 Mitgliedern, davon fast gleichrangig 1.426.995 (49,29 Prozent) Frauen und 1.468.212 (50,71 Prozent) Männer, so reduzierten sich die Mitgliederzahlen bis 2010 auf 2.094.448. Damit rückte sie auf den zweiten Platz hinter der IG Metall. Die Anteile der Geschlechter haben sich dagegen kaum verändert. Es sind 1.058.550 (50,54 Prozent) Frauen und 1.035.898 (49,46 Prozent) Männer organisiert. Davon auszugehen ist, dass bei dem Zuwachs an Beschäftigung im Dienstleistungssektor bei gleichzeitig schrumpfender Mitgliedschaft der gewerkschaftliche Organisationsgrad ebenfalls abgenommen hat (vgl. Keller 2010: 71). Aufschlussreich ist die Entwicklung im Fachbereich „Gesundheit, soziale Dienste, Wohlfahrtsverbände/Kirchen": Zwischen 2001und 2010 sank die Mitgliedschaft von 379.595 auf 346.527. Davon waren 2001 280.400 (73,87 Prozent) Frauen und 99.195 (26,13 Prozent) Männer und 2010 260.100 (75,6 Prozent) Frauen und 86.427 (24,94 Prozent) Männer. Gleichwohl scheint der Abwärtstrend zumindest vorerst gestoppt zu sein. 2007 hatte die Gewerkschaft den niedrigsten Stand erreicht, nämlich 341.282 Mitglieder. Seither steigen die Mitgliederzahlen bei den Frauen kontinuierlich an, während sie bei den Männern sinken. Die Entwicklung wird durch die genannten Zahlen dokumentiert. Insgesamt belegen sie auch, dass der Bereich der personenbezogenen Dienstleistungen eine Domäne der erwerbstätigen Frauen ist. Die gewerkschaftliche Mitgliedschaft der in kirchlichen Einrichtungen Beschäftigten ist gering. Der Diakonie-Präsident Johannes Stockmeier bestätigt, dass nur ca. ein Prozent der MitarbeiterInnen bei ver.di organisiert sind (vgl. Bskirske, Stockmeier 2012: 6).

Seit den neunziger Jahren verzeichnen die Arbeitgeberverbände ebenfalls abnehmende Mitgliederzahlen, und zwar im Osten deutlicher als im Westen Deutschlands. Gleichwohl weisen die Unternehmen seit jeher einen höheren Organisationsgrad auf als die Gewerkschaften. „Geringere Neigung zum Beitritt findet sich unter jüngeren exportorientierten und zum tertiären Bereich gehörenden Unternehmen" (Müller-Jentsch 2007: 43). Dabei handelt es sich um zwei Phänomene: Verbandsflucht oder Verbandsabstinenz. Der Nichteintritt kann sich auf Dauer schwerwiegender als der Austritt erweisen (vgl. ebd.: 45). Als Reaktion auf diese Tendenzen ist es zu einer gespaltenen Mitgliedschaft gekommen, nämlich mit und ohne Tarifbindung, wobei die letztere immerhin wichtige Serviceleistungen wie Information und Beratung für die Mitglieder beinhaltet.

Die Situation im Öffentlichen Dienst, die hier vor allem interessiert, unterscheidet sich davon deutlich. Die Arbeitgeber sind nicht Mitglieder der Bundesvereinigung der Deutschen Arbeitgeberverbände (BDA), da sie „sich nicht der Verbandsdisziplin der privaten Arbeitgeber unterordnen wollen; diese wiederum haben Vorbehalte wegen der parteipolitischen Bindung und Durchdringung der Interessenvertretung innerhalb des öffentlichen Dienstes" (ebd.: 42). Gegenstand der Tarifverhandlungen sind nur die Arbeits- und Beschäftigungsbedingungen der Arbeiter und Angestellte – eine Differenzierung, die mittlerweile auch in der Privatwirtschaft weitgehend aufgehoben wurde. Für die Beamten werden diese Sachverhalte per Gesetz geregelt. Gemäß dem föderalen Aufbau der Bundesrepublik lassen sich drei Ebenen Bund, Länder und Gemeinden unterscheiden, wobei die Verbände der zweiten und dritten Ebene jeweils in Spitzenorganisationen zusammengeführt sind. Es handelt sich um die Vereinigung der kommunalen Arbeitgeberverbände (VKA) und um die Tarifgemeinschaft deutscher Länder (TdL) (vgl. ebd.: 42). Die öffentlichen Arbeitgeber sind höher organisiert als die privaten – „fast zu 100 Prozent" (ebd.: 42). Nur wenige Kommunen und seit einiger Zeit die Länder Berlin und Hessen gehören der TdL nicht mehr an (vgl. ebd.: 42 f.). Weitere Länder wie Bayern, Baden-Württemberg und Niedersachsen haben wiederholt mit dem Austritt gedroht, so dass sich das Verhandlungssystem destabilisieren könnte, falls es bei der Warnung nicht bleibt (vgl. Keller 2010: 113). Dann würden die einzelnen Bundesländer für sich mit den Gewerkschaften verhandeln. Eine gespaltene Mitgliedschaft mit bzw. ohne Tarifbindung existiert bei den öffentlichen Arbeitgebern nicht (vgl. ebd.: 60, 91). Ein weiterer Unterschied besteht darin, dass nahezu flächendeckend Tarifverträge existieren, die 2008 die Beschäftigten zu 98 Prozent erfassten (vgl. ebd.: 91). Hingegen schrumpfte der Anteil in der Privatwirtschaft: So waren die Arbeits- und Beschäftigungsbedingungen 1998 in Westdeutschland bei 76 und in Ostdeutschland bei 63 Prozent der Beschäftigten durch Tarifverträge geregelt; 2006 lauten die entsprechenden Zahlen 65 und 54 Prozent (vgl. Müller-Jentsch 2007: 110). Die Erosion des Flächentarifvertrags hält weiter an,

so dass sich für 2010 Anteile von 56 im Westen und 37 Prozent im Osten
Deutschlands ergaben (vgl. Bispinck, Schulten 2011: 28).

Im Öffentlichen Dienst ebenso wie in der Privatwirtschaft deuten sich
seit Mitte der neunziger Jahre Veränderungen in der Tarifpolitik an, die
Tendenzen zur Dezentralisierung und Flexibilisierung beinhalten (vgl. Keller 2010: 87). Hintergrund diesbezüglicher Strategien sind u. a. die wachsenden finanziellen Probleme des Staates. Öffentliche Unternehmen wie
Bahn und Post sowie kommunale Unternehmen der Ver- und Entsorgung
wurden privatisiert. Die Verhandlungsgemeinschaft zwischen Bund, Ländern und Gemeinden zerbrach 2003 durch den Austritt der Länder. Seit
2005 finden getrennte Verhandlungen mit unterschiedlichen Abschlüssen
bezüglich Arbeitszeit und Jahressonderzahlungen statt. Vormals einheitliche Arbeits- und Beschäftigungsbedingungen im Öffentlichen Dienst gibt
es seither nicht mehr (vgl. ebd.: 88, 108). Hier wurden ebenso wie in der
Privatwirtschaft Öffnungsklauseln in den Tarifverträgen vereinbart, die
nicht mehr wie früher durch Betriebsvereinbarungen Arbeitszeit und Entgelt in Abweichung vom Tarifvertrag für die Beschäftigten vorteilhafter
regeln können, sondern nun können die Standards auch abgesenkt werden, etwa durch die Zusicherung der Arbeitgeber für einen bestimmten
Zeitraum auf Kündigungen zu verzichten. Als funktionales Äquivalent
zur Betriebsvereinbarung sieht der Öffentliche Dienst Dienstvereinbarungen vor. Sie werden im Zuge der Ablösung des Bundesangestelltentarifs
(BAT) durch den neuen Tarifvertrag TVöD wichtiger, „insbesondere bei
Fragen der Eingruppierung und der Prinzipien leistungsabhängiger Bezahlung" (ebd.: 97). Mit der Dezentralisierung geht ein Bedeutungs- und
Machtgewinn bei den Personalräten einher, was deren Verselbständigung
begünstigen kann. Darüber hinaus verlagert sich das Problem- und Konfliktpotential auf die Ebene der Dienststellen, zumal im BAT „keine leis-
tungsabhängigen variablen Bezahlungselemente" und deutlich mehr Ver-
gütungsgruppen existiert haben (ebd.: 101).

Die Heterogenität der Anbieter personenbezogener Dienstleistungen
bedeutet, dass sie nur teilweise von den mit ver.di abgeschlossenen Tarifverträgen erfasst werden. Die Privatisierung öffentlicher Dienstleistungseinrichtungen seit den neunziger Jahren – über die Kirchen hinaus – hat
vermutlich dazu geführt, dass die Existenz von Tarifverträgen und die eines Betriebsrats nicht mehr selbstverständlich sind. Dadurch haben sich
die Arbeits- und Beschäftigungsbedingungen soweit differenziert, dass

die Entgelte den Beschäftigten vielfach eine eigenständige Lebensführung nicht bzw. nicht mehr ermöglichen und ergänzende staatliche Leistungen beantragt werden müssen. Im Zuge des sozio-kulturellen Wandels wird eine finanzielle Eigenständigkeit von mehr und mehr Frauen gewollt und teilweise, etwa bei Scheidung, rechtlich erzwungen (vgl. Kap. 5.2). Niedrige Entgelte finden sich aber nach wie vor in einigen Tarifverträgen, vor allem im Dienstleistungssektor. Da in der überwiegenden Mehrzahl die Beschäftigten Frauen sind und deren Erwerbsstatus bis noch vor nicht allzu langer Zeit – auch von den Gewerkschaften – als Zuverdienerin angesehen wurde, können manche niedrigen Tarifentgelte auf Grund der gesellschaftlichen Rollenzuweisung kaum verwundern. Darüber hinaus waren und sind Frauen im geringen Maße in Gewerkschaften organisiert. Mithin sind die Gewerkschaften in ihrer Verhandlungsposition traditionell schwach und die Erosion des Tarifvertragssystems wirkt sich zusätzlich negativ auf die Höhe der Entgelte aus, was die Forderung nach gesetzlichen Mindestlöhnen untermauert (vgl. Kap. 5.3).

3.3 Verfahren der Arbeitsbewertung

Die klassischen Verfahren der Arbeitsbewertung, die ursprünglich für die industrielle Produktion entwickelt und später auch für die personenbezogenen Dienstleistungen bedeutsam wurden, werden im Folgenden skizziert. Die für die Bewertung industrieller Tätigkeiten leitenden Vorstellungen von Rationalität, Effizienz und Produktivität setzen ebenfalls für die Dienstleistungsbereiche die Maßstäbe. Die analytische Arbeitsbewertung entwickelte sich im Kontext der technisch-organisatorischen Rationalisierungsprozesse. Die Verfahren, die in der Tradition Taylors stehen (vgl. Kap. 2.1), beanspruchen ebenso wie dessen Konzept wissenschaftliche Objektivität. Ein solches, durchaus kritikwürdiges Verständnis von Wissenschaft kommt, wie noch zu zeigen ist, den Interessen der Arbeitgeber weit entgegen, aber auch die Gewerkschaften übernahmen diese Vorstellungen. Werden die sozio-ökonomischen Voraussetzungen sowie die konkreten Anlässe der Umsetzung und Verbreitung in historischer Sicht genauer beleuchtet, so zeigt sich die Interessengebundenheit dieser Konzepte (vgl. Kap. 3.4, 3.5).

Der Blick richtet sich auf die Metallbranche, die bis heute eine volkswirtschaftliche Schlüsselrolle einnimmt hinsichtlich der wirtschaftlichen
Wertschöpfung, der Beschäftigtenzahl sowie der Vorreiterrolle in der Tarifpolitik und ebenfalls bei der Arbeitsbewertung (vgl. Nienhüser 1993:
237). Thematisiert wird allein die Grundlohnbestimmung für die gewerblichen Arbeitskräfte. Leistungsbezogene Differenzierungen bleiben ebenso außen vor wie zunächst die Tätigkeit von Angestellten.

Die analytische Arbeitsbewertung als verbindlicher Rahmen für die
Entgeltbestimmung wurde erst nach dem Zweiten Weltkrieg auf breiter
Front durchgesetzt, und zwar infolge der bereits in der NS-Zeit forcierten
Ausweitung der Arbeitsteilung zur tayloristischen Arbeitszersplitterung
in der Rüstungsindustrie. Schon seit der zweiten Hälfte des 19. Jahrhunderts wurden damit praktische Erfahrungen in den USA gesammelt. Aber
erst in den dreißiger Jahren des 20. Jahrhunderts kam es dort zu „einem
nennenswerten Durchbruch", der sich bald auch in Europa zeigte (Bartölke u. a. 1980: 44). Um die Wende vom 19. zum 20. Jahrhundert orientierte
sich die Grundlohnbestimmung noch an der Qualifikation, also dem erlernten Beruf (vgl. Nienhüser 1993: 245 ff.). Berufliche Qualifikationen und
Anforderungen des Arbeitsplatzes waren tendenziell identisch. Durch die
technisch-organisatorischen Rationalisierungsprozesse geriet das Verfahren in die Defensive. Die Arbeitsteilung nahm rapide zu und vermehrt entstanden un- und angelernte Tätigkeiten, die eine Absenkung der Entgelte
zur Folge hatten. Sofern die Arbeitskräfte eine Berufsausbildung absol-
viert hatten, wurden ihre extrafunktionalen Qualifikationen unentgolten
genutzt. Die Dreiteilung führte zu Folgeproblemen. Die Anforderungen
der Arbeitsplätze waren häufig weniger trennscharf als unterstellt. Zudem sanken die Einkommen der im Zeitlohn tätigen Facharbeiter im Vergleich zu den im Stücklohn arbeitenden Un- und Angelernten, was sich
auf die Arbeitsmotivation und die Lohnzufriedenheit negativ auswirkte
(vgl. Ridder 1990: 184). Die Verfahren zur Lohnbestimmung wurden im
Betrieb entwickelt und verfügt bzw. vereinbart. Den Gewerkschaften ge-
lang es nicht, entsprechende Verhandlungen in der tariflichen Arena zu
führen und so blieben die Diskrepanzen bestehen.

Da alle Organisationen der Arbeiterbewegung mit Beginn der NS-Herrschaft verboten waren, ergriff die Nachfolgeorganisation, die Deutsche Ar-
beitsfront zusammen mit der Reichsgruppe Industrie in den vierziger Jahren die Initiative im Hinblick auf Entgelt. Ungehindert und widerspruchslos

konnten sie ihre Interessen autoritär durchsetzen (vgl. Neubauer 1981: 396
ff.). Seit Ende der dreißiger Jahre konnte wegen des Einfrierens der Löhne
und des Lohnstopps eine Lohnerhöhung nur bei den Leistungslöhnen erzielt werden, was für Facharbeiter einen Anreiz schaffte, Akkordarbeiten
zu verrichten. Auf diese Weise gefährdeten sie allerdings ihre erworbenen
Qualifikationen (vgl. Nienhüser 1993: 248). Der aus der Gemeinschaftsar-
beit entstandene Lohngruppenkatalog Eisen und Metall (LEKEM) wurde
1942 veröffentlicht und für verbindlich erklärt. Er sollte zur Lohngerechtigkeit und Leistungssteigerung beitragen. Bereits Anfang 1944 war dieser Katalog, der zudem beanspruchte, die Bemessungsgrundlagen wissenschaftlich exakt und objektiv zu ermitteln, in einem Drittel aller Betriebe
der Metallindustrie eingeführt. Die Kriegswirtschaft erzwang die Aus-
schöpfung aller Leistungsreserven der Arbeitskräfte bei letztlich jedoch
gleichzeitiger Absenkung der Löhne (vgl. Neubauer 1981: 397 f.). Der LE-
KEM teilte die in der Metallindustrie vorkommenden Tätigkeiten in acht
Lohngruppen ein. Daran sollte sich die Einstufung der einzelnen Arbeits-
verrichtungen orientieren. „Die Aufstellung der Lohngruppen erfolgte
nach einem analytischen Stufenwertzahlverfahren, das folgende fünf Be-
wertungsmerkmale vorsah: Fachkenntnisse, körperliche und geistige An-
strengung, Verantwortung und Umgebungseinflüsse" (ebd.: 398). Günter
Neubauer bilanziert die untersuchten Dokumente dahingehend, dass das
herausgehobene Merkmal jedoch nach wie vor die Ausbildung war, also
Fachkenntnisse und Handfertigkeiten (vgl. ebd.: 398).

Die Verfahren der Arbeitsbewertung erfuhren mit dem wirtschaftlichen Wiederaufbau in der Bundesrepublik Deutschland einen Zuwachs
an Bedeutung und Anerkennung, und zwar jetzt auch durch die Gewerkschaften. Das signalisierte ihr Beitritt zum wieder gegründeten Verband für
Arbeitsstudien und Betriebsorganisation (REFA). Durch Mitwirkung sollte die Arbeitsbewertung und der Rationalisierungsprozess insgesamt im
Sinne der Arbeitnehmerinteressen beeinflusst werden (vgl. Wagner 1992:
134). Das partizipative Anliegen der Gewerkschaften hatte als eine wesentliche Triebfeder, die Arbeits- und sonstigen Lebensumstände der abhängig Beschäftigten zu verbessern. Dabei begründeten sie ihren Beitritt
„mit einer Stellungnahme, die vor allem Widerstände gegen den Akkord
widerlegen sollte: Dieser wurde als ein von der Wirtschaftsordnung un-
abhängiges Instrument systematischer produktivitätssteigernder Arbeits-
und Betriebsgestaltung dargestellt" (Schauer u. a. 1984: 66). Seine in der

Vergangenheit missbräuchliche Anwendung sollte zukünftig durch Mitbestimmung vermieden werden. Der Akkordlohn war unverzichtbar und ein zentrales Element im gewerkschaftlichen Konzept einer „sozialen Rationalisierung" (vgl. ebd.: 66). Dass die Gewerkschaften die Verfahren der Arbeitsbewertung akzeptierten und keine Alternativen dazu entwickelten, wird dadurch erklärt, dass sie bei der erneuten Bindung des Entgelts an die Qualifikation wieder vermehrt niedrig bezahlte Lohngruppen hätten hinnehmen müssen (vgl. Ridder 1990: 184). Ferner wird argumentiert, dass sie in der Nachkriegszeit mit einer Vielzahl von Problemen konfrontiert waren, die ihre verfügbaren Handlungsressourcen weit überstiegen (vgl. Nienhüser 1993: 249). Die im Gefolge der Gründung des Bundesrepublik und der Verabschiedung des GG wieder durchgesetzten Mitbestimmungsrechte im Tarifvertragsgesetz und im BetrVG beendeten die autoritäre Praxis der Arbeitsbewertung. Deren Weiterentwicklung wurde nun Gegenstand von Verhandlungen zwischen den Tarifvertrags- und Betriebsparteien. Davon erhofften sich die Gewerkschaften ein Mehr an Lohngerechtigkeit, zudem objektive, systematische und berechenbare Verfahren und schließlich eine Vereinheitlichung der Entgeltfindung, um die Tarifpolitik besser steuern zu können (vgl. ebd.: 249 ff.; Neubauer 1981: 401 ff.). Die Verfahren bildeten bis zur Reform im letzten Jahrzehnt die methodische Basis der Entgeltermittlung in der Metallindustrie. Sie knüpften an die in den vierziger Jahren entwickelten Konzepte an. Die summarische Arbeitsbewertung war schon Bestandteil des LEKEM, das analytische Verfahren bereits früher entwickelt worden (vgl. Nienhüser 1993: 248). Beide Verfahren werden nachfolgend genauer erläutert. Ausschlaggebend für die weitgehende Akzeptanz dieser Verfahren war, dass sich die Massenproduktion als vorherrschendes Produktionsmodell bis Ende der siebziger /Anfang der achtziger Jahre behaupten konnte, als die weltwirtschaftliche Verflechtung, also die Globalisierung unübersehbar wurde. Mit dem Wiederaufbau wuchs auch die Nachfrage nach un- und angelernten Arbeitskräften, wiewohl die qualifizierte Facharbeit nach wie vor ein wichtiges Arbeitsmarktsegment bildete (vgl. Kap. 2.1). Die stark differenzierenden analytischen Arbeitsverfahren wurden von den Arbeitgebern bevorzugt, weil sie jede Veränderung der Anforderungen im Zuge des technisch-organisatorischen Wandels wie „ein Seismograph" widerspiegeln und damit Herabstufungen und Lohnsenkungen ermöglichen (Brumlop 1986: 29). Die Gewerkschaften waren sich dieser Gefahr wohl bewusst, jedoch hofften sie, die Individualverdienste durch betriebliche Umsetzung und Rationalisierungsschutzpolitik sichern zu können (vgl. Schauer u. a. 1984: 57). Obwohl die Arbeitgeber die Arbeitsbewertung förderten, waren sie an einer tariflichen Regelung nicht interessiert. Dennoch wurde sie „in den 60er Jahren in den meisten Lohnrahmen-Tarifen der Metallindustrie vereinbart" (ebd.: 57). Eine solche Grundlohnbestimmung schien für die Arbeitgeber den Anspruch auf einen „gerechten Lohn" zu erfüllen. Damit verband sich für sie die Hoffnung, den industriellen Konflikt weitgehend latent halten zu können.

Als wegweisend erwiesen sich bis heute die Vereinbarungen, die auf der internationalen Tagung, vom 24. bis 27. Mai 1950 in Genf, unter der Schirmherrschaft des Comité International de l'Organisation Scientifique (CIOS) getroffen wurden (vgl. Gehle 1950: 32 ff.). Auch „einige deutsche Fachleute der Arbeitsbewertung" waren eingeladen und erschienen, so die „Herren Prof. Dr.-Ing. Bramesfeld, Dr.-Ing. habil. Euler, Ing. Gehle, Dr.-Ing. Lorenz, Dir. Dr.-Ing. Schlüter und Dr.-Ing. Stevens" (ebd.: 32). Als Ziel der Tagung galt „der Gedankenaustausch über Arbeitsbewertung, Abklärung von Auffassungsverschiedenheiten und Vereinheitlichung der wissenschaftlichen Grundlagen der Arbeitsbewertung" (ebd.: 32). In der Begrüßungsansprache erinnerte der Tagungspräsident „an die Bedeutung der Arbeiten Taylors für die Entwicklung der wissenschaftlichen Betriebsführung. Die Behandlung des Problems der Arbeitsbewertung müsse dazu führen, daß das Verhältnis zwischen Arbeitnehmer und Arbeitgeber stabilisiert wird, deshalb werde die Diskussion auf internationaler Basis geführt" (ebd.: 32). Damit trage man dazu bei, „auf sachlicher Grundlage verhandeln zu können. Nach seiner Auffassung sei es gerade notwendig, die Gegensätze mit sachlicher Kritik zu beleuchten, um dadurch zu einer Abklärung zu kommen" (ebd.: 32). Die Teilnehmer einigten sich am Ende der Tagung auf „ein internationales Arbeitsbewertungsschema (…), das sich auf vier Hauptmerkmale stützt", erweitert um zwei von Lorenz und Bramesfeld vorgeschlagene Kategorien: Fachkönnen und Belastung (ebd.: 34):

		Fachkönnen	Belastung
1.	Geistige Anforderungen	x	x
2.	Körperliche Anforderungen	x	x
3.	Verantwortung	–	x
4.	Arbeitsbedingungen	–	x

Es wird seither als Genfer Schema bezeichnet. Es ist von den Arbeitsbedingungen der Stahlindustrie und deren Anforderungen geprägt und nahm „über Jahrzehnte hinweg eine führende Rolle in der Anforderungsermittlung (Arbeitsbewertung) zur Grundentgeltbestimmung" ein (Schweres 2002: 597).

Am 8. August 1951, ein Jahr nach dieser Konferenz, verabschiedete der Beirat der IG Metall „Gewerkschaftliche Leitsätze zur Arbeitsbewertung" (vgl. Kalbitz 1991: 131 ff.). Darin wird gefordert, die Einführung der Arbeitsbewertung an die Zustimmung der Tarifvertragsparteien bzw. deren Beauftragten zu binden. Zur Vorbereitung, Einführung und Durchführung soll „eine paritätische, ständige und gleichberechtigte Kommission eingesetzt werden, deren Mitglieder von jeder Tarifvertragspartei bestimmt werden" (ebd.: 133). Zudem wird als ein Grundgedanke fest geschrieben, dass die Arbeitsbewertung – unabhängig von der Methode – „zu keiner Verschlechterung der Löhne oder Verdienste führen" darf (ebd.: 132). Ferner gibt es bei deren Anwendung „keine Lohnabstufungen nach Alter und Geschlecht mehr" (ebd.: 135). Zwar sind die vorgeschlagenen Grundlagen für die Arbeitswertung nicht identisch mit dem Genfer Schema, sie sind differenzierter, aber durchaus ähnlich und bisweilen überschneiden sie sich sogar (vgl. ebd.: 134 f.).

Früh wurde erkannt, dass die Arbeitsbewertung kein neutrales Instrument der Lohn- und Gehaltsgestaltung, sondern ein politischer Aushandlungsprozess ist und insofern Gegenstand der Tarifpolitik sein muss. „Die Konstruktion dieser Verfahren ist in keiner Weise wissenschaftlich" bilanzierte Hans Pornschlegel und fuhr fort, dass „alle diese Systeme lohnpolitisch bedingt sind" (Pornschlegel 1962: 163, 176, zitiert nach: Wagner 1992: 143). Überdies wurde immer offensichtlicher, dass die Arbeitsbewertung als Instrument betrieblicher Rationalisierungs- und Leistungspolitik genutzt wurde. Er schlussfolgerte aus seinen Untersuchungen, dass sie „eines der wirksamsten Mittel (ist, I. R.), um innerhalb der Betriebe eine Rationalisierung und Lenkung der Personalverteilung und Personalausstattung vorzunehmen" (Pornschlegel 1960: 63, zitiert nach: ebd.: 143).

Die Verfahren der Arbeitsbewertung lassen sich wie folgt skizzieren. Nach REFA sind drei Schritte zu unterscheiden: Erstens die Arbeits- und Stellenbeschreibung, zweitens die Anforderungsanalyse und drittens die Bewertung der Anforderungen (vgl. Maier 1988: 47 ff.). Beim ersten Schritt handelt es sich um eine systematische Beschreibung von Arbeitssyste-

men bzw. Arbeitssituationen, um daraus Arbeitsanforderungen abzulei-
ten. Der zweite Schritt erfolgt üblicherweise nach dem oben vorgestellten
Genfer Schema. Die Anzahl der Anforderungsarten soll weder zu gering
noch zu hoch sein. Bei nur wenigen Anforderungen bleibt eventuell We-
sentliches unberücksichtigt, bei zu vielen kann es zu Doppelbewertungen
kommen, „das Verfahren wird komplizierter, das System unübersichtli-
cher; schließlich steigt auch der Arbeits-, Zeit- und Geldaufwand" (ebd.:
57). Ziel soll sein, „ein möglichst einfach handhabbares System" zu entwickeln, das etwa 10 bis 16 Anforderungsarten unterscheidet (ebd.: 57). Beim
dritten Schritt geht es um die Bewertung der Anforderungen, die nach dem
summarischen oder analytischen Verfahren vorgenommen werden. Beim
summarischen Vorgehen erfolgt die Einordnung der Tätigkeiten anhand
von Gruppenbeschreibungen, in die „Arbeitsanforderungen in erster Li-
nie durch die zur Arbeitsausführung erforderliche *Ausbildung* bzw. durch
das erforderliche *Können*" eingehen (ebd.: 58). Eine detaillierte Anforderungsanalyse wird nicht vorgenommen, da „die Tätigkeiten als Ganzes"
bewertet werden (ebd.: 58). Beim analytischen Vorgehen „wird der *Anteil*
jeder einzelnen *Anforderungsart* an der *Gesamtanforderung* jeder Tätigkeit
festgestellt" (ebd.: 62). Mit der Addition der Werte wird „eine *Gewichtung*
der einzelnen Anforderungsarten vorgenommen, je nachdem welche Bedeutung der einzelnen Anforderungsart beigemessen wird" (ebd.: 62). Einheitliche Entgeltrahmentarifverträge der Metall- und Elektroindustrie aus
Baden-Württemberg und Nordrhein-Westfalen zeigen, dass es auch Kom-
binationen zwischen Analytik und Summarik gibt. Allerdings ist nicht zu
übersehen, dass seit den siebziger Jahren Bestrebungen existieren, die Arbeitsbewertung als analytische Dienstpostenbewertung im Öffentlichen
Dienst einzusetzen (vgl. Bartölke u. a. 1980: 46, 248).

Im Zusammenhang mit dem technisch-organisatorischen Wandel
wurden und werden tayloristische Zuschnitte von Produktionsarbeit zwar
weitgehend obsolet, gleichwohl verschwinden sie nicht. Mehr noch, der
Taylorismus erfährt in jüngster Zeit eine gewisse Renaissance, d. h. industrielle Arbeit wird retaylorisiert. Der Strukturwandel begünstigt dennoch
zweifellos eine Reprofessionalisierung von Industriearbeit, d. h. die Anforderungen an die Qualifikation der Beschäftigten steigen kontinuierlich an. Sie nähern sich der Arbeit von Angestellten an, ja bisweilen über-
schreiten sie diese erheblich, denn auch in diesem Bereich existieren nach
wie vor recht einfache Tätigkeiten. Diese Entwicklungen lassen die über-

kommene Unterscheidung zwischen ArbeiterIn und Angestellte als überholt erscheinen. So kommt es in Wirtschaftszweigen und Unternehmen
wie Brau- und Energiewirtschaft, Mineral- und chemischen Industrie zu
einheitlichen Entgeltbestimmungen (vgl. Doerken 1997: 997). Schon Mitte
der neunziger Jahre vermutete Wilhelm Doerken zu Recht: „Grundsätzlich kann man sicherlich davon ausgehen, daß in einigen Jahren die unterschiedliche Behandlung von Arbeitern und Angestellten in den Entgeltta-
rifverträgen beseitigt sein wird" (ebd.: 997).

   Damit steht die bisherige anforderungsorientierte Arbeitsbewertung
generell – auch für die IG Metall – auf dem Prüfstand. Die Forderung nach
Entgeltstrukturen, die sich zukünftig an der Qualifikation der Beschäftigten ausrichten, wird nachvollziehbar. Sie ist Teil eines Katalogs, der außer
dem nahe liegenden Recht auf Qualifizierung/Weiterbildung die Fortent-
wicklung von Demokratie/Mitbestimmung im Arbeitsalltag verlangt sowie eine menschen- und umweltgerechte Arbeits- und Technikgestaltung.
Die diesbezüglichen Vorstellungen veröffentlichte der Vorstand der IG Metall 1991 unter dem Titel „Tarifreform 2000. Ein Gestaltungsrahmen für die
Industriearbeit der Zukunft". Die Entschließung 12 des 16. ordentlichen
Gewerkschaftstages 1989 zur Tarifpolitik hatte dieses Konzept konkretisiert. Argumente für eine qualifikationsbezogene Eingruppierung und ein
entsprechendes Entgelt sind die Folgenden: Zum einen wird der Trend zu
einer ganzheitlichen Gestaltung der Arbeitsinhalte betont. Zum anderen
wird unabhängig von der Struktur der Arbeitstätigkeit, die durchaus noch
tayloristisch sein kann, damit einer Anforderung des Managements an die
Beschäftigten entsprochen, nämlich von diesen die Übernahme von Verantwortung in ihrem Arbeitsbereich, die Einhaltung von Terminen und
Qualitätsansprüchen zu verlangen (vgl. IG Metall 1991). Zentral ist mithin die Frage, „ob der arbeitende Mensch *ganzheitlich* anhand seiner Fähigkeiten und Kenntnisse eingruppiert wird, oder, ob die Anforderungen
einer einzelnen Tätigkeit den Maßstab für die Eingruppierung bilden sollen. Es spricht viel für die *ganzheitliche*, ‚menschenbezogene' Eingruppierung" (ebd.: 27, Hervorhebungen I. R.). Diesen Grundsätzen zufolge, die
auch Qualifikationsansprüche der Beschäftigten im Sinne von Weiterbildung legitimieren, wird auf der Basis von 13 Entgeltgruppen ein Zwei-
Säulen-Modell vorgeschlagen (vgl. ebd.: 26):

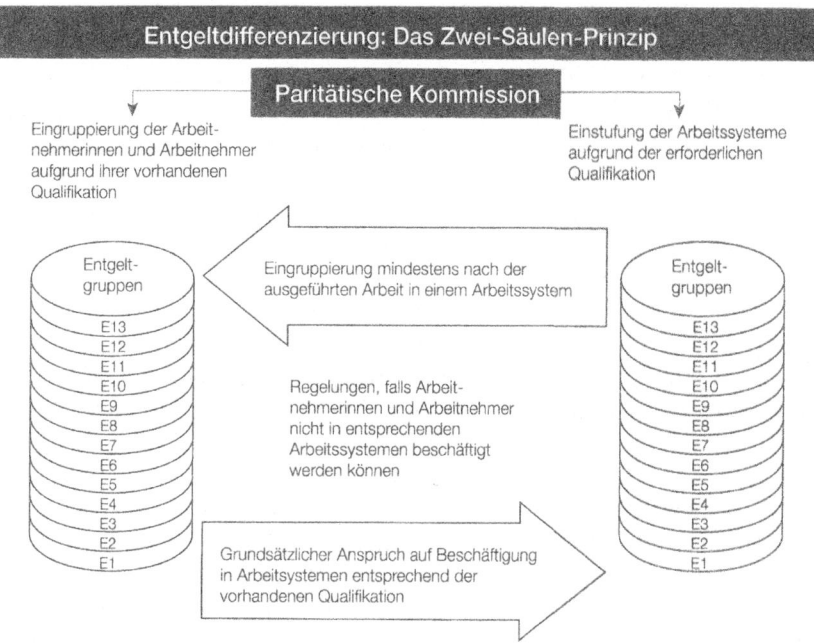

Abbildung 1: Entgeltdifferenzierung: das Zwei-Säulen-Prinzip

Unter dem Schlagwort „Vorsicht Falle!" formulierte der Arbeitgeberverband Gesamtmetall seine Gegenposition (vgl. Gesamtmetall 1992). Er spricht sich vehement gegen eine weitere Verrechtlichung der betrieblichen Mitbestimmung aus, was ebenfalls eine institutionelle Stärkung gewerkschaftlicher Vertrauensleute mit einschließen würde. Da er eine qualifikationsorientierte Entgeltzahlung ablehnt, kann nicht verwundern, dass er ebenso vehement einem allgemeinen Weiterbildungsanspruch der Beschäftigten widerspricht (vgl. ebd.: 22). Weiterbildung soll sich am betrieblichen Bedarf und vor allem an technisch-organisatorischen Erfordernissen orientieren. Somit führt Weiterbildung nicht automatisch zu einem höheren Entgelt. Eine Eingruppierung soll sich nach den Anforderungen richten, denn nur so ist das Prinzip „gleicher Lohn für gleiche Arbeit" zu realisieren und mithin „eine gerechte Entgeltdifferenzierung" (ebd.: 20). Im Übrigen, so die weiterführende Argumentation, wird „die Qualifikation (...) in den geltenden Tarifverträgen nicht außer Acht gelassen. Fertigkeiten,

Kenntnisse, Selbstständigkeit, Verantwortung, Berufserfahrung und andere Qualifikationsmerkmale werden in den Lohn- und Gehaltsgruppenbeschreibungen zur Differenzierung der Entgelte herangezogen" (ebd.: 20 f.). Der folgende Hinweis macht den Unterschied zur Position der IG Metall sichtbar. Es heißt: „Die Merkmale werden jedoch richtigerweise an die Anforderungen gebunden, die die Arbeit an den Menschen stellt" (ebd.: 21).

Die Vereinbarung, die IG Metall und Gesamtmetall 2002 schlossen, sieht vor, flächendeckend bis 2005 Entgelt-Rahmentarifverträge in den einzelnen Tarifgebieten der Metallindustrie abzuschließen. Von der IG Metall wurde die Tarifreform, so der heutige Vorsitzende Bertold Huber, als tarif- und darüber hinaus als gesellschaftspolitisches Reformprojekt gefeiert, denn damit wird die seit mehr als hundert Jahre bestehende Trennung zwischen Arbeitern und Angestellten bei Fragen des Entgelts aufgehoben und qualifizierte Facharbeit neu bewertet (vgl. Huber 2006: 9 f.). Die zugrunde liegende Arbeits- und Leistungsbewertung, die den heutigen Arbeitsaufgaben angemessen sein soll, orientiert sich wie bislang an den Arbeitsanforderungen und nicht an der Qualifikation der Beschäftigten, die die IG Metall mit ihrem Konzept Tarifreform 2000 zunächst gefordert hatte und womit sie sich nicht durchsetzen konnte. Damit verharren die Tarifvertragsparteien in der Tradition überkommener Entgeltbestimmungen, wiewohl sie den veränderten Aufgabenprofilen Rechnung zu tragen versuchen.

Die Reform, unter dem Kürzel ERA populär geworden, sieht nach wie vor die summarische und das Stufenwertverfahren als eine Weiterentwicklung der analytischen Arbeitsbewertung vor (vgl. Beraus u. a. 2006: 61 ff.). Neu in dem Kriterienkatalog für das Grundentgelt sind die Merkmale Handlungs- und Entscheidungsspielraum, Kommunikation sowie Mitarbeiterführung, hingegen sind Wissen, Können, Erfahrung, Denken und Verantwortung schon mehr oder weniger explizit im Genfer Schema enthalten (vgl. ebd.: 62 ff.). Das Belastungsentgelt bzw. eine -zulage wird nur gewährt, wenn die Belastung durch technisch-organisatorische Maßnahmen (noch nicht) beseitigt oder durch zusätzliche Freizeit als Zeit zur Erholung nicht ausgeglichen werden kann (vgl. Fergen u. a. 2006: 120 ff.). Als drittes Element wird ein Leistungsentgelt festgelegt, das die persönliche Leistung im Rahmen der Arbeitsaufgabe honoriert (vgl. Brunkhorst, Scherbaum 2006: 84 ff.). Die ERA-Einführung soll für die Betriebe kostenneutral erfolgen, (vorübergehende) Mehrkosten, die durch Besitzstandswahrung entstehen können, sollen aus einem, aus der Lohn- und Gehaltserhöhung gebildeten Anpassungsfonds bestritten werden. Die Arbeitsbeschreibungen, die der Entgeltbestimmung vorausgehen, sind unter Beteiligung der Betroffenen durchzuführen, so dass sich die Mitbestimmungs- und Beteiligungskultur erweitern und vertiefen kann. Für manche Angestelltenbereiche ergibt sich eine gänzlich neue Situation, die dadurch bestimmt ist, „dass diese bislang oft weniger auf der Grundlage klarer Tätigkeitsbeschreibungen und mehr nach der jeweiligen Arbeitsmarktlage eingruppiert wurden" (Huber 2006: 12 f.). Diese Lage hat sich „inzwischen häufig zu Ungunsten der betroffenen Angestellten verändert" (ebd.: 13). Geleitet von dem Ziel, sich von der tayloristischen Arbeitszersplitterung mit ihrem reduzierten Arbeits- und Menschenbild zu distanzieren, wird von den GewerkschaftsvertreterInnen die Notwendigkeit betont, einen „ganzheitlichen Anforderungsbezug bei der Bewertung der Tätigkeiten als Grundlage für die Einstufung bzw. Eingruppierung" zu favorisieren (Beraus u. a. 2006: 64). Der damalige Vorsitzende der IG Metall, Jürgen Peters, fordert geradezu beschwörend: „Die Anforderungen werden bei der Bewertung von Arbeit ganzheitlich betrachtet (nichts darf ausgeblendet werden)" (Peters 2006: 19). Aus Sicht der Arbeitgeber bzw. des Managements kann die Tarifreform durchaus positiv bewertet werden, denn mit der Aufwertung von Produktionsarbeit stimmt sie mit den leitenden Vorstellungen von lean production (schlanke Produktion) überein.

Eine erste empirische Umsetzungsbilanz zeigt die folgenden Ergebnisse: Gemäß dem vereinbarten Ziel der Kostenneutralität erstaunt es nicht, dass die Reform zu Gewinnern und Verlierern führt. Während die Facharbeit aufgewertet wird und die Entgelte steigen, werden einfache Produktionsarbeit sowie Verwaltungs- und Sekretariatsarbeiten abgewertet, wobei den Beschäftigten eine Überleitungszulage gezahlt wird (vgl. Bahnmülller, Schmidt 2009: 119 ff.). Mittelfristig kommt es bei diesen Gruppen zu Kosteneinsparungen. Der monetäre Ausgleich wird von den Betroffenen „als Ausdruck eines Verlustes betrieblicher Anerkennung und Zeichen verringerter Wertschätzung der eigenen Arbeit erlebt" (Kuhlmann, Sperling 2009: 130). Bisherige Ergebnisse sprechen dafür, dass mittlere Angestellte, darunter viele Frauen, zu den Verlierern der Reform zählen. Nur einige Frauen, etwa Produktionsarbeiterinnen, gehören zu den Gewinnern, da frühere diskriminierende Eingruppierungen abgeschafft worden sind. Die Bilanz für Frauen scheint negativ auszufallen, denn in der Metall- und

Elektroindustrie sind allemal mehr Frauen im Verwaltungsbereich als in der Produktion tätig (vgl. ebd.: 132). Dazu im nächsten Abschnitt mehr! Die Vereinbarungen zwischen IG Metall und Gesamtmetall stehen im Kontext einer Entwicklung, die sich bereits in den achtziger Jahren, allem Anschein nach als Reaktion auf die Diskussion über qualifikationsorientierte Entgeltverfahren anbahnte. Hans-Gerd Ridder spricht von einer „Renaissance der Arbeitsbewertung", nachdem sie in den sechziger und siebziger Jahren aufgrund des technologischen Wandels sowie grundsätzlicher methodologischer und methodischer Mängel in die Kritik geraten war und einen gewissen Bedeutungsverlust erlitten hatte (Ridder 1990: 187). Ihre Verfechter behaupten nun, dass das Verfahren „die Bestrebung nach einem einheitlichen Entgeltsystem für Arbeiter und Angestellte lohntechnisch erleichtert(e)" (ebd.: 187). Ridder identifiziert drei Argumente, die bemüht werden, um die Wiederbelebung zu rechtfertigen: Die Entwicklung von Anforderungen sei mittlerweile gut vorhersehbar, die Anpassung an technologische Veränderungen nötig und der Anspruch des Verfahrens, Kriterien von Objektivität und Gerechtigkeit zu genügen, zu verwirklichen, sofern das Genfer Schema der veränderten Situation angepasst werde (vgl. ebd.: 187 ff.). Ein modifiziertes Schema berücksichtigt daher stärker psychische Faktoren, ferner kreative, steuernde und überwachende Tätigkeiten sowie einen flexiblen Personaleinsatz (vgl. ebd.: 188). Die Logik der analytischen Arbeitsbewertung wird aber beibehalten und mithin die Praxis „„Lohnpolitik mit Hilfe von Fiktionen'" zu betreiben (ebd.: 185). Diese Logik begegnet uns auch wieder bei der Entgeltermittlung für personenbezogene Dienstleistungen (vgl. Kap. 3.5).

3.4 Frauenentgelte und Arbeitsbewertung

Mittlerweile ist es eine erkannte und anerkannte Tatsache, dass bei gleicher oder gleichwertiger Arbeit die Entgelte zwischen Männern und Frauen in der Bundesrepublik Deutschland deutlich auseinander klaffen, und zwar durchaus schwankend zwischen 20 und 30 Prozent. Im Vergleich mit anderen EU-Mitgliedsländern handelt es sich um eine gravierende Diskrepanz. Mit 23 Prozent Unterschied nahm die Bundesrepublik Deutschland 2007 den vierten Platz ein, nach Österreich, Tschechien und den Niederlanden, wo der Abstand noch größer war, aber immerhin unter 30 Pro-

zent lag. In Italien, das den ersten Platz errang, war er zwischen Frauen-
und Männerentgelten nur noch ca. fünf Prozent (vgl. Riedel 2009: 31). So
war nach einer OECD-Studie in 34 Industrieländern der Lohnabstand in
der Bundesrepublik am größten, während der Durchschnitt bei 16 Prozent liegt und in Norwegen und Belgien nur noch acht bis neun Prozent
beträgt (vgl. Scheytt 2012: 19). An dem Abstand von 23 Prozent hat sich
bis heute so gut wie nichts geändert – bestenfalls marginal. Obwohl die
Differenz auch – wie noch so zeigen ist – auf die Arbeitsbewertung zurückzuführen ist, sind weitere soziale Sachverhalte als Erklärung zu be-
rücksichtigen. Diese sind letztlich Ausdruck der geschlechtsspezifischen
bzw. -hierarchischen Arbeitsteilung, die sich hartnäckig nicht nur in der
privaten Lebenswelt behauptet, sondern sich nach wie vor auch in der beruflichen manifestiert. So ist, wie zuvor erwähnt, der Arbeitsmarkt nach
Frauen- und Männerberufen segmentiert und generell geschlechtshierar-
chisch strukturiert, d. h. Frauen sind auf den unteren und mittleren Hier-
archieebenen der Arbeitsorganisationen tätig. In Leitungspositionen sind
sie immer noch eine Ausnahmeerscheinung. Gesellschaftlich angemessene Anerkennung und Wertschätzung werden den Frauenberufen und
ihren Inhaberinnen immer noch weitgehend verwehrt, was die Höhe des
Verdienstes nicht unberührt lässt.

Die anforderungsorientierte Arbeitsbewertung, die alle Arten von Diskriminierung beenden sollte (vgl. 3.3), hat mit Blick auf Arbeiterinnen und
weibliche Angestellte diese Hoffnungen nicht erfüllt, was im Folgenden
aufzuzeigen ist. Die Ursachen für die Diskriminierung von Frauen beim
Entgelt sind vielfältig. Bevor die Arbeitsbewertung als gängige Praxis zur
Entgeltermittlung eingeführt wurde, waren – auch durch Tarifverträge legalisiert – bei identischer Tätigkeit von Frauen und Männern Frauenlohn-
abschläge üblich, und zwar zwischen 10 und 30 Prozent im gewerblichen
Bereich sowie zwischen 10 und 15 Prozent im Angestelltenbereich (vgl.
Jochmann-Döll 1990: 179). Das BAG erklärte 1955 solche Abschläge nach
Artikel 3 GG, wonach Frauen und Männer gleich sind, für verfassungs-
widrig. Aber erst 1972 wurden die letzten tarifvertraglichen Klauseln abgeschafft (vgl. Krell 1994: 44). Die Benachteiligungen endeten damit jedoch
nicht. Das Gericht zeichnete in seiner Urteilsbegründung einen Weg vor,
der zur Konstruktion so genannter Leichtlohngruppen führte (vgl. Jochmann-Döll 1990: 179 f.). Danach kann bei der Eingruppierung nach schwe-
rer oder leichter körperlicher Arbeit unterschieden werden, woraus die

Schlussfolgerung gezogen wurde, dass typische Frauenarbeit leichte Arbeit sei und infolgedessen nur gering entgolten werden müsse. Diese Vorstellung war sowohl bei weiblichen Gewerkschaftsmitgliedern als auch bei Politikerinnen heftig umstritten und führte dazu, dass die Bundesregierung 1973 ein arbeitswissenschaftliches Gutachten in Auftrag gab, in dem diese Annahmen überprüft werden sollten. Die Arbeitswissenschaftler Walter Rohmert und Joseph Rutenfranz stellten darin klar, dass körperliche Belastungen und Beanspruchungen nicht allein durch physisch, sondern auch durch psychisch anspruchsvolle Tätigkeiten, etwa durch Ertragen von Monotonie, Geschicklichkeit und Fingerfertigkeit zustande kommen (vgl. ebd.: 180 f.). In der Folgezeit klagten vermehrt Frauen erfolgreich gegen ihre Eingruppierung. Bei den weiblichen Angestellten lässt sich die anhaltende Benachteiligung wohl eher auf Arbeitsplatzzuweisungen und informelle Abgrenzungen zurückführen (vgl. Weiler 1992: 61), was – wie noch an der Umsetzung von ERA, aber nicht nur dort zu zeigen ist – eine verkürzte Argumentation ist.

Über Lohnabschläge und Leichtlohngruppen hinaus lassen sich weitere, offen diskriminierende Praktiken identifizieren, die im Prinzip schon im 19. Jahrhundert mit der Industrialisierung üblich wurden und sich seit den zwanziger Jahren des vergangenen Jahrhunderts fortsetzten im Zuge der wachsenden Frauenbeschäftigung als Angestellte (vgl. ebd.: 52 ff.): Es gab Frauen- und Männerlohn- bzw. Gehaltsgruppen mit der Folge, dass die Löhne gelernter Arbeiterinnen unter den Löhnen der ungelernten Arbeiter lagen. Bisweilen erhielten nur ungelernte Arbeiterinnen den niedrigen Frauenlohn. Obwohl der Grundsatz gleicher Lohn für Männer und Frauen bei gleicher Arbeit und Leistung in die Tarifverträge aufgenommen wurde, blieb er „in der betrieblichen Praxis fast völlig wirkungslos, weil das Vorliegen dieser Voraussetzungen regelmäßig verneint wurde" (ebd.: 57). Mit der Zeit wurde die offene Benachteiligung durch Änderungen der Tarifverträge eingeschränkt, indem etwa die Frauenlöhne stärker erhöht, die Lohnabschläge verringert und die Relation zwischen Frauen- und Männerlöhnen verbessert wurden. In den ersten Jahrzehnten der Bundesrepublik war die Frage der Frauenentlohnung kein vordringliches Thema gewerkschaftlicher Tarifpolitik. Das diesbezügliche Handeln war höchst ambivalent: Die Gewerkschaften schlossen für Frauen diskriminierende Tarifverträge ab und kämpften gleichzeitig dagegen an. Die niedrigen Frauenentgelte waren für die Arbeitgeber vorteilhaft und führten zu einer vermehrten Einstellung von Frauen, was wiederum die Chancen für Männer verringerte und mithin gewerkschaftliche Initiativen für mehr Gleichbehandlung förderte.

Bis heute verändern sich die Praktiken der Diskriminierung: offene, direkte Diskriminierung wurde und wird ersetzt durch verdeckte, indirekte. Dabei spielt die Arbeitsbewertung eine herausragende Rolle. Im Prinzip können Arbeitsbewertungsverfahren auf Grund von Handlungsspielräumen „sowohl *zuungunsten* als auch *zugunsten* von Frauen genutzt werden" (Krell 1994: 45). Mittelbare Diskriminierung ist jedoch eine weit verbreitete Praxis. Werden bei der Arbeitsplatzbeschreibung einzelne Anforderungen und Inhalte nicht berücksichtigt, so können sie nicht lohnrelevant werden. Gleiches gilt, wenn bei der Auswahl von Richtarbeitsplätzen vorwiegend Männertätigkeiten zum Zuge kommen. Bei der summarischen Arbeitsbewertung werden die Anforderungen global ermittelt. Bei der Variante Rangfolgeverfahren werden die einzelnen Arbeitsplätze gemäß ihrer zugeschriebenen Wertigkeit gereiht. Diese Variante ist besonders diskriminierungsanfällig, weil sich in dieser hierarchischen Anordnung „die Vor-Urteile in den Köpfen der Bewertenden" spiegeln (ebd.: 46). Beim Lohngruppenverfahren, eine weitere Variante, werden zumeist auf der tariflichen Ebene Anforderungskataloge erstellt, an denen sich die Eingruppierung im Betrieb orientiert. Dabei bleiben Anforderungen an typischen Frauenarbeitsplätzen häufig unterbelichtet. Im Unterschied zur summarischen werden bei der analytischen Arbeitsbewertung einzelne Anforderungsarten gesondert analysiert und gewichtet sowie schließlich zu einem Gesamtarbeitswert addiert. Auch dieser Schritt ist nicht frei von subjektiven Wertungen und schließt Vorurteile mit ein. Die Arbeitsbewertung, die letztlich die Eingruppierung bestimmt, ist Ergebnis von Verhandlungen der Betriebs- und Tarifvertragsparteien und deshalb ein Kompromiss, der gesellschaftliche Wertungen und Abwertungen mit einschließt. Das insgesamt zeit- und kostenaufwendige Verfahren dient dazu, die überkommenen Entgeltstrukturen als legitim erscheinen zu lassen (vgl. ebd.: 48).

Die Benachteiligungen, die trotz aller, bereits seit den fünfziger Jahren gegenläufigen Rhetorik der Gewerkschaften, weiterhin existieren, werden aktuell am Beispiel der ERA-Umsetzung beleuchtet (vgl. Kap. 3.3). Andrea Jochmann-Döll und Edeltraud Ranftl haben in vier, über die Bundesrepublik verteilten Fallstudien in der Metall- und Elektroindustrie diesen Prozess untersucht (vgl. Jochmann-Döll, Ranftl 2010). Die Beteiligungs-

chancen der unmittelbar Betroffenen haben sich im Zuge der ERA-Einführung deutlich verbessert. Zwar gibt es im Vergleich zu früher günsti-
gere Voraussetzungen für eine diskriminierungsfreie Arbeitsbewertung
und Eingruppierung, dennoch wurden nicht alle Anforderungen erfüllt.
Es bleiben Risiken, die in den betrieblichen Machtkonstellationen begründet sind (vgl. ebd.: 84). Positiv hervorgehoben wird die Vereinheitlichung
der Entgeltsysteme zwischen ArbeiterInnen und Angestellten sowie „der
konsequent eingeforderte und formulierte Anforderungsbezug bei der
Eingruppierung" (ebd.: 176). Psychische und psycho-soziale Anforderungen blieben bei der Bewertung allerdings unberücksichtigt und darüber
hinaus waren die Definitionen und die Operationalisierungen von Anfor-
derungsmerkmalen und -stufen nicht eindeutig (vgl. ebd.: 176). Eine aus-
geprägte Sensibilität für Fragen der Gleichstellung konnten die Forscherinnen nicht erkennen: „(...) nach Angaben unserer GesprächspartnerInnen
auf der Ebene der Tarifparteien sowie in den Fallbetrieben spielte die Frage der Entgeltgleichheit (...) in den Verhandlungen (...) entweder gar keine, nur eine implizite oder nur im Vorfeld (...) eine Rolle" (ebd.: 176). Die
Autorinnen bilanzieren ernüchtert, dass die Kategorie Geschlecht im gesamten ERA-Prozess „eine vergleichsweise untergeordnete Rolle spielte"
(ebd.: 176). Im Gegenteil, es besteht sogar durch die Einführung von ERA
die Gefahr, dass zusätzlich zu den traditionell von Frauen dominierten
Arbeitsbereichen „neue geschlechtliche Segregationslinien entstehen und
ausschließlich Frauen dem ungünstigeren Segment zugeordnet werden"
(ebd.: 118). Die innerbetriebliche Lobbyarbeit, die auch die Eingruppierung
beeinflusst, grenzt weibliche Beschäftigte systematisch aus.

Zwar war in einem Untersuchungsbetrieb im Bereich von Sekretari-
ats- und Assistenztätigkeiten wie in der kaufmännischen Sachbearbeitung
auch über Anforderungen an Kommunikation, an planerische und organisatorische Fähigkeiten, an geistige Anforderungen und interkulturelle
Kompetenzen verhandelt worden (vgl. ebd.: 102), aber diese Tätigkeiten,
die ganz überwiegend von Frauen erledigt werden, waren letztlich niedriger eingruppiert als vorher. Eine Ausnahme bildeten die kaufmännischen
Angestellten, die nun wie die technischen Angestellten bewertet wurden
und deshalb ein höheres Entgelt erzielten (vgl. ebd.: 118). Die Höherstu-
fung schien aber generell nicht gegeben zu sein. Ferner hatten Teilzeitbe-
schäftigte, in der Regel Frauen, geringe Chancen, „auf höherwertige und
anforderungsreichere Tätigkeiten zu gelangen" (ebd.: 118). Das generelle

Fazit der Forscherinnen ist desillusionierend: Nach der ERA-Einführung verblieben die Frauen in den unteren Bereichen der Entgeltskala, denn die „den Frauen zugeschriebenen Aufgaben werden immer noch feminisiert und implizit abgewertet" (ebd.: 177). Mehr noch: „Der überdurchschnittliche Anteil von Frauen an den ÜberschreiterInnen deutet außerdem darauf hin, dass Arbeitsplätze von Frauen häufiger von Abwertungen betroffen waren als männerdominierte Tätigkeiten und somit Frauen stärker als Männer zu den Verliererinnen (...) zu zählen sind" (ebd.: 177). Dazu zählten vor allem weibliche Angestellte, die Assistenz- und Sekretariatstätigkeiten sowie kaufmännische Sachbearbeitung ausführten, während die in der Produktion tätigen weiblichen Fachkräfte aufgewertet wurden. Die so genannten ÜberschreiterInnen erhielten zwar eine an ihre Person gebundene Ausgleichszahlung, was aber grundsätzlich an der Abwertung nichts ändert.

Die Umsetzung des ERA-Tarifvertrages ist bislang erst in wenigen betrieblichen Fallstudien untersucht worden. Es handelt sich daher um exemplarische und nicht um repräsentative Ergebnisse. Obwohl die empirische Basis sehr schmal ist, zeichnen sich bereits bestimmte Trends ab: Die Vorgabe der Tarifvertragsparteien, eine kostenneutrale Umsetzung durchzuführen, scheint erfolgreich zu sein. Dafür spricht schon allein die Existenz von Gewinnern und Verlierern (vgl. Kap. 3.3). Zu den Verliererinnen zählen weibliche Angestellte, die unternehmensbezogene Dienstleitungsarbeit verrichten. Vor dem Hintergrund der organisationspolitischen Schwierigkeit der Gewerkschaften, nämlich vermehrt (weibliche) Angestellte als Mitglieder zu gewinnen, erscheint das folgende frühe Statement durchaus plausibel, ja geradezu hellsichtig: „Chancen, mit ERA bei Angestellten zu punkten, bestehen nur, wenn diese Gruppe sich nicht als Verlierer der ERA-Einführung sieht" (Balduin 2006: 143). Immerhin deutet sich an, dass die Befürchtung des IG Metall Vorsitzenden, die ArbeitgeberInnen würden versuchen, mit der ERA-Reform das Entgeltniveau zu senken und vor allem weibliche Beschäftigte abzugruppieren, längst Realität geworden ist (vgl. Jochmann-Döll, Ranftl 2010: 26 f.). Die Gewerkschaften hatten und haben nicht die Macht sowie den Willen und die Fantasie sich dieser Strategie kraftvoll zu widersetzen. Ihre verbale Aufgeschlossenheit für Gendermainstreaming paart sich mit Handlungsabstinenz. Dass ist umso bedauerlicher, da schon im Forschungs- und Aktionsprogramm Humanisierung des Arbeitslebens aus den siebziger Jahren, in das die Ge-

werkschaften auf vielfältige Weise zusammen mit den Arbeitgeberverbänden eingebunden waren, in umfangreichen Forschungsprojekten die gegenüber den tatsächlichen Anforderungen vorgenommenen Abwertungen
der Schreib- und Sekretariatsarbeiten festgestellt wurden (vgl. Jacobi, Lullies, Weltz 1980; Pirker 1981).

3.5 Personenbezogene Dienstleistungen und Arbeitsbewertung

Unterschiede zwischen der Arbeit in der unmittelbaren Produktion und
der Dienstleistungsarbeit wurden zuvor herausgearbeitet (vgl. Kap. 2.4).
Betont wurde das qualitativ Andere von Dienstleistungsarbeit, was besonders augenfällig ist bei der Arbeit mit und am Menschen. Aber auch die,
im Kontext der ERA-Einführung und -Evaluation betroffenen Arbeiten in
der Unternehmensverwaltung, etwa Sekretariats-, Assistententätigkeiten
und die der kaufmännischen Angestellten zählen zu den Dienstleistungen und werden ebenfalls überwiegend von Frauen verrichtet. Die anforderungsorientierte Arbeitsbewertung und mithin das Genfer Schema, ursprünglich für die Produktionsarbeit in der Metall- und Elektroindustrie
entwickelt, sollten Lohnkonflikte zwischen un- und angelernten sowie
gelernten Arbeitskräften lösen. Die Ersteren verdienten im Akkord in der
Regel mehr als die Letzteren, die nach ihren beruflichen Qualifikationen
entgolten wurden. Dieses System der Arbeitsbewertung hat, wenn auch
teilweise in modifizierter Form, bis heute Bestand und bildet die Grundlage für die Entgelte. An der Logik, die ihren Ursprung in der tayloristischen Arbeitszersplitterung hat, wird im Prinzip festgehalten, obwohl die
Wirtschaftsgesellschaften einen fundamentalen Strukturwandel durch-
machen. Insofern stellt sich die Frage, ob die überkommenen Systeme zur
Entgeltermittlung überhaupt noch angemessen sind, und zwar jenseits ihrer sowieso schon bedenkenswerten Annahmen, wie bereits angedeutet
wurde. Vorstehend wurden bereits grundsätzliche Einwände aus wissenschaftlicher, d. h. ökonomischer Sicht referiert (vgl. Kap. 3.3).

Da der Dienstleistungssektor mit un-, angelernten und zunehmend
qualifizierten Arbeitsplätzen *das* Arbeitsmarktsegment für die wachsende
Frauenerwerbstätigkeit bildet, kann nicht überraschen, dass insbesondere Frauenforscherinnen sich unter der Maxime Entgeltgleichheit mit diesem heterogenen Segment beschäftigen. Dabei beschreiten sie, soweit ich

sehe, zunächst die vorgezeichneten Pfade der Arbeitsbewertung. Aus ihrer kritischen Rezeption entwickeln sie Reformvorschläge. Es wurde bereits herausgearbeitet, dass ein gravierendes Defizit der Arbeitsbewertung hinsichtlich der Frauenbeschäftigung darin besteht, dass die für solche Arbeitsplätze typischen Anforderungen nicht oder nicht angemessen berücksichtigt und dadurch abgewertet werden, und es so im Ergebnis zu einer Frauen diskriminierenden niedrigen Eingruppierung kommt (vgl. Kap. 3.4). Diese, von den Forscherinnen eingeschlagene Perspektive ist insofern nicht erstaunlich, da sie ihnen von den gegebenen gesellschaftlichen Sachverhalten und Machtverhältnissen, insbesondere durch die Konstellation der Tarifvertrags- und Betriebsparteien aufgedrängt wird. Mit anderen Worten: Es spielen dabei die organisationsspezifische und die situative Verhandlungsmacht sowie möglicherweise kompromissfähige programmatische Vorstellungen eine entscheidende Rolle. Daher geht es im Wesentlichen um Korrekturen bzw. Weiterentwicklungen, aber nicht um grundlegende Alternativen in der Entgeltpolitik.

Bevor die Veränderungen vorgestellt werden, soll an einem extremen, hoffentlich überholten Fallbeispiel, das im Zuge der Aufwertungskampagne der hessischen ÖTV-Frauen Anfang der neunziger Jahre aufgedeckt wurde, die krasse Nichtbewertung von Merkmalen der Tätigkeit einer Erzieherin veranschaulicht werden: Bei Männerberufen wie Gärtner im Botanischen Garten und Tierwärter im Zoo wird/wurde laut dem Hessischen Lohntarifvertrag auf die „besonders verantwortliche Stellung für die selbständige Betreuung von hochwertigen Spezialsammlungen (…) und sehr schwierigen Kulturpflanzen, (etwa, I.R.) Orchideensammlung" verwiesen und zudem auf die Menschenaffenanlage im Frankfurter Zoo, die ebenfalls eine „besonders verantwortliche(r) Stellung" beinhaltet, da „besonders schwierige Tiere" zu betreuen, zu behandeln und zu überwachen sind (Dürk 1991: 726). Diese Anforderungen führen zur Eingruppierung in der höchsten Lohngruppe. Hingegen wird der Erzieherin diese Selbstständigkeit und besondere Verantwortung implizit abgesprochen, d. h. sie wird überhaupt nicht erwähnt und bleibt bei der Eingruppierung daher unberücksichtigt. Das Entgelt ist mithin deutlich niedriger als bei den vorgenannten Tätigkeiten und eine höhere Eingruppierung, die die besondere Verantwortung berücksichtigt, ist als Erzieherin nicht zu erreichen (vgl. ebd.: 726 f.).

Gertraude Krell und Regine Winter schlugen jüngst vor, den Anforderungskatalog des Genfer Schemas für personenbezogene Dienstleistungsarbeit weiter zu differenzieren (vgl. Krell, Winter 2008: 272). Aus der Rechtsprechung des EuGH und des BAG ergeben sich grundlegende Handlungsorientierungen für die Tarifpolitik: Die Verträge müssen erstens „durchschaubar" sein und „objektive Kriterien" enthalten, so dass Differenzierungen „nachvollziehbar und überprüfbar" sind, zweitens sind Tätigkeiten von Männern und Frauen nach „gleichen Kriterien" zu bewerten, drittens müssen die Kriterien diskriminierungsfrei sein und viertens „in ihrer Gesamtheit der Art der verrichtenden Arbeit Rechnung tragen" (ebd.: 267 f.). Krell/Winter bemängeln, dass bei personenbezogenen Dienstleistungen, etwa bei Krankenpflegerinnen, das Kriterium „körperliche Belastung" kaum eine Rolle spielt. Mehr noch: Charakteristisch ist, „dass die ‚Arbeitsgegenstände' Menschen sind. Daraus folgt, dass erstens nicht nur körperliche und geistige Arbeit, sondern auch Emotionsarbeit geleistet wird und es sich zweitens um Interaktionsarbeit handelt, weil die Kundschaft oder Klientel an der Erstellung der Dienstleistung mitwirkt. Beides wird jedoch im Genfer Schema und den darauf aufbauenden analytischen Verfahren (…) nicht oder nicht hinreichend berücksichtigt, d. h. die Kriterien tragen in ihrer Gesamtheit nicht den Charakteristika der zu bewertenden Arbeit Rechnung" (ebd.: 272). Im Prozess der Entgeltbestimmung sind weitere, Frauen benachteiligende Entscheidungen möglich, so bei der Zusammensetzung der Bewertungskommission, der Schulung der Mitglieder, der Erstellung der Arbeitsbeschreibungen und der Umwandlung der Ergebnisse in Entgelte (vgl. ebd.: 275). Die diskriminierungsanfälligen Verfahrensschritte erfordern eine regelmäßige Kontrolle (vgl. ebd.: 277).

Krell/Winter verweisen sodann auf ein in der Schweiz entwickeltes Bewertungsverfahren, in dem jene Merkmale berücksichtigt werden, die das Besondere von Dienstleistungsarbeit ausmachen, nämlich körperliche, geistige und emotionale Anforderungen, die einerseits als Herausforderungen gelten und so wahrgenommen werden, aber andererseits auch Quelle von Belastungen und Beanspruchungen sein können, die üblicherweise als psycho-soziale bezeichnet werden (vgl. ebd.: 274; Krell 2001: 9 ff.). Zur Erinnerung: Auch die Forscherinnen, die die ERA-Umsetzung wissenschaftlich begleiteten und evaluierten, kritisierten bereits die fehlende Berücksichtigung psycho-sozialer Belastungen bei der Arbeitsbewertung und Eingruppierung von Frauenarbeitsplätzen in den Unternehmensver-

waltungen (vgl. Kap. 3.4). Das Schweizer Verfahren firmiert unter dem La-
bel ABAKABA (d. h. Analytische Bewertung von Arbeitstätigkeiten nach
Katz und Baitsch) und wurde Mitte der neunziger Jahre im Auftrag des
Eidgenössischen Büros für die Gleichstellung von Mann und Frau entwickelt und inzwischen überarbeitet (vgl. Katz, Baitsch 1997, 2006). Im Ausland findet es inzwischen eine positive Aufnahme (Katz, Baitsch 2006: 51).
Es steht in der Tradition des Genfer Schemas, das „weiterhin eine brauch-
bare Grundlage für die analytische Arbeitsbewertung" sei (ebd.: 18 bzw.
12). Die Autoren distanzieren sich damit von den Kritikern und teilen deren „Vorwurf des ideologiegeprägten Einsatzes der analytischen Arbeitsbewertung" nicht und schon gar nicht deren Verzicht auf Anwendung (Katz,
Baitsch 2006: 26; vgl. Kap. 3.3, 4.1). ABAKABA berücksichtige „Anforderungen und Belastungen als wesentliche Komponenten für die Lohnfindung",
und es decke sich dadurch „weitgehend mit dem subjektiven Gerechtig-
keitsempfinden arbeitender Personen und wird auch von juristischer Seite als Indikator für Lohngerechtigkeit anerkannt" (ebd.: 2006: 2). So wird
dem Verfahren zugleich Legitimation und Legalität zugesprochen und damit implizit für seine Anwendung geworben. Bei der durchweg erstaunlich positiven Einschätzung vergessen die Autoren aber nicht darauf hin-
zuweisen, dass es für Gerechtigkeit „keine objektiv messbare Größe" gibt,
vielmehr geht es um in der Gesellschaft verankerte Werte und Normen
(Katz, Baitsch 1997: 9). Angesichts einer veränderten Arbeitswelt mit der
zunehmenden Bedeutung von Dienstleistungen müsse jedoch eine „fundierte, arbeitswissenschaftlich begründete Anpassung" erfolgen (ebd.). Das
Schema berücksichtige nun den psycho-sozialen Bereich und dabei folgende Anforderungen, etwa solche an die mündliche Kommunikations- und
Kooperationsfähigkeit sowie an das Einfühlungsvermögen (vgl. ebd.: 48
ff.). Als beeinträchtigende psycho-soziale Bedingungen, die zur Belastung
und Beanspruchung führen können, werden weitere Merkmale genannt:
Mündliche Vermittlung unerwünschter Inhalte, eingeschränkte mündliche Kommunikation, erschwerte Kontaktbedingungen, Mitverfolgbarkeit
der Tätigkeit durch Außenstehende, Konfrontation mit Problemen und
Leid anderer Personen sowie mit abstoßenden Situationen und bewusst
gesteuerte Umgangsformen. Krell verweist darauf, dass das ABAKABA-
Verfahren insgesamt, auch unter Berücksichtigung von Kritik im Detail,
internationalen Standards entspreche (vgl. Krell 2001: 25). Immerhin wurden in einem gewerkschaftlichen Positionspapier außer physischen nun

auch psychische Anforderungen aufgenommen, und zwar in der, mit Datum vom 16. Januar 2007 datierten Empfehlung der Projektgruppe bei der Bundesverwaltung von ver.di zur neuen Entgeltordnung zum TVöD (vgl. auch Ganser u. a. 2011: 47).

3.6 Qualifikationsorientiertes Entgelt – eine zukunftsfähige Alternative?

Entgeltbestimmungen, die sich nach den jeweiligen Anforderungen richten, sind, wie der Taylorismus selbst, ein internationales Phänomen, das nicht nur die westlichen Industrieländer und die früheren sozialistischen Wirtschaftsgesellschaften, sondern mittlerweile wohl auch die so genannten Schwellenländer umfasst. Die vorstehend skizzierten tarifpolitischen Reformanstrengungen der IG Metall zeigen bereits eindrucksvoll, welchen hartnäckigen und machtvollen Widerstand der Arbeitgeberverband Gesamtmetall gegen qualifikationsorientierte Entgeltsysteme entwickelte und vermutlich zukünftig aufrechterhält. Die Niederlage der IG Metall ist überdies dem gesellschaftlichen Umfeld im weitesten Sinne geschuldet. Eine Unterstützung für die Reform konnte von daher kaum erwartet werden: Einerseits handelt es sich um die seit den achtziger Jahren sich verstärkende neoklassische Ausrichtung der Wirtschaftspolitik, die im Zuge forcierter Globalisierung den Markt als Gestaltungsmacht gegenüber staatlichen und tarifvertraglichen Regulierungen privilegierte und in der Folge davon Deregulierungen den Weg ebnete. Andererseits herrscht diese Orientierung auch in der wirtschaftswissenschaftlichen Theorie vor (vgl. Kap. 5.1). Diese Wechselwirkungen müssen nicht von Dauer sein. Das Zusammenspiel der Akteure kann die Richtung modifizieren und eine neue Programmatik einschlagen.

Den qualifikationsorientierten Systemen gehört, meiner Einschätzung nach, die Zukunft, und zwar schon aufgrund des gesamtgesellschaftlichen Strukturwandels sowie der Veränderungen in den Arbeits-, Betriebs- und Unternehmensstrukturen mit ihren vergleichsweise neuartigen Herausforderungen für die Arbeitskräfte einschließlich deren gewandelten Bedürfnissen. Diese Aussage gilt selbstverständlich für den Dienstleistungssektor in gleicher Weise. Meine möglicherweise reichlich optimistisch anmutende Annahme beinhaltet jedoch keinen Automatismus und keine kurzfristige

Perspektive. Voraussetzung ist, dass die einschlägigen Akteure in einem koordinierten Handeln samt einem längerfristigen zeitlichen Horizont sich eine solche Perspektive zu Eigen machen. Einen mechanistischen Zusammenhang gibt es in diesem konfliktträchtigen Aktionsfeld also nicht.

Ich teile die These von Schmierl, der zu Folge eine Europäisierung oder gar Internationalisierung der Entgeltpolitik in absehbarer Zukunft nicht zu erwarten ist (vgl. Schmierl 2010: 371; Kap. 3.1). Nicht nur der selbstverständliche Interessengegensatz zwischen Kapital und Arbeit spielt dabei eine Rolle, sondern darüber hinaus unterschiedliche nationale Strukturen, Interessen, Politikfelder der jeweiligen Verbände und der industriellen bzw. der Arbeitsbeziehungen insgesamt und nicht zuletzt das ökonomische Profil und die Lage der Volkwirtschaften. Hingegen teile ich die These von Jochmann-Döll nicht, dass eine qualifikationsorientierte Entlohnung im Prinzip kaum eine Alternative zur analytischen Arbeitsbewertung darstellt (vgl. Jochmann-Döll 1990: 221). Allerdings stimme ich mit ihr darin überein, dass damit nicht von vornherein, quasi automatisch eine Frauen nicht diskriminierende Entgeltform oder gar -höhe gegeben ist. Da es dabei im Kern um die soziale Bewertung, Anerkennung sowie das Sozialprestige von Berufen bzw. Qualifikationen und mithin um den betrieblichen und gesellschaftlichen Status geht, wird der Prozess der Entgeltbestimmung, meiner Einschätzung nach, transparenter, öffentlicher und insgesamt politischer. Denn der diesbezügliche Diskurs überschreitet die betriebliche bzw. tarifliche Ebene und könnte zu einem allgemeinen, gesamtgesellschaftlichen Projekt werden. Mit anderen Worten: Herausgefordert sind nicht nur die klassischen Verhandlungsarenen mit ihren Akteuren, sondern auch zivilgesellschaftliche Initiativen und Bewegungen, was die Tarifautonomie nicht schwächen, sondern durchaus stärken kann. Immerhin werden schon jetzt die taylorisierte Arbeit und das niedrige Entgelt bei personenbezogenen Dienstleistungen wie Pflege und Betreuung zunehmend zum Gegenstand öffentlicher Diskussionen. Gleiches gilt für den als notwendig erachteten Ausbau der Kinderbetreuung, für den ebenfalls wie in der Pflege qualifiziertes Personal – mit einem höheren Verdienst – benötigt wird. Allerdings wird dieses Erfordernis immer wieder konterkariert durch die weit verbreitete Vorstellung von einfacher Tätigkeit mit niedrigem Einkommen. Das im Prinzip große gesellschaftliche Mobilisierungspotential ist darauf zurückzuführen, dass die BürgerInnen nahezu in ihrer Gesamtheit – bei Vernachlässigung der kleinen

Gruppe der Reichen – im Lebenszyklus auf solche durch Versicherungsleistungen unterstützten, bezahlbaren Dienstleistungen angewiesen sind
bzw. sein können. Insofern stellen sie durchaus eine Nachfrage mit potentieller Macht und Einfluss dar. Dass sich in diesen Handlungsfeldern
nicht nur ein tariflicher, sondern zugleich ein gesellschaftlicher Konflikt
manifestiert, hat mit dem damit einhergehenden tief greifenden sozio-kulturellen Wandel zu tun, in dem mehr als nur überkommene gesellschaftliche Geschlechterrollen, Arbeitsverteilungen und Entgeltstrukturen zur
Disposition stehen (vgl. Kap. 5).

Da, wie aufgezeigt, der industrielle Sektor in mehrfacher Hinsicht das
Modell für den Dienstleistungssektor ist, kann nicht verwundern, dass
die bisherigen Debatten über qualifikationsorientierte Entgeltsysteme sich
auf industrielle Tätigkeiten beziehen. Die bislang wenigen Umsetzungen
erfolgen ebenfalls in solchen Unternehmen. Dieses Defizit kennzeichnet
auch, soweit ich sehe, die internationale Debatte und Praxis. Dabei handelt es sich in der Bundesrepublik Deutschland um Firmentarifverträge.

Im Folgenden werden zunächst Praxisbeispiele und anschließend Ergebnisse der Auseinandersetzungen in der Wissenschaft vorgestellt. Auffällig ist, dass in beiden Feldern spätestens seit Mitte der neunziger Jahre
kaum neue Impulse zu verzeichnen sind. Einschlägige Lehrbücher der Per-
sonalwirtschaft benennen bestenfalls qualifikationsorientierte Entgeltsysteme, aber eine weiterführende Diskussion darüber fehlt (vgl. z. B. Scholz
2000; Oechsler 2000; Ridder 2009). Dieser Stillstand wird, wie bereits ver-
merkt, nicht von Dauer sein. Er verweist darauf, dass Praxis wie Theorie
von anderen Problemlagen und Fragestellungen herausgefordert wurden
und werden (vgl. Kap. 2, 5).

Spektakuläre innovative, qualifikationsorientierte Entgeltsysteme,
mit durchaus unterschiedlichem Profil, wurden Anfang der achtziger Jahre des vergangenen Jahrhunderts in der Automobilindustrie bei VW und
in dem Maschinenbauunternehmen Vögele in Mannheim eingeführt. Berücksichtigt wird ferner ein Polyvalenzlohnsystem, das Wissenschaftler
zusammen mit einer betrieblichen Projektgruppe aus einem metallindustriellen Unternehmen in der Schweiz entwickelt haben, wobei es, soweit
ich sehe, nicht umgesetzt worden ist. Den beiden Tarifverträgen ist gemeinsam, dass sie mit der Praxis der analytischen Arbeitsbewertung als
betriebliches Instrument der Abgruppierung im Zuge des technisch-organisatorischen Rationalisierungsprozesses brechen, indem qualifikations-

und statussichernde Eingruppierungsverfahren eingeführt worden sind (vgl. Brumlop 1986: 41). Es handelt sich um „eine signifikante Weiterentwicklung", die im Vögele-Tarifvertrag deutlicher zutage tritt als im VW-Tarifvertrag (ebd.: 41).

Die Entstehung dieser Tarifverträge verweist auf den tief greifenden Strukturwandel der deutschen Wirtschaftsgesellschaft (vgl. Kap. 2.2). Seit den siebziger Jahren wurde in der Bundesrepublik die Massenproduktion drastisch reduziert und in der Folgezeit nahezu beendet. Deren standardisierte Produkte waren nämlich gegenüber solchen aus Schwellen- und Entwicklungsländern nicht mehr konkurrenzfähig, so dass die deutsche Industrie sich seither auf die Herstellung von Qualitätsprodukten mit Modell- und Variantenvielfalt durchaus erfolgreich konzentriert. Damit steigen die Anforderungen an die Arbeitskräfte, vor allem mit Blick auf Qualifikation, Motivation und Flexibilität. Gegenüber solchen umfassenden und komplexen Herausforderungen erweisen sich die überkommenen Entgeltsysteme, die auf möglichst dauerhaften, isolierten und häufig einfachen Einzeltätigkeiten aufbauen, als überholt. Sie behindern die Entwicklung von Kompetenzen und intrinsischer Motivation. Sie stellen zumindest implizit die Entwicklungsfähigkeit des Menschen in Abrede. Schlimmer noch, sie zerstören bereits erworbene Qualifikationen, was schon zu Beginn tayloristischer Umgestaltung von Arbeit unter dem Schlagwort „Tragödie des Facharbeiters" diskutiert wurde. Bei der Arbeitsgestaltung bieten sie mithin einen Anreiz, so der Gewerkschafter Reimar Birkwald, „systematisch Qualifikation im Betrieb zu entwerten. Das Prinzip muss um 180 Grad gewendet werden, nämlich nicht für zerstückelte, inhaltsarme Tätigkeiten Teilqualifikationen abzurufen und zu bezahlen, sondern für die ganzheitliche Qualifikation des Menschen entsprechend sinnvolle Tätigkeiten zu schaffen" (Birkwald 1982: 5, zitiert nach: Ulich 2011: 595). Daher forderte die IG Metall, wie bereits skizziert, bei der Entgeltbegründung vor allem von der persönlichen Qualifikation auszugehen: Diese, „die ein Arbeitnehmer im Laufe seines Lebens für sich erwirbt, ist die Leistung, mit der er zur gesellschaftlichen Arbeit beiträgt. Diese Leistung, die auch den Stand der Produktivität und die Entwicklung unserer ‚Lebenskultur' zum Ausdruck bringt, wollen wir anerkennen und deshalb zum Maßstab der künftigen Entgeltdifferenzierung machen" (Janßen 1987: 119, zitiert nach: Tondorf 1994: 116). Noch Jahre später stellte der damalige Stuttgarter Bezirksleiter der IG Metall, Walter Riester, in einem Interview nüchtern fest:

„Nicht nur die Betriebsverfassung, auch unsere Tarifverträge – und somit unsere gewerkschaftlichen Strukturen – sind ein Spiegelbild der tayloristischen Arbeitsorganisation. Sie sind ein Spiegelbild der industriellen Beziehungen im tayloristischen System. (…) unsere Tarifverträge oder unser Leistungsverständnis (sind, I. R.) noch weit entfernt (…) von einer ganzheitlichen Betrachtung" (Riester 1992: 18). Aber auch bei den Vertretern der metallindustriellen Arbeitgeberverbände, vor allem aus dem verbandseigenen Institut für angewandte Arbeitswissenschaft, finden sich trotz gegenläufiger Tarifpolitik Stimmen, die diesen Veränderungen Rechnung tragen. So nimmt Andreas Alioth auf eine Analyse von 15 Betriebsvereinbarungen Bezug, die der damalige Leiter des Instituts, R. Weil (1985), durchführte und dahingehend bilanzierte, „dass dem ‚vielseitigen Arbeitseinsatz' im Interesse technischer, organisatorischer und persönlicher Flexibilität vermehrt Bedeutung zukomme und damit eine Verlagerung von der anforderungsbezogenen Arbeitsbewertung zu personenbezogenen Bewertungen stattfinden wird" (Alioth 1986: 188).

Dem VW-Tarifvertrag über die Lohndifferenzierung (LODI) von 1979 liegt folgende Leitidee zugrunde: Gegenüber einer tayloristischen Arbeitszersplitterung wird die Ganzheitlichkeit der Arbeit betont, so dass die Tätigkeiten nach Berufsfunktionen oder Arbeitsaufgaben zu differenzieren sind (vgl. Brumlop 1986: 37 ff.). Die Einzelplatzbewertung wird durch die Bewertung eines abgegrenzten Bereichs abgelöst und danach richtet sich das Lohnniveau, d. h. es ist unabhängig von der augenblicklich ausgeübten Tätigkeit (vgl. ebd.: 18). Neuer Bezugspunkt für die Eingruppierung sind „sogenannte Arbeitssysteme, in denen jeweils unterschiedlich viele gleichartige Tätigkeiten zusammengefaßt sind" (ebd.: 79). Dieses Konzept ermöglicht arbeitsorganisatorische Gestaltung wie job rotation und job enlargement, verschließt sich aber gegenüber job enrichment, das erst Chancen zur Qualifikationsentwicklung eröffnen würde. Mit der Umorientierung wird dem Interesse der Unternehmen an einem flexiblen Personaleinsatz entgegen gekommen, denn die zuvor unvermeidlichen (zeit) aufwendigen betrieblichen Verhandlungen bei Umsetzungen erübrigen sich nun. Das VW-Arbeitssystemkonzept erfüllt drei „Sicherungsfunktionen", und zwar mit Blick auf Entgelt, Qualifikation und Status (ebd.: 191). Gleichwohl bietet LODI Chancen zur Höherqualifizierung mit entsprechender Höhergruppierung der Beschäftigten, sofern in einem Arbeitssystem auch höherwertige Aufgaben integriert werden. Eva Brumlop, die die Umsetzung von LODI untersuchte, zeigte sich diesbezüglich zwar skeptisch, aber zugleich realistisch, was zukünftige Perspektiven betrifft: „Zwar sind diese Möglichkeiten durch das betriebliche Interesse an der Erhaltung der betrieblichen Lohnstruktur begrenzt, doch gibt es Tendenzen zu einer dynamischen ,Öffnung' des Arbeitssystemkonzepts dort, wo erweiterte Qualifikationen auch im Interesse des Betriebs liegen" (ebd.: 192).

Das seinerzeit etwa tausend Beschäftigte umfassende Maschinenbauunternehmen, die Joseph Vögele AG in Mannheim, vereinbarte mit der IG Metall, Bezirksleitung Stuttgart, einen Werktarif, der 1983 in Kraft trat. Dieser Vertrag, in dem die Qualifikation der Beschäftigten eine Schlüsselrolle einnimmt, löste „in Fachkreisen viel Beachtung, zum Teil in Form heftiger Kritik" aus (v. Eckardstein 1986: 55) und führte schließlich zum Ausschluss des Unternehmens aus dem Arbeitgeberverband. Das signalisiert, „daß diese Veränderungen der Entlohnungssysteme eine erhebliche tarifpolitische Brisanz in sich bergen" (v. Eckardstein u. a. 1988: 1). Eingeführt wurden auch „konzeptionell ähnliche" Systeme in den USA, in Österreich und in Schweden (ebd.: 2; vgl. Ridder 1990: 179 ff.). Für den „Entlohnungskosmos" sind sie „insofern als revolutionär zu bezeichnen, als sie vollständig oder partiell auf die Anforderungsorientierung verzichten und stattdessen die vom individuellen Arbeitnehmer eingebrachte Qualifikation, prinzipiell unabhängig vom Ausmaß ihrer Inanspruchnahme durch die jeweils ausgeführte Tätigkeit, als Einflußgröße für die Lohndifferenzierung heranziehen" (ebd.: 2). Der damalige Vorstandsvorsitzende der Vögele AG, Heinrich Axer, beschrieb die Vereinbarung wie folgt: Die Entgeltfindung wird für Arbeiter und Angestellte zukünftig einheitlich sein, da zwischen den Tätigkeiten „in sehr vielen Bereichen nicht mehr differenziert werden" kann (Axer 1985: 75). Ferner ermöglicht das Entgeltsystem Flexibilität hinsichtlich Arbeitszeit, Arbeitsort und Tätigkeit, wobei die geforderte Flexibilität aktiv zu unterstützen ist. Möglichkeiten zur Weiterbildung sind daher gegeben und die Qualifikationssteigerung in einer entsprechenden Tätigkeit bei angemessenem Entgelt umzusetzen (vgl. ebd.: 75). So kann die Qualifikation erhalten und weiter ausgebaut werden. Für diese Reform liefert Axer eine, auch 25 Jahre später noch aktuelle Begründung: „Die Qualifikationssteigerung ist eine Forderung, der in der gesamten Wirtschaft nicht genug Bedeutung zugemessen wird, da mit ihr fast automatisch eine Verbesserung der Produktqualität einhergeht. Dies bedeutet, daß Mitarbeiter, die sich mit dem Produkt entweder gedanklich,

konstruktiv, ingenieurmäßig, betriebswirtschaftlich oder auf sonst eine
Art und Weise beschäftigen, ständig um eigene Qualifikationserhöhung
bemüht sein müssen. Die Qualifikationssteigerung bestimmt letztlich unseren Lebensstandard" (ebd.: 76). Der Tarifvertrag enthält sieben Entgeltgruppen, die im Grundentgelt um jeweils 15 Prozent differieren. Die Eingruppierung baut „im wesentlichen auf der verwertbaren Qualifikation"
auf (ebd.: 76). Präzisierend heißt es dazu, dass „die tatsächlich vorhandene Qualifikation des Mitarbeiters zur Gruppeneinordnung herangezogen
wird" (ebd.: 76). Über das Grundentgelt hinaus wird eine Leistungszula-
ge, die sich nach Arbeitsquantität, -qualität und -einsatz richtet, von bis
zu 25 Prozent gezahlt und schließlich können noch bis 10 Prozent für Son-
derleistungen hin zu kommen. Die Höhe der Leistungszulagen wird nach
einer entsprechenden, mindestens einmal jährlichen Beurteilung, die den
ArbeitnehmerInnen zugänglich zu machen ist, festgesetzt. Führt die Beurteilung zu einer niedrigeren Zulage, so wird dem Beschäftigten drei Monate Karenzzeit zur Verbesserung seiner Leistung eingeräumt. Eine weitere, heute hoch aktuelle Vereinbarung lautet, dass Überstunden „durch
Freizeitgewährung abgegolten, (…) allerdings bei betrieblicher Notwendigkeit auch bezahlt werden" (ebd.: 79).

    Das in der Schweiz entwickelte qualifikationsorientierte Konzept wird
als Polyvalenzlohn bezeichnet, wobei das summarische Verfahren unter-
stützend hinzu gezogen werden kann (vgl. Alioth 1986: 186). Die Bezahlung
richtet sich im Wesentlichen danach, „was man – betriebsrelevant – kann,
und nicht danach, was man tut" (ebd.: 188). Wie die folgenden beiden Ab-
bildungen und der diesbezügliche Kommentar zeigen, setzt sich der Grundlohn aus dem Normallohnsatz als Ergebnis von Lohnverhandlungen und
einem weiteren, dem zentralen und quantitativ wichtigsten Betrag nach
dem individuellen Können zusammen, wobei auch Lohnergänzungen als
individuelle bzw. kollektive Erschwernis- und Leistungszulagen gewährt
werden können, die jedoch eher von symbolischer Bedeutung sein sollen.
Im Mittelpunkt des Entgelts steht also der Anteil, der gemäß der vorhandenen Qualifikation bzw. nach den erreichten Qualifikationsfortschritten
gezahlt wird (vgl. ebd.: 189):

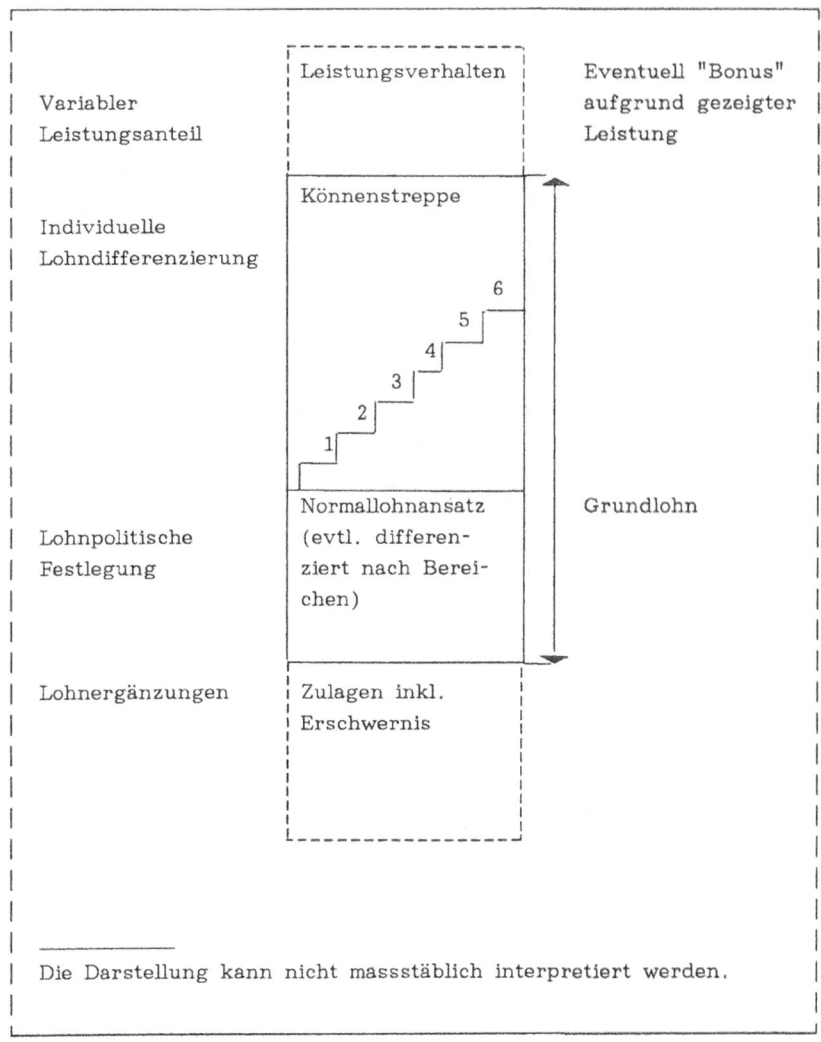

Abbildung 2: Beispiel: Polyvalenzsystem für einen Betrieb im Metallbereich – a) Lohnaufbau insgesamt

Die Umsetzung des Lohnsystems muss mit flankierenden Maßnahmen einhergehen (vgl. ebd.: 192): Die Vorgesetzten müssen geschult werden, es sind Standards für die einzelnen Qualifikationsschritte zu entwickeln, zeitliche Abstände für eine höhere Einstufung sind festzulegen, ein innerbetrieblicher Erfahrungsaustausch ist zu organisieren, bei der Personaleinstellung muss eine Potentialbeurteilung erfolgen und ein Qualifizierungskonzept angeboten werden und schließlich müssen die Arbeitsplätze in Schwierigkeitsklassen eingeteilt werden, wobei sich an der bisherigen Arbeitsbewertung orientiert werden kann. Eine Übertragung auf deutsche Verhältnisse erfordert meines Erachtens überdies, das Entgeltsystem in die nationale Kultur von Beteiligung und Mitbestimmung einzufügen.

In der eher theoretisch ausgerichteten Debatte über qualifikationsbasierte Entgeltsysteme sind folgende, teilweise bereits bekannte Argumente zentral: Die veränderten wirtschaftlichen Rahmenbedingungen wie „a highly competitive environment" (Armstrong, Baron 2002: 95), „an increasingly global marketplace" (Luthans, Fox 1989: 31) erfordern einen Wandel der Arbeitsorganisation, der ein mehr oder weniger deutliches Abrücken vom Taylorismus beinhaltet. Dadurch kann ein „Sog zur Entwicklung intelligenter Formen der Arbeitsorganisation" ausgelöst werden (Bühner 2001: 52). Es ist grundsätzlich davon auszugehen, dass auf Arbeitsanalyse und -bewertung nicht verzichtet werden kann. Die Arbeitsanalyse als Vorstufe zur Arbeitsbewertung erfüllt auch bei einem Qualifikationslohn wichtige Funktionen. So kann sie aufbau- und ablauforganisatorische Mängel aufdecken und beheben helfen sowie eine Grundlage für die Personalplanung einschließlich beschäftigungs- und bildungspolitischer Belange bilden (vgl. v. Eckardstein u. a. 1988: 71ff.). Die Funktionsfähigkeit des Qualifikationsentgelts setzt eine „konsistente(n) Personalstrategie" voraus (v. Eckardstein 1993: 189). Angesichts der Tatsache, dass Arbeitsorganisationen nicht nur ein Ort gesellschaftlicher Arbeitsprozesse, sondern zugleich ein Ort gesellschaftlicher Ausübung von Herrschaft, Macht und Kontrolle sind und diese aus Sicht des Arbeitgebers bzw. des Managements möglichst nicht geschwächt werden sollen, gewinnt das folgende Argument eine herausgehobene Bedeutung: „Mit dem Qualifikationsbezug beim Entgelt geht die Eingruppierung in den Kontrollbereich des Arbeitnehmers über. Damit wird der Einfluß des Unternehmens auf die Höhe der Personalkosten durch technisch-organisatorische Maßnahmen wesentlich eingeschränkt" (Bühner 2001: 47). Mit anderen Worten: Die überkommene

Arbeitsbewertung ermöglicht dem Unternehmen, die Tätigkeitskomplexe „weithin autonom kontrollieren und nicht zuletzt unter dem Aspekt vorteilhafter Eingruppierung auch optimieren (zu, I. R.) können" (v. Eckardstein 1993: 176). Hinsichtlich der Transaktionskosten erweist sich das qualifikationsorientierte als vorteilhafter im Vergleich zum mit sehr viel mehr Aufwand durchgeführten anforderungsorientierten Entgelt (vgl. ebd.: 188). Ferner wird mit Blick auf das deutsche Beschäftigungssystem die Unterscheidung zwischen Arbeitern und Angestellten als überholt angesehen. Diese Differenzierung existiert heute so gut wie nicht mehr. Schließlich sollen noch die folgenden Argumente den Wandel unterstützen.

Ein qualifikationsbezogenes Entgelt ist ein wichtiger Baustein in einer flexiblen Arbeitsorganisation, denn sie ermöglicht den Personaleinsatz flexibel zu gestalten. Die Qualifikation der Beschäftigten bleibt nicht nur erhalten, sondern wird auch gefördert. Der betriebliche Status wird mithin befestigt und im Zuge technisch-organisatorischer Rationalisierungsprozesse nicht wie bisher abgewertet. Gleiches gilt für die Höhe des Entgelts, die erhalten bleibt und auch gesteigert werden kann, da die neuen Anforderungen zu honorieren sind. Der Qualifikationslohn fördert eine bestandsstabilisierende Beschäftigungspolitik, die von den Arbeitskräften „als Gegenleistung für Loyalität" erwartet wird (v. Eckardstein 1988: 68). Mit dem steigenden Qualifikationsniveau, durch betriebliche Weiterbildung zusätzlich gefördert, verbinden sich weit reichende Erwartungen. Der Qualifikationsanstieg manifestiert sich, so die begründete Hoffnung, in „Entscheidungs-, Kommunikations- und Kooperationsfähigkeiten" (Bühner 2001: 11), in „individual and team autonomy, and empowerment" (Armstrong, Baron 2002: 95). Es kommt zu Produktivitäts- und Qualitätssteigerungen sowie zu einer verstärkten Beteiligung an Verbesserungsmaßnahmen (vgl. Bühner 2001: 14). Ferner wird die Ausbildung von „Expertenwissen (Spezialistenwissen)" (ebd.: 13) und die „Aktivierung personeller Innovationsbeiträge" (v. Eckardstein u. a. 1988: 3) ermutigt. Daher ist diese Form der Vergütung auch ein wichtiger Baustein im Rahmen eines Innovationsmanagements (vgl. Becker 1987: 44 ff.). Die neuen Entgeltsysteme unterstreichen „the importance of employees' ideas, growth, and development" (Luthans, Fox 1989: 28). Sie sind Teil eines "supportive human resources system designed to meet our need for achieving profitability and developing a flexible, well-trained, and highly motivated workforce" (Wagel 1989: 24). Eberhard Ulich dokumentiert die Erfahrungen mit lernorientierten Lohnsystemen in der US-amerikanischen Industrie auf der Grundlage von 19 Fallstudien, die von N. Gupta, G. D. Jenkins und W. P. Curington (1986: 107 ff.) durchgeführt wurden. Diese bestätigen die erwähnten Annahmen und Ergebnisse. So sind die Pay-for-knowledge-Systeme geeignet, „Qualifikation, Motivation und Flexibilität der Beschäftigten zu fördern. Annähernd drei Viertel der befragten Unternehmen berichteten darüber hinaus über eine Erhöhung der Produktivität pro Arbeitsstunde und eine Verminderung der Stückkosten" (Ulich 2011: 601 f.).

Außer diesen positiven Folgen werden auch problematische bis negative Aspekte eines Qualifikationslohns angesprochen, wobei einige Hinweise ebenfalls nicht neu sind, da sie schon im erwähnten Streit zwischen IG Metall und Gesamtmetall eine Rolle gespielt haben und zukünftig wohl noch spielen werden. Mit Blick auf die Qualifikation wird konstatiert, dass die Orientierung an der Branche nicht ohne weiteres mit dem betrieblichen Qualifikationsprofil übereinstimmt (vgl. Bühner 2001: 47). Qualifizierung kann, sofern sie nicht genutzt wird, falsche Erwartungen wecken und zur Unzufriedenheit führen (vgl. Wagel 1989: 28). Individuelle Faktoren wie Lernbereitschaft oder deren Fehlen können die Einführung eines Qualifikationslohns unterstützen oder torpedieren (vgl. ebd.: 31). Vielfach wird sich zu sehr auf den input, d. h. auf die Qualifikation konzentriert und weniger auf den output, d. h. auf das Ergebnis (vgl. Armstrong, Baron 2002: 111, 308). Die bislang gültige Maxime „Gleicher Lohn für gleiche Arbeit" wird außer Kraft gesetzt zu Gunsten des Postulats „Gleicher Lohn für gleiche Qualifikation" (vgl. v. Eckardstein u. a. 1988: 81 f.). Dieser Grundsatz wird – trotz vielfach gegenteiliger Auffassung – von den ArbeitnehmerInnen vermutlich nicht als ungerecht angesehen, „weil die Nicht-Nutzung zu entlohnender Qualifikationen nur temporär, in Umstellungsphasen eine größere Bedeutung haben wird" (ebd.: 82). Außerdem führt die seit langem praktizierte Politik der Besitzstandssicherung ebenfalls zu einem solchen Ergebnis und wird von der Belegschaft auch deshalb als gerecht empfunden, da jedes Mitglied in eine solche Situation geraten kann. Damit wird das Prinzip „Gleicher Lohn für gleiche Arbeit" zeitlich ausgedehnt und so zugleich relativiert. Überdies wird erwartet, dass es „tendenziell" zu einem „Anstieg der Lohn- und Gehaltssumme" kommt und auch mit „steigenden Aufwendungen für Qualifizierungsmaßnahmen zu rechnen" ist (Bühner 2001: 50; vgl. Wagel 1989: 24; Luthans, Fox 1989: 28). Dabei kann es sich um Qualifikationsleerkosten handeln, „die für vorhandene und potentiell nutzbare, aber in der Betrachtungssituation tatsächlich nicht abgeforderte Qualifikationsteile verrechnet werden" (v. Eckardstein u. a. 1988: 32).

3.7 Zusammenfassung

- Bei den (personenbezogenen) Dienstleistungen ist die Verhandlungsmacht der Tarifvertragsparteien tendenziell schwach, was auf folgende Umstände zurück zu führen ist: In der Branche sind überwiegend Frauen beschäftigt. In den letzten Jahren steigt ihre Mitgliedschaft in den Gewerkschaften zwar wieder an, aber im Vergleich mit den wachsenden Beschäftigtenzahlen bei sehr heterogenen Arbeits- und Beschäftigungsbedingungen ist der Organisationsgrad nach wie vor defizitär. Da die Kirchen nach dem Staat der größte Arbeitgeber überhaupt und auch in diesem Feld sind, limitiert das separate kirchliche Arbeitsrecht Macht und Einfluss der zuständigen Gewerkschaften erheblich. Neuere Tendenzen der Dezentralisierung und Flexibilisierung der Tarifpolitik im Öffentlichen Dienst erweisen sich für die Arbeitskräfte zumindest als ambivalent. Zwiespältig sind überdies die Auswirkungen der EU-Politik: Einerseits engagiert sie sich in Fragen der Gleichstellung der Geschlechter – auch beim Entgelt. Andererseits fördert die Dienstleistungsrichtlinie weitere Deregulierungen und die Erosion der Tarifpolitik mit sinkenden Löhnen.

- Im Zuge der Durchsetzung des Taylorismus wurden Verfahren der Arbeitsbewertung für den industriellen Sektor entwickelt und später auch auf den Dienstleistungssektor übertragen. Die Tarifvertragsparteien einigten sich in der Nachkriegszeit darauf, diese Verfahren bei der Entgeltbestimmung anzuwenden. Diese Praxis war/ist auch mit Blick auf die Arbeitskräfte weitgehend konsensfähig, da sie beansprucht(e), wissenschaftlich, objektiv sowie gerecht zu sein und mithin als legitim anerkannt zu werden. Durch ein anforderungsorientiertes Entgelt wurde die ursprüngliche Bezahlung nach Qualifikation abgelöst.

- Die Tarifreform in der Metallindustrie um die Jahrtausendwende – als ERA bekannt geworden – blieb im Prinzip bei einer anforderungsorientierten Ermittlung des Entgelts. Die IG Metall hatte sich zunächst für eine qualifikationsbezogene Eingruppierung engagiert. Damit konnte sie sich jedoch bei Gesamtmetall nicht durchsetzen. National

wie international sind solche Entgeltsysteme bislang eher eine Ausnahme. Gleichwohl unterstreicht der Strukturwandel der deutschen
Wirtschaftsgesellschaft – Qualitäts- anstatt Massenprodukte – und
mithin der Wandel der Arbeitstätigkeiten die Angemessenheit einer
solchen Orientierung.

- Die Frauendiskriminierung beim Entgelt hat vielfältige Ursachen. Heutzutage ist davon auszugehen, dass die frühere direkte Benachteiligung,
etwa durch Lohnabschläge, abgelöst worden ist durch eine indirekte
Benachteiligung, die auf die Art und Weise der Entgeltermittlung
zurück zu führen ist. Die geschlechtsspezifische Segmentation des
Arbeitsmarktes gilt auch für Betriebe und Dienststellen mit der Folge,
dass Anforderungen einschließlich Belastungen von Arbeitsplätzen,
die üblicherweise von Frauen eingenommen werden, unzureichend
oder gar nicht bei der Entgeltermittlung berücksichtigt werden. Zwar
finden mittlerweile physische und psycho-soziale Aspekte der Arbeitstätigkeit, woraus sich eine erhebliche Beanspruchung ergeben kann,
Beachtung. Dadurch könnte sich das Entgelt erhöhen. Dabei wird
aber die Logik der analytischen Arbeitsbewertung beibehalten. Es
kommt zu einer weiteren Differenzierung, die etwa die Komplexität
personenbezogener Dienstleistungen erst sichtbar macht. Vorstöße, die
darauf gerichtet sind, in diesem Bereich eine qualifikationsorientierte
Bezahlung durchzusetzen, finden sich bislang nicht. Davon automatisch
ein vielfach gefordertes höheres Entgelt zu erwarten, wäre reichlich
optimistisch. Dazu bedarf es einer allgemeinen gesellschaftlichen
Debatte, an der sich nicht nur die Akteure aus der Politik und den
Tarifvertragsparteien zu beteiligen haben. Auch wegen der höchst
persönlichen Interessen der BürgerInnen müsste sich zivilgesellschaft-
liches Engagement Gehör verschaffen.

4. Entgeltsysteme als Gegenstand eines zukunftsorientierten Diskurses

4.1 Die wissenschaftstheoretische Dimension

Kalkulierende Verfahren sind kein neues Phänomen. Allerdings ist ihre beschleunigte Zunahme ein charakteristisches Merkmal der neuzeitlichen, die gesamte Gesellschaft erfassenden Rationalisierungsprozesse und mithin ein herausragendes Kennzeichen der Moderne. Kalkulationen beziehen sich auch auf soziale Phänomene und sind somit Ausdruck sozialer Praxis. Uwe Vormbusch spricht in diesem Zusammenhang von „Soziokalkulation" als einem hochselektiven Mechanismus, dessen Funktion darin besteht, durch „gezielte Reduktion und Konstruktion (…) klar strukturierte(r) Verhandlungs- und Entscheidungssituationen mit modellhaftem Charakter" zu erzeugen. Die Aufgabe der Akteure ist es dann „in dem kalkulativ rekonstruierten Feld, die modelltheoretisch etablierten Zusammenhänge und die ‚realen', alltäglichen Abläufe in all ihrer Komplexität und Widersprüchlichkeit zu vereinbaren" (Vormbusch 2007: 55; vgl. Kap. 5.1). „Soziokalkulation" ist heute „für den vorherrschenden Typus von Steuerung und Kontrolle paradigmatisch" (ebd.: 57). Ein solcher partizipativer Prozess, der letztlich fiktiv, also nur dem Anschein nach die reduzierte und konstruierte Wirklichkeit mit der vermeintlich tatsächlichen in Einklang zu bringen versucht, erweist sich als ein durchaus produktives Verfahren. Damit wird das Kalkulative „als eine adäquate und legitime Darstellungs- und Artikulationsweise gesellschaftlicher Wirklichkeit" anerkannt (ebd.: 58). Es erhält dadurch Kulturbedeutung, d. h. wir handeln und verhandeln in einer „kalkulative(n) Kultur" (ebd.: 58). Die über selektive Konstruktion gewonnenen Vergleichsmaßstäbe genügen aber mitnichten Objektivitätsansprüchen, wie sie die moderne Wissenschaft hervorgebracht hat. Gleichwohl verleihen solche Quantifizierungen den Aussagen quasi Objektivität und folglich umgibt sie eine „Aura des Notwendigen", sie sind dem gesellschaftlichen Streit entzogen und „interpretationsfreie Beschreibungen der Wirklichkeit", was schließlich zu ihrer Akzeptanz beiträgt (Heintz 2007: 65, 80, 81).

Die Ausführungen basieren implizit auf dem von Niklas Luhmann in die Gesellschaftsanalyse eingeführten Konzept „Legitimation durch Verfahren". Demzufolge haben Verfahren die Funktion, Konflikte darzustellen und auszutragen sowie diesbezügliche Entscheidungen zu legitimieren (vgl. Luhmann 1983: 23, 50). Nun ist es möglich, Herrschaft auf Dauer ohne Anwendung von Gewalt zu etablieren (vgl. ebd.: 28). Dabei beruht der Konsens auf einer doppelten Akzeptanz, und zwar durch das Verfahren selbst, also „unabhängig (…) vom Befriedigungswert der einzelnen Entscheidung", und in Folge dessen werden auch die getroffenen Vereinbarungen hingenommen und beachtet (ebd.: 31). Mithin unterlegt Luhmann den Legitimationsbegriff mit einer doppelten Bedeutung. Er differenziert „zwischen Akzeptieren von Entscheidungs*prämissen* und Akzeptieren von Entscheidungen selbst" (ebd.: 31). Voran getrieben werden Verfahren durch „selektive Entscheidungen der Beteiligten, die Alternativen eliminieren, Komplexität reduzieren, Ungewissheit absorbieren oder doch die unbestimmte Komplexität aller Möglichkeiten in eine bestimmbare, greifbare Problematik verwandeln" (ebd.: 40). Wie hinlänglich bekannt, kann durch beteiligungsorientierte Verfahren die Akzeptanz der Entscheidung erhöht werden (vgl. ebd.: 89). Beteiligung wird damit zu einem Wert an sich.

Die Darlegungen zeigen ihre empirische Relevanz bei der Debatte über die analytische Arbeitsbewertung. Mehr noch: Kalkulierende Verfahren bzw. „Soziokalkulation" spielen insgesamt bei Tarifverhandlungen auf sektoraler wie betrieblicher Ebene eine herausragende Rolle, und zwar nicht nur bei der Arbeitsbewertung und Eingruppierung, sondern augenfällig auch bei solchen über die ebenfalls wichtige prozentuale Erhöhung der Verdienste. Zum letzten Punkt später mehr (vgl. Kap. 5.1)! Solche Vorgehensweisen können, wie noch in beiden Verhandlungsfeldern aufzuzeigen ist, eine ideologische Funktion erfüllen, d. h. die vereinbarten Ergebnisse dienen dazu, gegebene betriebliche und gesellschaftliche Macht- und Herrschaftsverhältnisse zu verschleiern und den Status quo zu rechtfertigen. Im Prinzip können sie aber auch der Aufklärung dienen und Veränderungsprozesse mit in Gang setzen. „Soziokalkulation" spielt überdies im betrieblichen Alltag eine herausragende Rolle. Beschäftige werden mit strikten Leistungsvorgaben konfrontiert, die allerdings zunächst Gegenstand von Verhandlungen, d. h. von Zielvereinbarungen sind. In der Pflege werden nach der Logik des Taylorismus zeitliche Vorgaben für Teilarbeiten gemacht, die für das Entgelt unmittelbar relevant sind. Dafür wird Pflege als ganzheitliche Tätigkeit zuvor in kleinteilige Pflegefunktionen wie Zähneputzen und Kämmen zerlegt. Bereiche dieser Vielfalt von „Soziokalkulation" werden im Folgenden aufgezeigt.

Die analytische Arbeitsbewertung ist im Ergebnis eine Lohnpolitik „mit Hilfe von Fiktionen" (Laske 1977: 148, 156). Sie beansprucht – durchaus erfolgreich – das Problem von Lohn und Leistung, also den Lohnkonflikt zu versachlichen, ja zu entschärfen und trägt so zu seiner Lösung bei (vgl. ebd.: 146, 158). Die Funktion wird auch dann noch erfüllt, wenn als Reaktion auf die Kritik das Verfahren verfeinert wird, was bis heute – wie in Kapitel 3.3 bis 3.5 dokumentiert – der Fall ist. Es handelt sich um eine „institutionalisierte(n) Kanalisation und Eindämmung betrieblicher Konflikte (…) Mit den vereinbarten sachlichen und verfahrensmäßigen Spielregeln wird es für die Arbeitnehmer schwieriger, mit ihren Konfliktstoffen ,aus dem Rahmen zu fallen', die gegebene Lohnordnung zu stören und den Betriebsfrieden (…) zu gefährden" (Pornschlegel 1979: 124). Das Verfahren gilt als neutral und objektiv (vgl. ebd.: 142, 144; Ridder 1990: 179 ff.). Zu seiner Kennzeichnung werden noch weitere Begriffe bemüht, so „wissenschaftlich, (…) zuverlässig, richtig, transparent, reproduzierbar, zutreffend, justitiabel, prüffähig, präzis" (Bartölke u. a. 1981: 18). Das Entgelt ist folglich gerecht bzw. soll als gerecht empfunden werden und dabei die Tatsache vergessen lassen, dass das Ergebnis von Interessen und Macht bestimmt wird (vgl. ebd.: 11). Macht erscheint in dem Prozess in unterschiedlicher Gestalt, etwa als „Expertenmacht" bei der Einführung des Verfahrens, als „Legitimationsmacht" z. B. durch den Hinweis auf das Gerechtigkeitsprinzip sowie als „Belohnungs- und Bestrafungsmacht" durch hierarchisch übergeordnete Akteure (Bartölke u. a. 1980: 254). Die Protagonisten festigen damit das betriebliche Herrschaftssystem und verschaffen ihm neue Legitimation. Die Arbeitsbewertung ist auch deshalb „ein umfassendes Herrschaftsinstrument der Unternehmensleitungen", und zwar bei allen Unterschieden sowohl für kapitalistische wie sozialistische Wirtschaftssysteme, weil „die Arbeitnehmerschaft (…) in relativ kleine ,rational differenzierte' Gruppen unterteilt" wird und dadurch regiert das „alte Prinzip des ,teile und herrsche'. Wer die betriebliche Praxis kennt, weiß, wie stark selbst minimale Differenzen im Grundlohn als statusentscheidend empfunden und diskutiert werden" (Pornschlegel 1979: 124). Mit der

Hierarchisierung der Einkommen wird der betriebliche Status fixiert und das betriebliche Machtgefüge zementiert und letztlich gerechtfertigt. So können Solidarität und gemeinsame Aktionen torpediert werden. „Eine solche Wirkung wird umso wahrscheinlicher, je stärker bei den Betroffenen die Vorstellung besteht, daß eine vorgegebene, in ihrer Höhe nicht hinterfragbare Lohnsumme zu verteilen ist. Bei einer solchen ‚topftheoretischen' Vorstellung werden Arbeitnehmer erwarten, daß ein Mehr an Bezahlung für einen Beschäftigten oder eine Beschäftigtengruppe mit Notwendigkeit die Einschränkung der Höhe der Bezahlung für die anderen bedeutet (Nullsummenspiel)" (Bartölke u. a. 1980: 200; vgl. Kap. 3.3, 3.4).

Mit der Konzentration auf die betriebliche Ebene bleiben überbetriebliche Rahmenbedingungen und mögliche Einflussfaktoren ausgeblendet, so dass der Eindruck entsteht, die Verhandlungen würden in einem wirtschaftlichen und gesellschaftlichen Vakuum stattfinden. Einer solchen Vorstellung wird widersprochen: „Die Lohnfestsetzung und die Bestimmung der Lohnrelationen bleibt auch unter dem System der analytischen Arbeitsbewertung ein wirtschafts- und sozialpolitischer Vorgang" (Fürstenberg 1958: 94). Sie sind „nicht losgelöst von den Lohnverhältnissen in anderen Wirtschaftsgebieten zu gestalten. Es finden Wechselwirkungen statt, die dazu führen, den Mechanismus der Arbeitswertbestimmung teilweise außer Kraft zu setzen" (ebd.: 95). Darüber hinaus werden sie von sozio-kulturellen Faktoren bestimmt, etwa von der spezifischen gesellschaftlichen Wertschätzung und Anerkennung verschiedener Berufe, woraus sich eine soziale Hierarchie bzw. Rangfolge von Berufen ergibt (vgl. Kap. 5.1). Die geschlechtsspezifische Prägung von Arbeitsmarkt und Beruf verwehrt den von Frauen ausgeführten Tätigkeiten, etwa in Teilbereichen personenbezogener Dienstleistungen, eine, so die vielfach geäußerte jüngere Kritik, angemessene Würdigung, die auch bei der Entgeltbestimmung ihren Niederschlag findet und zwar im negativen Sinne.

Die Auswahl und die Gewichtung der einzelnen Faktoren ist ein wertender, von Interessen gesteuerter Vorgang. So „finden *nur* Qualifikationen Berücksichtigung, die von den Organisation bzw. zur Entscheidung über die Arbeitsbewertung autorisierten Gruppen (Unternehmens- und Gewerkschaftsvertreter bzw. Betriebsrat) als ‚wichtig' oder ‚richtig' eingestuft werden" (Laske 1977: 148 f.). Da die Eingruppierung „nach zu vielen und fein differenzierten Merkmalen vorgenommen" wird, besteht die Gefahr, dass sie „den Qualifikations- und Arbeitsmarkterfordernissen" nicht ausreichend entspricht (Pornschlegel 1979: 36). Schließlich wird das Verfahren mit Blick auf Organisation, Zeit und Kosten als äußerst aufwendig beurteilt: „Wenn erkannt wird, daß von der Arbeitsplatzbeschreibung über die Gewichtung bis zu Bewertung jedes einzelnen Arbeitsplatzes weder wissenschaftliche Verfahren noch objektive Ableitungen zur Verfügung stehen, sondern jeder einzelne Teilschritt ein Verhandlungspotential beinhaltet und die Verhandlungspartner bereit sind, dieses Potential voll auszuschöpfen, dann ist der organisatorische Aufwand der analytischen Arbeitsbewertung außerordentlich hoch und in der zeitlichen Abwicklung nicht vorhersehbar" (Bartölke u. a. 1980: 253). Es ist ein „sehr bürokratisches Verfahren", dass die Verhandlungen „nur technisch erleichtert, aber tatsächlich erheblich einschränkt" (Pornschlegel 1979: 36).

Über die Tarifverhandlungen (vgl. Kap. 5.1) bzw. über die Arbeitsbewertung hinaus haben kalkulierende Verfahren mit dem Siegeszug neoklassischer Wirtschaftsmodelle noch in anderer Weise Bedeutung für die Arbeitsbedingungen bzw. das Entgelt erhalten. Während in der Hochzeit des Taylorismus die Unternehmenssteuerung über die hierarchische Kontrolle der Arbeitsprozesse und der Arbeitskräfte erfolgte, rückt nun dem Ideal zufolge der Marktmechanismus an deren Stelle. Dabei wird das Ausmaß der Marktsteuerung von der Verhandlungsmacht mit bestimmt, die die Akteure der industriellen Beziehungen zu mobilisieren in der Lage sind. Nicht nur in der Industrie-, sondern auch in der Dienstleistungsarbeit werden die Beschäftigten über betriebswirtschaftliche Kennziffern und Budgets mit dem Markt, also mit Konkurrenz konfrontiert. Daher ist individuelle Macht von kollektiver zu unterscheiden. Die Verhandlungsposition der einzelnen Arbeitskraft wird im Wesentlichen von ihrer Qualifikation bestimmt. Wird diese auf dem Arbeitsmarkt gesucht, aber selten angeboten, so kann sich daraus ein attraktives Potential für Verhandlungen ergeben, d. h. für die zu treffenden Zielvereinbarungen.

Das Management erklärt das Zählwerk zu „Benchmarks für die Rentabilität einzelner Unternehmensbereiche, Abteilungen und in letzter Instanz jedes Arbeitsplatzes" (Lehndorff, Voss-Dahm 2006: 134). Daraus werden sodann individuelle Leistungsvorgaben abgeleitet. Die Kennziffern erweisen sich als ein „abstrakte(r) Kontrollmodus", der den Arbeitsalltag der Beschäftigten deshalb wesentlich bestimmt, weil im Extremfall vom Erreichen der damit vorgegebenen Ziele die weitere Existenz des Arbeitsplatzes abhängt (ebd.: 136). Sofern diesbezügliche Erwartungen erfüllt

oder gar übertroffen werden, begründen sie – immer wichtiger werden-
de – monetäre Leistungszulagen, die das Grundentgelt unterschiedlich
hoch aufstocken. Überdies können Zulagen vom Gesamtergebnis des Unternehmens bestimmt werden. Solche Zahlungen werden üblicherweise
als Erfolgsbeteiligung bezeichnet.

Zielvereinbarungen sollen bislang unausgeschöpfte Produktivitäts-
potentiale aktivieren. Auf diese Weise wird die „ganze" Person gefordert.
Dieser, mit Subjektivierung von Arbeit beschriebene Prozess bedeutet eine
„,kommunikative Wende'" in der Leistungspolitik (Bender 2002: 27). Damit verändert sich die Legitimationsgrundlage für Leistung. Zielvereinbarungen können auch ambivalente Wirkungen entfalten. Mit quantitativen
Leistungsanreizen werden keineswegs selbstverständlich motivierende
Impulse gesetzt. Die Leistungsbereitschaft kann vielmehr in dem Maße
abnehmen wie durch extrinsische die intrinsische Motivation verdrängt
wird (vgl. Ulich 2011: 596).

Die Einführung von Kennziffern in der Pflege hat zur Folge, dass die
Pflegekräfte diese vielfach missachten, um ihre professionellen Standards
nicht zu verletzen (vgl. Lehndorff, Voss-Dahm 2006: 141). Ein solches Zählwerk gehört zu den leitenden Ideen von Konzepten des New Public Management, die in den letzten Jahren internationale Wirkung erzielt haben.
Damit verbindet sich die Vorstellung, möglichst viele Tätigkeiten unter das
Diktat der Ökonomie im Sinne einzelwirtschaftlicher Effizienz und Rentabilität zu stellen. Hanne Marlene Dahl und Lise Lotte Hansen beschreiben die Folgen wie folgt (vgl. Dahl, Hansen 2005: 89): Die Pflege als eine
im Prinzip ganzheitliche Tätigkeit wird nach der Logik des Taylorismus
in einzelne Arbeitsschritte zerlegt. Für die einzelnen Teilarbeiten werden
sodann bestimmte, streng kalkulierte Zeitvorgaben gemacht. Die Standardisierung von Pflege wird in entsprechenden Handlungsanweisun-
gen schriftlich fixiert. Nach den Vorgaben haben sich die Pflegenden bei
ihrer Tätigkeit zu richten und auf dieser Grundlage wird ihr Verdienst
kalkuliert. Dadurch findet ein Prozess der Dequalifizierung und Entpro-
fessionalisierung statt, wie er aus der Einführung des Taylorismus in der
Industrie bekannt ist und seinerzeit als „Tragödie des Facharbeiters" beschrieben wurde (vgl. Kap. 2.2). Diese Tragödie wiederholt sich heute bei
den pflegenden ArbeitnehmerInnen. Die Tendenzen kulminieren in der
bekannten Abwertung solcher Pflege als „Minutenpflege".

„Soziokalkulation" als ein prägendes Moment der Moderne würde – wie schon die wenigen Praxisbeispiele zeigen (vgl. Kap. 3.3 bis 3.6) – auch bei der Einführung eines qualifikationsbasierten Entgelts nicht außer Kraft gesetzt. Darauf wird und kann wohl nicht verzichtet werden, zumal über die Managementkonzepte hinaus in vielen gesellschaftlichen Bereichen eine Steuerung über den Markt Eingang findet. Das grundlegende Problem beim qualifikationsorientierten Entgelt besteht meines Erachtens jedoch in der betrieblichen bzw. unternehmerischen Bewertung einzelner Berufe, denen stets auch eine gesellschaftliche Rangordnung und damit Wertigkeit zugrunde liegt. Insofern geht es letztlich um einen tief greifenden gesellschaftlichen Konflikt, der das überkommene hierarchische, von Über- und Unterordnung geprägte berufliche Statussystem – zumindest teilweise – in Frage stellt. Zunehmende „Soziokalkulation" kann sich als eine Barriere für eine Reform der Entgeltermittlung erweisen, denn sie hat zuvörderst quantitative und nicht qualitative Momente im Blick. Sie könnte den Widerstand der Arbeitgeber zudem verstärken, indem diese primär auf den Markt und weniger auf Verhandlungen mit den Gewerkschaften setzen, zumal das Tarifvertragssystem sowieso schon geschwächt ist (vgl. Kap. 3.1, 3.2).

4.2 Die gesellschaftstheoretische und -politische Dimension

Explizit ignoriert die analytische Arbeitsbewertung die berufliche Qualifikation, wiewohl sie implizit darauf Bezug nimmt bzw. nehmen muss. Hingegen tragen qualifikationsorientierte Entgeltsysteme der beruflichen Qualifikation der Arbeitskräfte Rechnung und ihre VertreterInnen betrachten sie als zukunftsfähig. Das gilt meines Erachtens umso mehr, als der Strukturwandel der Wirtschaftsgesellschaft weiter voran schreitet. Nachfolgend sind nun jene gesellschaftlichen Entwicklungen und die davon inspirierten theoretischen Überlegungen zu rezipieren, die das Plädoyer für eine qualifikationsorientierte Vergütung stützen.

   Arbeit und Qualifikationsprozesse nach dem Leitbild eines Berufes zu konzipieren und zu organisieren sind keineswegs unstrittig. Nicht erst heute wird das Berufskonzept hinterfragt und bisweilen als obsolet kritisiert. Christoph Deutschmann erinnert unter Bezug auf namhafte Autoren daran, dass schon vor hundert Jahren das baldige Ende des für Deutschland typischen Systems der dualen Ausbildung prognostiziert wurde (Werner Sombart), dass die Zukunft der Institution Beruf über den Taylorismus hinaus durch weitere Differenzierung und Spezialisierung gefährdet ist (Georges Friedmann) und dass betriebliche Qualifizierungsprozesse mit betrieblichen Arbeitsmärkten zu Lasten überbetrieblicher, berufsförmig strukturierter Arbeitsmärkte sich entwickelt haben (Burkard Lutz) (vgl. Deutschmann 2005: 3 ff.). Schließlich, so Deutschmanns aktuellerer Bezug, gerät mit zunehmender Globalisierung, beschleunigt durch die Informations- und Kommunikationstechnologien und den Ansatz lean production, das Berufskonzept weiter unter Druck. Zu neuen Leitfiguren werden der „Wissensarbeiter" (Bell) und der „Arbeitskraftunternehmer" (Günter G. Voß, Hans J. Pogratz) stilisiert, die angesichts der Beschleunigung des Wandels ihr Wissen permanent erneuern und zugleich ihre Selbstvermarktung betreiben müssen, ohne dass sie noch durch Institutionen wie Berufsverbände und Gewerkschaften geschützt werden. Trotz dieser seit langem diagnostizierten krisenhaften Tendenzen behauptet sich das Berufskonzept jedoch zäh. Mehr noch, seine Bedeutung nimmt meines Erachtens sogar weiter zu. In der aktuellen europäischen Finanz- und Wirtschaftskrise gewinnt es europaweite Anerkennung. Auch dadurch soll der besorgniserregenden hohen Jugendarbeitslosigkeit begegnet werden.

Es herrscht ein empirisch fundierter Konsens darüber, dass die Arbeitsmarktchancen Ungelernter zunehmend geringer werden, denn im Zuge des sozio-ökonomischen Strukturwandels steigen die Qualifikationsanforderungen – eine Tatsache, die Helmut Schelsky schon 1965 im Blick hatte: „Der technische Fortschritt macht heute vor allem die Arbeit der Ungelernten durch Mechanisierung und Automatisierung überflüssig, fordert dafür aber eine immer größere Zahl der Gelernten und Qualifizierten" (Schelsky 1965, zitiert nach: 1972: 29). Spezifische Qualifikationen sind heute mithin eine unverzichtbare Voraussetzung für Erwerbsbeteiligung, ohne dass sie schon eine bzw. eine ausbildungsadäquate Tätigkeit mit einem entsprechend angemessenen Entgelt, unbefristeter Beschäftigung und einem gewünschten zeitlichen Umfang garantieren. „Alle statistischen Indikatoren belegen eine signifikante Zunahme des Anteils der Erwerbspersonen mit abgeschlossener Berufsausbildung zu Lasten des Anteils der Ungelernten, und zwar gleichermaßen für Männer und Frauen" (Fürstenberg 2000: 10). Es kann also angenommen werden, dass diese Personen auch einen ausbildungsadäquaten Arbeitsplatz wünschen. Dazu einige Zahlen: „Bis in die 1960er Jahre hinein waren die typischen Erwerbstätigen ungelernte Arbeitskräfte; diese stellten in den 1950er Jahren mehr als zwei Drittel der erwerbstätigen Bevölkerung. 2004 bilden sie nur noch ein kleines weiterhin schrumpfendes Segment des Arbeitsmarktes im Umfang von 17 % in den alten und 10 % in den neuen Bundesländern (...) Prognosen gehen davon aus, dass der Anteil der Ungelernten bis zum Jahr 2010 weiter auf etwa 11 % Prozent zurückgehen wird (...). Die typischen Erwerbstätigen von heute sind die gelernten, zum Teil auch angelernten Fachkräfte; diese stellten 2000 in Ost 55 % und West 52 % der Erwerbstätigen. Gleichzeitig haben immer mehr Menschen überdurchschnittliche Qualifikationsabschlüsse erworben" (Geißler 2006: 278). Dabei handelt es sich um Abschlüsse als Meister, um solche einer Fach-, Fachhochschule oder Universität.

Bei den sozialen bzw. personenbezogenen Dienstleistungen wird die Berufsförmigkeit nicht nach dem in den anderen Beschäftigungssektoren üblichen Modell der dualen Ausbildung organisiert, sondern „überwiegend als vollzeitschulische Ausbildung(en)" angeboten mit im Vergleich zur Lehre gravierenden Nachteilen für die Betroffenen (Gottschall 2008: 256). Das gilt für die Kinderbetreuung ebenso wie für die Kranken- und Altenpflege. Diese Dienstleistungen, die zunächst unentgeltlich von Frauen im privaten Haushalt erbracht wurden und zu einem Gutteil noch werden, wurden erst spät in frauenspezifische Erwerbsarbeit überführt, wobei deren Professionalisierung bis heute kaum als gelungen bezeichnet werden kann. Karin Gottschall spricht von der „Semi-Professionalität sozialer Dienstleistungsberufe" (ebd.: 256) und führt dazu über die bereits genannten, noch folgende charakteristischen Merkmale an (vgl. ebd.: 256 ff.): Die Kulturhoheit der Länder führt zu unterschiedlichen Ausbildungen, wodurch „Qualifikationsschutz und Transferierbarkeit" eingeschränkt sind (ebd.: 256). Auf Grund der sozialstaatlichen Konstruktion mit dem Vorrang des Subsidiaritätsprinzips fungieren Wohlfahrtsverbände häufig als Ausbilder und Arbeitgeber, sie bestimmten die Bedarfe, die Fachprofile und den Personaleinsatz. Die Auszubildenden sind SchülerInnen und müssen für ihre Qualifizierung selbst aufkommen. Die formale Eingangsqualifikation ist mit Mittlerer Reife und Abitur höher als bei der dualen Ausbildung, ohne dass sich dieser Vorsprung in der Allgemeinbildung später beim Entgelt auszahlt. Berufliche Aufstiegswege sind kaum vorhanden, geschweige denn Möglichkeiten einer wissenschaftlichen Weiterbildung. Mit der Ausweitung von Kurzzeitausbildungen, etwa bei Tagesmüttern, wird das Qualifikationsniveau gesenkt und so die Tätigkeiten polarisiert. Es entwickelt sich eine Niedriglohnbeschäftigung, die noch durch die wachsende Konkurrenz der Anbieter befördert wird. Da diese kaum mehr in der Lage sind, Tariflöhne zu zahlen, wird ein staatlicher Mindestlohn gefordert, der 2011 politisch durchgesetzt werden konnte. Nach wie vor besteht die Herausforderung für den deutschen Sozialstaat darin, „Fürsorge und Erziehungstätigkeit als eine unabweisbare Lebensnotwendigkeit und gesellschaftlich wertgeschätzte Arbeit in Form einer nachhaltigen Beruflichkeit zu ermöglichen" (ebd.: 265).

Die Akademisierung in der Schweiz und in anglo-amerikanischen Ländern, etwa durch BA-Studiengänge, impliziert hingegen eine stringentere, chancenreichere Professionalisierung und eine anspruchsvollere Berufspraxis. Die Kehrseite ist, dass in der Bundesrepublik die Aufgaben der Pflegenden „medizinisch so begrenzt" sind wie sonst nirgendwo (Bartens 2012: 20). Immerhin verabschiedete im Sommer 2012 der Wissenschaftsrat eine Stellungnahme in der „endlich der ganzheitliche Umgang mit dem Menschen betont" wird (ebd.: 20). Eine Anzahl von Gesundheitsberufen u. a. Kranken- und Altenpflege soll zukünftig an Hochschulen ausgebildet werden. Dabei überrascht allerdings, dass nicht alle Aspiranten, sondern nur zehn bis zwanzig Prozent eines Jahrgangs in den Genuss eines BA-Studiums kommen sollen. Es stellt sich die Frage nach der Qualifikation der Anderen: Wird deren Ausbildung weiter professionalisiert oder werden die Ausbildungsstandards abgesenkt und somit möglicherweise der Anteil kurzzeitig Angelernter erhöht? Beispielsweise ist eine akademisch qualifizierte Person in einem Team von fünf bis zehn Pflegekräften und Therapeuten vorgesehen, um eine „optimale Krankenbetreuung" zu ermöglichen (ebd.: 20). Anzustreben ist eine feste Quote. Mit dem Slogan „Pflege braucht Eliten" soll diese Tätigkeit endlich gewürdigt und anerkannt werden (ebd.: 20). Zugleich wird auf einen gravierenden Konflikt hingewiesen: Die Aufwertung der Pflegeberufe durch Akademisierung, die sich auch im Entgelt positiv niederschlagen kann bzw. wird, wird von der Ärzteschaft bzw. von deren Kammern für „unnötig" erachtet. Die Reformbefürworter weisen den möglichen Streit um Kompetenzen und Aufgaben zurück und betonen, dass es vielmehr darauf ankommt, „von Beginn an auf gleicher Höhe im Team zu Entscheidungen zu kommen'" (ebd.: 20). Zweifellos befeuern Statusprobleme den Widerstand. „Gegen jede Art

der Veränderung" ist in der Ärzteschaft Widerstand „traditionell ähnlich groß wie beim Militär oder in der Katholischen Kirche" (ebd.: 20).
Fürstenberg spricht mit Blick auf die deutsche Gesellschaft mit ihrer spezifischen sozio-kulturellen und institutionellen Prägung nicht von Arbeits-, sondern von „Berufsgesellschaft" (Fürstenberg 2000: 9). Sie konstituiert sich „in einem fortdauernden Prozeß der Institutionalisierung grundlegender Aspekte der Arbeitswirklichkeit: Berufswahl, Berufsausbildung, Berufstätigkeit, Berufsstellung, Berufsprestige usw." (ebd.: 9 f.). Beruf wird von ihm „idealtypisch definiert als eine spezifische Form der Erwerbstätigkeit, die auf einer relativ dauerhaften Verbindung von systematisch in Lernprozessen erworbenen Qualifikationen mit entsprechenden Tätigkeitskomplexen beruht und ihrem Träger einen gesellschaftlich anerkannten Status sowie Handlungskompetenz im Rahmen sanktionierter Regelbindung vermittelt" (ebd.: 20). Von diesen intendierten, manifesten Funktionen unterscheidet Deutschmann unter Bezug auf Robert K. Merton (1968) latente, ungeplante Funktionen (vgl. Deutschmann 2005: 3 ff.). Während die manifesten Funktionen auf Arbeitsmärkte und die Gesamtgesellschaft verweisen, handelt es sich bei den latenten Funktionen um solche, die unbeabsichtigt ihre Wirkung entfalten. Dass sich das Berufskonzept so zäh behauptet, lässt sich auch mit fehlenden funktionalen Äquivalenten erklären. Qualifizierung durch Betriebe und Netzwerke bieten zum Berufskonzept keine Alternative. Als latente Funktionen gelten die folgenden: Mit der Aneignung spezialisierten Wissens geht ein Lernen des Lernens einher, so dass eine spätere Weiterbildung und gegebenenfalls Umschulung auf einem soliden Fundament aufbauen können. Zertifikate beinhalten die Anerkennung professioneller Kompetenzen, darauf baut das gesellschaftliche und betriebliche Sozialprestige auf und Berufsstolz kann sich so entwickeln. Mit der Verleihung von Qualifikationsnachweisen endet eine wichtige Etappe beruflicher Sozialisation, in deren Verlauf sich eine professionelle Identität mit einer spezifischen Ethik und einem „Habitus autonomen Arbeitshandelns" entwickeln kann (ebd.: 10). Darüber hinaus bilden sich vielfache extrafunktionale Qualifikationen aus, etwa Kooperationsfähigkeit, Verantwortungsbereitschaft, Sorgfalt und Qualitätsbewusstsein. Diese Vielzahl latenter Funktionen ist jedoch nicht voraussetzungslos zu haben, sondern setzt neben staatlichen Institutionen auch Berufsorganisationen voraus, die allesamt Qualitätsstandards in der Ausbildung und der beruflichen Praxis setzen, überwachen, kontrollieren und Zertifikate

verleihen (vgl. ebd.: 8). Deren Monopolposition am Arbeitsmarkt geht mit weiteren Funktionen einher. Dadurch sind die Professionsmitglieder gegen nicht und gering qualifizierte Konkurrenten und die Klienten vor Qualitätseinbußen bei Produkten und Dienstleistungen geschützt (vgl. ebd.: 13). Dieses Bündel latenter Funktionen beruflicher Ausbildung, das ein „autonomes Arbeitshandeln" einübt und sichert, bietet eine Erklärung für das „paradoxe Phänomen (…), warum trotz der angeblichen ‚Krise' des Berufs berufliche Qualifikationen und Zertifikate als ein Eintrittsbillett zum Arbeitsmarkt wichtiger denn je werden" (ebd.: 10). Zusätzliches Gewicht erhält diese Aussage durch das Konzept der Schlüsselqualifikationen, welches Dieter Mertens (1974) konzipierte.

Einige der skizzierten Wirkungen einer Berufsausbildung lassen sich durchaus den manifesten Funktionen zuordnen. So die Entwicklung von Schlüsselqualifikationen, die ein zentrales Element jedweder Reform der Berufsausbildung bilden. Diese muss nämlich das Dilemma bewältigen, für die Zukunft ausbilden zu müssen, ohne die Anforderungen an die zukünftige Qualifikation antizipieren zu können. Durch den Erwerb von Schlüsselqualifikationen soll dem rapiden sozio-ökonomischen und technischen Wandel mit seiner Tendenz, dass das Gelernte ebenso rapide veraltet, begegnet werden. Sie sollen die Fachkräfte befähigen, ihr Qualifikationsprofil möglichst selbstständig, aber mit institutioneller Unterstützung zu erhalten, weiter zu entwickeln und so ihre Arbeitsmarktchancen nicht zu mindern bzw. zu gefährden. Darüber sollten andere Risiken und Benachteiligungen wie Gesundheit, Alter, Ethnie und Geschlecht nicht übersehen werden. Unter Schlüsselqualifikationen werden „generalisierbare Bildungselemente mit hohem Abstraktionsgrad" verstanden (Gmelch 1996: 401). Ihnen liegt eine, über eine arbeitsmarktpolitische Relevanz hinaus gehende Vorstellung zugrunde, der zufolge sie „zentral für die Lebensbewältigung, für die Persönlichkeitsentfaltung, für die Fundierung der beruflichen Existenz sowie für das gesellschaftliche Zusammenleben sind" (Michelsen 1997: 247). In Anlehnung an Mertens wird darunter verstanden: „1. Kenntnisse, die einen vertikalen Transfer über mehrere Stufen der Abstraktion hinweg gestatten (Basisqualifikationen), 2. Kenntnisse, die sich vielseitig einsetzen lassen (Breitenelemente), 3. Kenntnisse, die die Suche nach neuen Informationen unterstützen (Horizontalqualifikationen), 4. Kenntnisse, die einen Wissensausgleich zwischen den Generationen ermöglichen (Vintagefaktoren)" (ebd.: 247).

4.3 Die arbeitsorganisatorische Dimension

Ebenso wie die auf dem Taylorismus aufbauenden Entgeltsysteme eine spezifische Arbeitsorganisation voraussetzen bedürfen qualifikationsorientierte Entgelte einer angemessenen arbeitsorganisatorischen Einbettung, um
ihr Lernpotential entfalten zu können. Solche Entgelte sind daher nur in-
soweit funktional und von Dauer, wie auch die organisatorische Rahmung
vorhandene Qualifikationen stützt, Chancen zu deren Weiterentwicklung
eröffnet und mithin die Entwertung von Qualifikationen unterbindet. Vorbehalte, ja Widerstände des Managements gegenüber solchen Reformen
lassen sich, wie bereits angemerkt (vgl. Kap. 3.6), damit erklären, dass im
Unterschied zu einem anforderungsorientierten bei einem qualifikations-
und lernorientierten Entgelt die Kontrolle über die Personalkosten zu einem erheblichen Teil auf die Arbeitskräfte übergeht. Auf diese Weise er-
leidet das Management einen Kontroll- und damit einen Machtverlust, der
im Zuge der damit einhergehenden und überdies möglicherweise gezielt
in Gang gesetzten arbeitsorganisatorischen Veränderungen noch verstärkt
wird. In einer vom Taylorismus geprägten Arbeitsorganisation ist hingegen das Management autonom, durch technisch-organisatorische Rationalisierung die Arbeit weiter zu vereinfachen und so die Entgelte zu senken bzw. die Personalkosten zu verringern.

Unter dem Stichwort Organisationsentwicklung wurden in den letzten Jahrzehnten Prozesse persönlichkeitsförderlicher Arbeitsgestaltung
(vgl. Kap. 4.4) konzipiert und umgesetzt (vgl. Raehlmann 1996). Konkret
handelt es sich dem Anspruch nach um Versuche, die hierarchischen, bürokratischen und extrem arbeitsteiligen Strukturen von Arbeitsorganisationen aufzulockern, wie sie im Zuge gesamtgesellschaftlicher Rationalisierungsprozesse der Neuzeit durchgesetzt worden sind. Ein solcher Wandel
ist durch eine entsprechende, d. h. eine lernorientierte Personalentwick-
lung zu flankieren. Herrschaft und Macht, Kontrolle und Interessen sind
zwar zentrale, Arbeitsorganisationen strukturierende Elemente, aber diesbezügliche Veränderungen sind darauf nicht reduzierbar: „Sie sind Lernprozesse, in denen ein Kollektiv als Kollektiv es lernt, seine Probleme, und
damit die Interessenlagen, d. h. aber auch die Identitäten der jeweils Beteiligten, neu zu definieren und damit das Spiel ihrer konflikthaften Zusammenarbeit neu und offener zu gestalten" (Friedberg 2003: 107). Dabei
ist das Konzept Organisationsentwicklung keineswegs so neu wie häufig

unterstellt, denn geplant werden Veränderungen solcher arbeitsorganisatorischer Strukturen, die bereits das Ergebnis früherer Interventionsstrategien sind. Das trifft beispielsweise für den Taylorismus zu. Insofern ist Organisationsentwicklung durchaus ein normativer, interessengeleiteter Ansatz, der dezentralisierende, aber auch zentralisierende oder sogar rezentralisierende Tendenzen verfolgen kann. Stets ist es das Ziel, dass die Produktion von Gütern und Dienstleistungen wirtschaftlich(er) erfolgt, und heutzutage – gemäß sozialstaatlichen Grundsätzen – zugleich Vorstellungen von einer menschengerechteren Arbeitsgestaltung, so mit Blick auf Beschäftigung, Arbeitszeit, Einkommen, Partizipation, Belastung und Qualifikation berücksichtigt werden.

Veränderungen von Arbeitsorganisationen sind weder das Ergebnis von Top-down- noch von Bottom-up-Strategien, zumal die letzteren aufgrund der rechtlich garantierten Institution des Privateigentums als reichlich illusionär bezeichnet werden müssen. Ohne die Beteiligung der Betroffenen und des Einsatzes diesbezüglicher Instrumente lassen sich jedoch solche Prozesse nicht in Gang setzen und zum Erfolg führen, der allerdings nie garantiert ist. Partizipation ist ein janusköpfiges Verfahren. Erhard Friedberg vergleicht es mit einem „vergifteten Apfel", da „sie die, die sich darauf einlassen, auf die gemeinsam gefundenen und erarbeiteten Lösungen festlegt. Es handelt sich also um eine risikoreiche Tätigkeit, in der man seine Kritik- und Widerstandsfähigkeit abschwächt und gleichzeitig sein Fachwissen, seine Kunstgriffe, seine Arrangements, seine Geheimnisse offen auf den Tisch legen muß – eine Tätigkeit, in der man mit einem Wort viel zu verlieren hat" (Friedberg 1995: 354 f.). Diese – vermutlich eher relative – Offenheit kann nur bei gewissen Garantien der Leitung erwartet werden. Das Engagement muss sich also für die Beschäftigten auszahlen. Beteiligung hat in Veränderungsprozessen die explizite Funktion, das „‚heimliche Management'" vor allem der Führungskräfte zu Tage zu fördern (ebd.: 355). Ambivalenz kann sich aber noch darüber hinaus zeigen. Beteiligung, als Veränderungstechnik eingesetzt, kann auch dazu führen, dass die Organisationsmitglieder damit weitergehende Ziele verfolgen, nämlich eine beteiligungsorientierte Struktur installieren zu wollen. Das bedeutet, dass Beteiligung ihren instrumentellen Charakter verliert, nicht mehr bloßes Mittel, sondern ausdrückliches Ziel wird. Letztlich ist der Wandel, wie Michel Crozier und Friedberg (1979) schon früher betonten, aber das Ergebnis von Verhandlungen zwischen diversen Akteuren, die unterschiedliche Interessen verfolgen und über ein unterschiedliches Machtpotential verfügen. Die Autoren haben diese Vorstellung ins Zentrum ihres organisationstheoretischen Ansatzes gerückt. Die Idee hat überdies eine enorme praktische Bedeutung, da für das System der Arbeitsbeziehungen in der Bundesrepublik Deutschland ein hoher Grad an Verrechtlichung mit verschiedenen Arenen der Verhandlung wie Staat, Tarifautonomie und Betriebsverfassung charakteristisch ist (vgl. Kap. 3.1, 3.2).

Bürokratische einschließlich tayloristische Organisationsmodelle, die für die Bearbeitung von wiederkehrenden, standardisierten Aufgaben durchaus angemessen sind, vermitteln den Arbeitskräften eine gewisse Sicherheit, aber befördern zugleich ein ritualisiertes Tun, das zwar vorgegebene Regeln befolgt, aber organisatorische Ziele ignoriert. Bekanntlich führt ein solches in Alltagsroutine erstarrtes Handeln zur Zielverschiebung, d. h. die Mittel zur Zielerreichung werden wichtiger als die Ziele selbst. Ist, anders als das Bürokratiemodell unterstellt, die Umwelt einer Organisation hingegen nicht stabil, sondern dynamisch bis turbulent und überdies die Technik nicht starr, sondern so vielseitig, dass sie unterschiedlichen Produktionserfordernissen angepasst werden kann, dann entwickeln sich vielfältige, wenig strukturierte und häufig sich verändernde Aufgaben, die ein flexibles und innovatives Handeln herausfordern. Ein solches Aufgabenprofil bedarf einer Struktur, die sich von einer bürokratischen unterscheidet. Diese auf Tom Burns und G. M. Stalker (1968) sowie auf Eugene Litwak (1968) und Joan Woodward (1968) zurückgehenden empirisch erhärteten Erkenntnisse veranlassen Renate Mayntz, zwei polare organisatorische Grundmodelle zu unterscheiden, auf die die Vielzahl struktureller Formen zurückgeführt werden kann. Sie spricht von der Bürokratie als dem „hierarchisch-monokratischen" und von einem „genossenschaftlich-demokratischen" Grundmodell (Mayntz 1968: 13). Das letztere ist u. a. gekennzeichnet durch eine flexible Arbeitsteilung, eine flache Hierarchie, eine partizipative Führung, kooperative Beziehungen sowie durch Initiative und Kreativität der Arbeitskräfte, die in Teamarbeit tätig sind (vgl. Staehle 1973: 39). Merkmale dieses Modells gewinnen seit den neunziger Jahren im Zusammenhang mit der Konzeption und Einführung von lean production und lean administration an Bedeutung (vgl. Womack, Jones, Ross 1991). Schon Mayntz verweist auf einen zentralen Punkt, der von den demokratiebegeisterten Anhängern einer bürokratischen Alternative oft übersehen wird. Sie bemerkt: „Die ‚Entbürokratisierung' von Organisationen ist nicht gleichbedeutend mit der Beseitigung gesellschaftlich bedingter Interessenkonflikte, sondern könnte auch lediglich darauf hinauslaufen, die unverhüllte Herrschaft von Menschen über Menschen durch den Mechanismus der Innensteuerung zu ersetzen" (Mayntz 1968: 17 f.).

Obwohl der Lean-Ansatz – zumindest für das Management – nach wie vor attraktiv ist, kann von einer umfassenden Dezentralisierung in den Unternehmen keine Rede sein. Vielmehr gehört zu einigen Dysfunktionen aus Sicht des Managements auch ein zu weit gehender Hierarchieabbau, der eine erneute Zentralisierung geboten erscheinen lässt (vgl. Funder 1999). Auf diese Weise sollen offensichtliche Kooperations- und Koordinationsmängel beseitigt werden. Gegenüber solchen manifesten spielen aber auch latente Funktionen eine Rolle. Seit Jahrzehnten flammt immer wieder die Kritik an bürokratischen und tayloristischen Strukturen auf, da es bislang zu Auflockerungen, aber kaum zu grundlegenden Veränderungen gekommen ist.

Das ist auf diverse Ursachen zurückzuführen: Crozier/Friedberg weisen eine mechanistische Sicht zurück, wie sie die oben erwähnten Forschungen nahe legen. Organisatorischer Wandel unterliegt ihrer Auffassung zufolge keiner Automatik. Er ist kein Selbstläufer, sondern Ergebnis von Verhandlungen unterschiedlicher Akteure, was letztlich auch die Machtverhältnisse verändert (vgl. Crozier, Friedberg 1979: 18 ff., 275). Zwar verfügen alle Akteure grundsätzlich über Macht, aber diese ist ungleich verteilt. Das prinzipielle Machtungleichgewicht zwischen ArbeitnehmerInnen und Arbeitgebern bzw. Management ist zwar durch erkämpfte Beteiligungs- und Mitbestimmungsrechte gemildert, aber nicht obsolet geworden. Arbeitsorganisationen haben mithin nach wie vor ein Doppelgesicht. Sie sind ein Ort gesellschaftlicher Arbeitsprozesse und zugleich ein Ort gesellschaftlicher Macht- und Herrschaftsausübung (vgl. Kap. 2.1). Diese zuletzt genannten Funktionen bleiben in der Regel latent, was sich etwa darin zeigt, dass Macht und Herrschaft tabuisiert und verschleiert werden. Organisationsentwicklung wird sogar dazu benutzt, ja instrumentalisiert, „um dieses fundamentale Faktum zu verbergen" (Perrow 1972, zitiert nach: Kieser 1981: 116). Die Strategie verführt sogar dazu, das immer wieder beschworene, angeblich unumstößliche Prinzip der Wirtschaftlichkeit zu relativieren: „Der Glaube, in den Unternehmen setze sich von zwei machbaren jeweils die wirtschaftlichere Lösung durch, gehört zu den bestgenährten Mythen unserer Zeit. Es ist aber unabweisbar, daß viele (...) Gestaltungskonzepte nur dann wirklich zum Tragen kommen, wenn *diese* Macht- und Herrschaftsverhältnisse abgebaut werden" (Frei, Udris 1990: 348 f.). Als weitere Ursache für das Scheitern können Widerstände unterschiedlicher Statusgruppen ausgemacht werden. Es kann davon ausgegangen werden, dass die Widerstände situativ überformt werden, d. h. die jeweilige betriebliche und auch außerbetriebliche Situation der Betroffenen tritt als erklärendes Moment hinzu. Wie empirisch gut belegt, fürchtet die Gruppe des unteren und mittleren Managements, die in den Veränderungsprozessen eine „Schlüsselrolle" (Friedberg 1995: 352) einnimmt, um einen Macht- und Kontrollverlust, sollten bei organisatorischer Umgestaltung untergeordnete Arbeitskräfte aufgewertet werden und mithin einen Statusgewinn erzielen. Sie sehen sich als Verlierer. Deshalb auf das operative Management aber verzichten zu wollen, ist keine Lösung, denn es wird weiterhin gebraucht. Insofern ist „Beteiligung an der Basis allein" nicht praktikabel (ebd.: 354). Wie bereits erwähnt, muss versucht werden, das Management für die Veränderung zu gewinnen, indem ihm eine neue Rolle mit einem veränderten Aufgabenzuschnitt angeboten wird.

Widerstände zeigen sich auch bei den Arbeitskräften an der Basis. Der Abschied von einem tayloristischen Aufgabenprofil wird von ihnen nicht ohne weiteres als ein Gewinn verbucht, sondern als ein Verlust an Alltagsroutine und mithin an Sicherheit. Die Standardisierung – für die Arbeit am Fließband typisch – gilt zwar als inhuman, aber die Betroffenen entwickeln ein Bewältigungsrepertoire, das ihnen hilft, mit ihren betrieblichen Belastungen umzugehen und darauf wollen sie verständlicherweise nicht verzichten (vgl. Volmerg, Senghaas-Knobloch, Leithäuser 1986). Die Veränderungsbarrieren sind besonders stark bei einer langjährigen tayloristischen Praxis, die das Lernpotential der Beschäftigten weitgehend verschüttet, und es dann kaum noch aktiviert werden kann. Überdies kommt eine generationsübergreifende Erfahrung hinzu: Im Verlauf der Rationalisierungsprozesse haben die ArbeitnehmerInnen die für sie ernüchternde Erfahrung gemacht, dass Verbesserungen der Arbeitsbedingungen in der Regel mit einer Verschlechterung einhergehen, etwa mit einer bis heute wachsenden Arbeitsintensivierung. Diese stellt eines der zentralen beruflichen Belastungs- und Beanspruchungsmerkmale dar.

Eine weitere, gegenüber organisatorischen Veränderungen widerständige Gruppe können Betriebs- und Personalräte sein. Das zeigt sich besonders bei der Einführung von Gruppenarbeit, die, indem sie idealerweise

Planung, Ausführung und Kontrolle für alle Mitglieder reintegriert, ein ganzheitliches Arbeiten ermöglicht und so den Taylorismus mit seiner rein ausführenden Praxis hinter sich lässt. Dieses eindeutige Verständnis von Gruppenarbeit wird keineswegs allgemein geteilt. Heutzutage wird der Terminus Gruppenarbeit vielfach benutzt, um eine moderne, akzeptable Form der Arbeitsgestaltung vorzutäuschen. In der Realität handelt es sich dabei häufig um die traditionelle tayloristische Arbeitszersplitterung, die aufgelockert wird, indem etwa soziale Bedürfnisse durch einen gemeinsamen Pausenraum, durch Arbeitsbesprechungen berücksichtigt werden. So soll das Betriebsklima verbessert und eine reibungslose Zusammenarbeit befördert werden. An der Tätigkeit selbst verändert sich aber nichts. Das Bedürfnis nach Beteiligung lässt sich befriedigen, indem die Beschäftigten ermuntert werden, etwa Vorschläge zur Verbesserung der Produktions- und Arbeitsbedingungen zu machen. Sie enthalten vielfach ein Rationalisierungspotential, so dass eine gewisse Zurückhaltung nicht verwundern kann. Ob die durchaus innovativen Beiträge dann betrieblich umgesetzt werden, ist keineswegs garantiert. Gruppenarbeitskonzepte sind, was häufig übersehen wird, auch Teil von Managementstrategien, und sie stießen und stoßen auf den Widerstand der betrieblichen Interessenvertretung. Diese befürchten – nicht ganz unbegründet – die Schwächung ihrer Vertretungsmacht. Der nunmehr ganzheitliche Aufgabenzuschnitt fördert mit steigendem Qualifikationsniveau der Arbeitskräfte auch deren individuelle Verhandlungsmacht. Die Rolle der Betriebs- und Personalräte verändert sich, aber sie werden keinesfalls überflüssig. Berechtigt ist ebenfalls die Sorge, dass die Gruppenarbeit kontraproduktiv werden kann, da sich die Mitglieder hinsichtlich des Entwicklungspotentials, der Belastbarkeit und Ressourcen voneinander unterscheiden und folglich entsolidarisierende Effekte auftreten können. Es kommt zu Gewinnern und Verlierern, was negative Folgen für die Kooperation zeitigen kann.

Das Gruppenarbeitskonzept, das zunächst in Industrie und Verwaltung erprobt wurde (vgl. Raehlmann 2007: 68 ff.), hat mittlerweile eine die Struktur prägende Bedeutung für Arbeitsorganisationen allgemein, also auch für den Dienstleistungssektor erlangt. Darüber dürfen jedoch die aufgezeigten Schwierigkeiten bei der Umsetzung nicht übersehen werden. Diese schließen ein Scheitern nicht aus. Bislang kann von einer flächendeckenden und sektorübergreifenden Umsetzung nicht gesprochen werden. Immerhin scheint der Wissenschaftsrat in seinem Bestreben, die

Pflegeausbildung zumindest teilweise zu akademisieren, diesen Ansatz zu favorisieren, was nur konsequent wäre. André Büssing verfolgt ebenfalls eine solche Perspektive. Er unterscheidet in der Pflege vier idealtypische Organisationsformen, wobei in der Praxis Mischformen auftreten können (vgl. Büssing 1997: 660). Auf die so genannte Bezugspflege ist nicht näher einzugehen. Sie bedeutet, dass eine Person die gesamte Pflege übernimmt. Sie entspricht dem Modell einer ganzheitlichen Tätigkeit. „Somit erwachsen pflegerische Gesamtverantwortung und Spielräume zu eigenverantwortlichen Planen und Entscheiden" (ebd.: 661). Die komplexen Anforderungen und die vielseitigen, hohen Ansprüche an die Qualifikation haben, sofern sie insgesamt eingesetzt werden können, „auch in der Pflegetätigkeit erwiesenermaßen eine positive Funktion, sie tragen zur Gesundheits- und Persönlichkeitsförderung von Pflegekräften bei" (ebd.: 662). Zwar ist die „Vorstellung von Pflege als einer Aneinanderreihung von relativ einfachen Arbeitsabläufen" längst überholt (ebd.: 662), aber ein Blick in die Praxis der ambulanten Pflege bestätigt das Gegenteil. Die Pflege ist zwar ganzheitlich angelegt, aber das unverzichtbare interaktive, kommunikative Moment bleibt unberücksichtigt, d. h. es wird nicht anerkannt und folglich nicht entgolten. Pflege, die in einzelne Tätigkeiten mit festen zeitlichen Vorgaben aufgeteilt wird, verkommt, wie schon mehrfach konstatiert, in der Praxis zum Taylorismus.

Außer ungenügend qualifiziertem Personal trägt die personelle Unterbesetzung zu einer qualitativ unzureichenden Dienstleistung in der Pflege bei. Eine angemessene Personalausstattung ist mithin eine wichtige Voraussetzung um Qualitätsstandards zu erreichen. Winfried Hacker schlägt ein partizipatives, die Arbeitskräfte beteiligendes Verfahren zur Personalbemessung in der Pflege vor (vgl. Hacker 2009: 259 ff., 262 ff.). Dabei ist Gruppenarbeit unerlässlich. Hier interessiert seine Begründung: Um den diesbezüglichen Zeit- und Kostenaufwand gering zu halten sowie die Akzeptanz bei den Beschäftigten sicher zu stellen, eventuell sogar zu erhöhen, werden die Arbeitsplatzinhaber, d. h. die Pflegekräfte selbst zu Gunsten von außerbetrieblichen Experten bei der Durchführung des Verfahrens beteiligt, denn sie sind – so von den Konzepten zur Organisationsentwicklung stets angenommen – „die wirklichen Experten für diese Prozessoptimierung" (ebd.: 262).

4.4 Die arbeits- und handlungstheoretische Dimension

Die bisherige Erörterung hat offen gelegt, dass in dem theoretisch wie empirisch orientierten Diskurs (personenbezogene) Dienstleistungsarbeit bis heute ausgeblendet oder nicht ausreichend berücksichtigt wird. In der Arbeit, so der Gedanke Simmels, verbinden sich Körper und Geist, Intellekt und Wille zu einer Einheit (vgl. Kap. 2.4). Ein solches Arbeitsverständnis ist – bisweilen wider besseres Wissen – keineswegs generell konsensfähig, obwohl längst internationale Normen eine ganzheitliche Tätigkeit fordern „(ISO 6385, EN DIN 29241-2, welche die ISO 9241-2 enthält; EN DIN 614-2)" (ebd.: 41). Allerdings ist damit eine Umsetzung noch nicht garantiert. Die Vorstellung von Arbeit als einer Ganzheit liegt auch – zumindest implizit – jenen Entgeltsystemen zu Grunde, die als qualifikations- bzw. lernorientiert bezeichnet werden und die mit dazu beitragen können, die Potentiale des Menschen zu unterstützen und zu fördern. Die Annahmen der Entgeltsysteme gründen wiederum auf arbeits- und handlungstheoretischen Ansätzen, die von der prinzipiellen Entwicklungsfähigkeit des Menschen ausgehen. Diese Konzepte gilt es nachfolgend zu explizieren, vor allem auch mit Blick auf personenbezogene Dienstleistungsarbeit. Ulich, Walter Volpert und Hacker, auf die nachfolgend Bezug genommen wird, haben Grundlegendes zur Handlungstheorie entwickelt und mit Blick auf eine persönlichkeitsförderliche Arbeitsgestaltung präzisiert. Hacker vertieft überdies die Debatte in die von ihm so benannten Humandienstleistungen.

Volpert formuliert zunächst allgemeine Vorstellungen vom Menschen: Der Mensch, durch Körper und Geist bestimmt, ist fähig zur Selbstreflexion und zu eigenständigem Handeln, welches wiederum durch gesellschaftliche, kulturelle und geschichtliche Rahmenbedingungen sowie situative Momente beeinflusst wird. Er entwickelt sich in Auseinandersetzung mit anderen Menschen und wird dadurch sozial und gesellschaftlich eingebunden (vgl. Volpert 1990: 23 ff.). Eine spezifische Form des Handelns bzw. der Tätigkeit ist Arbeit. Der Mensch sichert „sein Dasein durch vorsorgendes Tun, verändert die Welt um sich herum nach selbst gesetzten Zielen und mit selbstgeschaffenen Werkzeugen. (…) Der Mensch arbeitet und lebt in irgendeiner Gesellungsform. Diese hat (…) ihre Geschichte und auch eine bestimmte Struktur. Die Aufgabe des gemeinsamen Arbeitens wird in irgendeiner Weise aufgeteilt, und die einzelnen haben einen bestimmten Part zu übernehmen" (Volpert 1979: 24). Dabei gelten als individuelle

Handlungsvoraussetzungen Kompetenz und Motivation, die im Prozess der Sozialisation erworben werden (vgl. ebd.: 27, 30).

Auf Grund der allgemein anerkannten, überragenden Bedeutung von Arbeit für die Entwicklung des Menschen gilt die berufliche Phase der Sozialisation als zentral für diesen, über die gesamte Lebensspanne ausgedehnten Lernprozess. Es ist daher davon auszugehen, dass „die Persönlichkeitsentwicklung des erwachsenen Menschen weitgehend in der Auseinandersetzung mit der Arbeitstätigkeit geschieht" (Ulich 1978: 48). Darauf deuten auch empirische Ergebnisse hin, welche besagen, „dass der Einfluss der Schulbildung im Laufe der Zeit geringer, der Einfluss der Berufstätigkeit dagegen stärker wird" (Ulich 2011: 500). Dennoch prägen auch Tätigkeiten jenseits der Erwerbstätigkeit die Persönlichkeit. Sofern intellektuell herausfordernd, können sie bei einer inhaltsarmen Erwerbsarbeit, so durchaus empirisch belegt, kompensatorisch wirken (vgl. Ulich 1978: 50 ff.; 2011: 514 ff.). Bei der Berufsarbeit sind es offenbar „vor allem die kognitiven und sozialen Anforderungen der langfristig ausgeübten Arbeitstätigkeit, die die Persönlichkeitsentwicklung zu fördern oder zu beeinträchtigen geeignet sind" (Ulich 1978: 49). Beeinträchtigende Wirkungen gehen, wie bereits mehrfach erwähnt, beispielsweise vom Taylorismus aus: Im Handeln bzw. in der Arbeit als einer zielorientierten, planenden Tätigkeit spielt Antizipation eine zentrale Rolle (vgl. Ulich 1978: 46). Die tayloristische Trennung von Denken und Tun, von Kopf- und Handarbeit bedeutet demnach hinsichtlich der Anforderungen „eine systematische Einschränkung" der Antizipationsweite mit der Folge, dass „partialisierte, routinisierte und repetitive Arbeitsoperationen" entstehen (ebd.: 46 f.). Dadurch geht nicht nur das Lernpotential verloren, sondern „vorhandene Fähigkeiten und Fertigkeiten verkümmern" (Ulich 2011: 498).

Unter Bezug auf Hacker (1976) unterscheidet Ulich noch weitere Aspekte der Arbeitstätigkeit, die für die Persönlichkeitsentwicklung relevant sind. Dazu zählen: „(1) der Inhalt einer Arbeitstätigkeit; damit unmittelbar gekoppelt (2) die Anforderungen, die aus der Arbeitstätigkeit resultieren; davon abgeleitet (3) das zur Erfüllung der Anforderungen erforderliche Niveau der Ausbildung; dadurch vermittelt (4) die gesellschaftliche Bewertung von Arbeitstätigkeit und Arbeitsergebnis" (Ulich 2011: 495; vgl. 1978: 48). Darüber hinaus benennt er, wiederum angelehnt an Hacker, noch zusätzliche unterstützende Bedingungen: „a) ausreichende Aktivität in Form b) selbständiger Verfahrenswahl unter Einschluß von c) mindestens subjektiv schöpferischen Aktivitäten bei d) lernbedingter Erweiterung der Leistungsvoraussetzungen als der Erzeugung disponibler Verfahren im Sinne der Handlungskompetenz, e) vielseitiger arbeitsbedingter Kooperation und f) gesellschaftliche Leistungsanerkennung als Persönlichkeitsbestätigung" (Ulich 1978: 54). Wie hier angedeutet, dürfen gesellschaftliche und betriebliche Rahmenbedingungen von Arbeit nicht vergessen werden. Diese können sich etwa für die Arbeitskräfte zu physischen und psycho-sozialen Belastungen und Beanspruchungen bündeln. Beispielsweise steht heute die Frage nach der Höhe des Entgelts für viele Beschäftigte im Vordergrund. In einem zumindest die sozio-kulturelle Existenz sichernden bzw. darüber hinaus gehenden Einkommen spiegelt sich auch gesellschaftliche Bewertung und Anerkennung einer Arbeitsleistung wider. Auf einen ebenso aktuellen Aspekt verweist Volpert, wenn er von den insgesamt neun Gestaltungsprinzipien für eine persönlichkeitsförderliche Arbeit an die erste Stelle den durch die Arbeitsaufgabe festgelegten Handlungsspielraum, der umfassende Möglichkeiten zur Planung, Entscheidung und Kontrolle von Zielen und Mitteln bieten soll, nennt, um anschließend den zeitlichen Spielraum zu betonen, der groß genug sein muss, um den Handlungsspielraum auch ausfüllen zu können (vgl. Volpert 1990: 28). Da der betriebliche Rationalisierungsprozess bis heute jedoch von einer enormen Arbeitsintensivierung begleitet wird, ist die Gefahr nicht auszuschließen, „daß zu enge zeitliche Vorgaben einen (ansonsten) recht großen Handlungsspielraum wieder zunichte machen" (ebd.: 28). Unter diesem Diktat kann Pflege humanen Ansprüchen nicht genügen.

Die individuellen und gesellschaftlichen Folgen persönlichkeitsförderlicher Arbeitsgestaltung gehen aber noch darüber hinaus. Der Aufbau von Kompetenzen und Motivation kann von einem wachsenden Interesse an der Arbeit und der Arbeitspolitik begleitet werden. Agnes Bruggemann bilanziert ihre diesbezüglichen Projektergebnisse so: Bei den beteiligten Arbeitern ist „„eine Zunahme ihres Interesses an Fragen ihrer Arbeitswelt und erhöhte Kommunikation hierüber in Familie und/oder Bekanntenkreis'" zu konstatieren, was ein „vermehrtes Interesse auch an der Arbeit des Betriebsrates" einschließt (Bruggemann 1977: 7 f., zitiert nach: Ulich 1978: 58; vgl. Ulich 2011: 504). Ferner wird der Erhalt der physischen und psychischen Gesundheit gestützt (vgl. Ulich 2011: 501). Neuere Untersuchungen bestätigen, dass größere Handlungsspielräume und höhere psychische Anforderungen wichtige Schritte betrieblicher Gesundheitsförderung sind mit entsprechenden Einspareffekten (vgl. ebd.: 554). Schließlich vergeudet eine tayloristische Arbeits- und Organisationsstruktur nicht nur menschliche Potentiale, sondern auch betriebs- und volkswirtschaftliche Ressourcen (vgl. Ulich 1978: 49 f.), die dann beispielsweise im Unternehmen bei der Generierung von Innovationen fehlen.

Aufgabenbereicherung (job enrichment) und teilautonome Gruppenarbeit gehören, da sie Planung, Ausführung und Kontrolle (re)integrieren, zu den Konzepten der persönlichkeitsförderlichen Arbeitsgestaltung. Sie wurden zunächst in der industriellen Fertigung erprobt und zunehmend auf andere Tätigkeiten übertragen. Davon inspiriert widmet sich Hacker den Humandienstleistungen als einer dialogisch-interaktiven Erwerbsarbeit. Das Besondere dabei ist, dass der Arbeitsgegenstand ein Mensch mit eigenen Zielen und Interessen ist, die identifiziert und beeinflusst werden müssen, um Duldung und Mitwirkung bei der zu erbringenden Dienstleistung zu erreichen (vgl. Hacker 2009: 48). Dieser Art von Dienstleitung liegt folgendes Verständnis zu Grunde: „Als ‚dialogisch' werden diese Arbeitstätigkeiten bezeichnet, um die ausschlaggebende Rolle der sprachlichen Einflussnahme auf die psychische Verhaltensregulation von Klienten hervorzuheben. (…) Der Zusatz ‚interaktiv' ergänzt die möglichen nichtsprachlichen Anteile und das wechselseitige Aufeinanderwirken von Individuen zur Verhaltensabstimmung" (ebd.: 17). Damit ist diese Tätigkeit jedoch nicht erschöpfend beschrieben. Die Anforderungen umfassen zudem monologische Anteile, etwa Hausarbeiten, Dokumentationen von Pflegekräften. Insofern handelt es sich um Mischanforderungen, die sich aufeinander beziehen (vgl. ebd.: 70 f.). Beide Komponenten zusammen bilden erst die Ganzheit der Tätigkeit, d. h. es handelt sich um eine „zweidimensionale Ganzheitlichkeit" (ebd.: 284). Ferner ist für dialogisch-interaktive Arbeit das so genannte erfahrungsgeleitete oder subjektivierende bzw. intuitiv-improvisierende Handeln „besonders wesentlich", was zwar, wenn auch unterschiedlich stark ausgeprägt, für jede Arbeitstätigkeit gilt (ebd.: 300, 73). Dieses Handeln umfasst folgende Merkmale: Erfahrungen, sinnliche, begrenzt bewusstseinsfähige Wahrnehmungen, Empathie, intuitiv-improvisierendes Vorgehen und flexibles Planen im Handlungsprozess (vgl. ebd.: 73 f.).

Als lernorientiert und mithin persönlichkeitsförderlich gelten, wie bereits ausgeführt, ganzheitliche, vollständige Arbeitstätigkeiten, die von den Dienstleistern durchaus als positiv, klientenfreundlich und weniger

belastend erlebt werden (vgl. ebd.: 164, 282 ff.). Dass solche Arbeitsanforderungen eine fundierte Aus- und Weiterbildung erfordern, bedarf keiner
weiteren Begründung. Die Lernprozesse erschöpfen sich aber nicht im Erwerb instrumenteller Kenntnisse und Fertigkeiten, sondern dabei ist ein
„intellektuelles Handeln" einzuüben, d. h. „eine angeleitete und reflektier-
te Selbstbelehrung zunächst in der simulierten und dann in der realen Berufspraxis" (ebd.: 82). Die Komponenten solcher Bildungsprozesse sind zu
unterscheiden nach „bedingungsbezogenen und personenbezogenen Ar-
beitsgestaltungsmaßnahmen", wobei zu den ersteren Gruppenarbeit und
Supervisionsangebote, zu den letzteren Emotionsmanagement und das Er-
lernen von Distanzierungsfähigkeit zählen (ebd.: 241). Beide Teile bilden
eine notwendige Einheit und sind „außerordentlich wichtig", um Belastungen und Beanspruchungen zu reduzieren (ebd.: 241).

4.5 Zusammenfassung

- „Soziokalkulation" als gängiges Verfahren gesellschaftlicher Steuerung
  beabsichtigt, Gesellschaft bzw. Teilbereiche derselben so zu modellie-
  ren, dass fest umrissene Verhandlungsarenen entstehen. Als mögliche
  Konsequenzen ergeben sich, dass sowohl das Verfahren selbst als auch
  die Ergebnisse desselben von den daran Beteiligten und den davon
  Betroffenen als legitim anerkannt werden.

- Die Kritik an der analytischen Arbeitsbewertung gründet in wichtigen Aspekten auf diesem Ansatz. Sie blendet die gesellschaftlich und
  betrieblich bedingte Hierarchie, Macht, Herrschaft und Kontrolle aus.
  Ferner werden vielfach relevante Merkmale bzw. Anforderungen von
  Tätigkeiten erst gar nicht berücksichtigt und manche zudem in frag-
  würdiger Weise gewichtet. Insgesamt erscheinen die Ergebnisse der
  Analyse und Bewertung dennoch als objektiv und wissenschaftlich,
  folglich als legitim und mithin gerecht.

- Qualifikationsorientierte Entgeltsysteme basieren nicht nur auf der
  derzeitigen Qualifikation der Arbeitskräfte, sondern unterstützen
  und fördern damit zugleich deren Weiterentwicklung in einer sich
  rapide wandelnden „Berufsgesellschaft" (Fürstenberg), in der Un- und
  Angelernte immer weniger Chancen auf dem Arbeitsmarkt haben.
  Solche Entgeltsysteme stellen eine enorme Herausforderung nicht nur
  für die Tarifvertragsparteien, sondern auch für die Politik und die Zi-

vilgesellschaft insgesamt dar. Der Prozess der gesellschaftlichen (Neu)
Bewertung von Berufen birgt zusammen mit den damit einhergehenden
veränderten Verdienststrukturen ein hohes Konfliktpotential. Überkommene Bewertungen, die teilweise tief im historisch gewordenen
sozio-kulturellen Selbstverständnis der Gesellschaft verankert sind
und insofern gewissermaßen als Norm, als „normal", eben als selbstverständlich gelten, werden nun hinterfragt. Zur Disposition stehen
Status und Sozialprestige von Berufen. Eine solche, gegebenenfalls
gesellschaftliche Neuordnung berührt die gesamte Sozialstruktur –
und zwar tief greifend.

- Trotz aller Kritik behauptet sich das Berufskonzept, da sich mit ihm
vielfältige manifeste und latente Funktionen verbinden. Bislang ist ein
funktionales Äquivalent nicht in Sicht. Bei den personenbezogenen
Dienstleistungen hat die Professionalisierung erst spät, mit der wachsenden Frauenerwerbstätigkeit eingesetzt und dieser Prozess dauert an.

- Qualifikationsorientierte Entgelte bedürfen einer adäquaten arbeitsorganisatorischen Einbettung. Als angemessen kann ein Abbau von
Bürokratie, Hierarchie und Arbeitsteilung und ein Aufbau von flachen
Organisationen, ganzheitlichen Aufgaben bis hin zur Gruppenarbeit
verbunden mit Beteiligungsrechten gelten.

- Eine solche Entwicklung, in der sich Macht und Herrschaft keineswegs
auflösen, sondern bestenfalls weniger offensichtlich werden, ist ohne
Beteiligung der Organisationsmitglieder nicht möglich. Gleichwohl ist
der Erfolg einer solchen Umgestaltung nicht garantiert. Dabei spielt
der gruppenspezifische Widerstand eine wichtige Rolle.

- Zu den Implikationen eines qualifikationsorientierten Entgelts gehört
ein arbeits- und handlungstheoretischer Ansatz, der grundsätzlich von
der Entwicklungsfähigkeit des Menschen ausgeht. Gefördert wird der
Mensch vor allem durch kognitive und soziale Anforderungen von
Arbeit, d. h., es besteht die Möglichkeit zur Planung, Entscheidung
und Kontrolle von Zielen und Mitteln. Ferner muss ein angemessener
zeitlicher Spielraum und gesellschaftliche Anerkennung gegeben sein,
die sich auch im Entgelt widerspiegeln.

5. Höheres Entgelt für personenbezogene Dienstleistungen – eine überfällige Korrektur?

5.1 Arbeitsproduktivität und Entgelt

Arbeitsbewertungssysteme und Eingruppierungsgrundsätze, die zuvor thematisiert wurden (vgl. Kap. 3.3 bis 3.6), werden in Rahmentarifverträgen geregelt, und sie können zu einer Erhöhung, aber auch zu einer Absenkung der Entgelte führen. Bei der Mehrzahl der Vereinbarungen handelt es sich hingegen um Vergütungs- bzw. Entgelttarifverträge, die zumindest zu einer nominellen Erhöhung, in der Regel jedoch zu einer realen Anhebung der Einkommen führen sollen (vgl. Müller-Jentsch 1997: 225 ff.). Diese beiden Tarifverträge stellen sozusagen die zwei Seiten einer Medaille dar, d. h. sie bestimmen, wenn auch in unterschiedlicher Weise, die jeweilige Entgelthöhe.

Der technische Fortschritt führt zusammen mit organisatorischen Veränderungen bis heute zu steigender Arbeitsproduktivität. Daran hat auch der allgemeine Qualifikationsanstieg der Beschäftigten einen erheblichen Anteil. Gleichwohl stehen angesichts des beeindruckenden Erfolgs von Rationalisierung „die Arbeit und ihre Produktivität nach wie vor im Mittelpunkt sowohl ökonomischer als auch politischer Praxis" (Weiß 2011: 41). Im Zentrum der vorstehend rezipierten Debatte über personenbezogene Dienstleistungen und Entgelt steht das Argument, dass die Höhe der Entgelte sich grundsätzlich an der Arbeitsproduktivität auszurichten habe. Darüber sollte die frühe Kontroverse über die grundsätzliche Frage, ob Dienstleistungen überhaupt produktiv sind bzw. ob es sich überhaupt um Arbeit handelt, nicht völlig vergessen werden. Sie mag ein Indiz dafür sein, dass sich ein, von den Wirtschaftswissenschaften allgemein geteiltes Verständnis von Produktivität erst spät, nach dem Zweiten Weltkrieg in der Bundesrepublik durchgesetzt hat (vgl. Knotz 2010: 31 ff.). Meines Erachtens gibt es aber bis heute noch gewisse Unschärfen, die auch aus dieser Tradition herrühren. Mit dem genannten Konzept soll zugleich einer Rationalisierung, ja Versachlichung der Entgeltpolitik der Weg geebnet werden. Dieses Ziel verfolgt, daran ist zu erinnern, die analytische Arbeitsbewertung ebenfalls, so dass von dem Versuch einer durchgängig rationalen, quasi objektiven Gestaltung des Entgelts bzw. der Entgeltstruktur gesprochen werden kann mit dem Ziel einer politischen Neutralisierung (vgl. Kap. 3.3, 3.4, 4.1).

Dabei orientiert sich das Verständnis von Produktivität an der klassischen industriellen Fertigung, für die eine hochgradige Arbeitsteilung und ein standardisiertes Zeitregime, wie sie der Taylorismus intendiert, typisch war und in einigen Bereichen immer noch ist. Reichwald/Möslein haben eine solche einseitige Orientierung als unangemessen, ja als überholt mit Blick auf die ökonomischen Herausforderungen heutzutage kritisiert und die unternehmerische Innovationsfähigkeit als Kernproblem einer globalen Wirtschaft identifiziert (vgl. Kap. 2.4). Dass dieses Modell von Produktivität dem interaktiven Charakter personenbezogener Dienstleistungen kaum angemessen ist, kann nicht erstaunen, zumal es hierbei ja nicht um die Herstellung von Gütern geht, sondern um „ein Spiel zwischen Personen" (Bell), etwa mit dem Ziel der Erziehung, Unterrichtung, Betreuung und Pflege. Idealerweise sollen die Tätigkeiten die „ganze" Person in den Blick nehmen, wobei eine Arbeitszersplitterung und Arbeitsintensivierung der Zielerreichung abträglich ist. Gegen eine Verdichtung diesbezüglicher Dienstleistungen wandte sich schon Jean-Jacques Rousseau (1712-1778), als er in seinem Erziehungsroman den Gedanken formulierte, dass es in der Erziehung darauf ankommt, nicht Zeit zu gewinnen, sondern Zeit zu verlieren (vgl. Rousseau 1987: 72).

Der Anspruch des industriegesellschaftlichen Konzepts von Produktivität, das trotz des fundamentalen wirtschaftlichen Strukturwandels nach wie vor eine hohe Akzeptanz und damit eine quasi normative Verbindlichkeit aufweist, fördert eine Auffassung, wonach diese Dienstleistungsarbeit wegen der geringen Produktivität nur niedrige Entgelte beanspruchen könne. Vergleichsweise hohe Entgelte würden in eine Kostenfalle führen und mithin die Nachfrage nach solchen Angeboten sinken lassen mit der Gefahr steigender Erwerbslosigkeit. Wie schon zuvor erwähnt, gibt es in der einschlägigen Literatur immer wieder Hinweise darauf, dass die diesbezügliche Produktivität durchaus wächst, was ja von den Theoretikern der Dienstleistungsgesellschaft auch unterstellt wird (vgl. Kap. 2.3). Im Unterschied zur Produktion handelt es sich jedoch um ein vergleichs-

weise langsames Wachstum. Der in der Bundesrepublik erst in den siebziger Jahren massiv einsetzende Strukturwandel zur Dienstleistungsgesellschaft bescherte dem gesamten Sektor jedoch bereits in den achtziger
Jahren ein Produktivitätsniveau, das dem industriellen „nicht mehr viel
nachsteht. Die Zunahme der Wertschöpfung je Erwerbstätigenstunde betrug in den 80er Jahren im sekundären Sektor 2,7 % und im tertiären Sektor
2,2 % (in den 70er Jahren 4,1 bzw. 3,2 %)" (Cornetz 1991: 38). Seit den neunziger Jahren bleiben die Abstände in etwa gleich: „In der Tat ist die Arbeitsproduktivität von 1991 (statistischer Anfang nach der Wiedervereinigung
mit Wirkungen der Vereinigung mit den neuen Bundesländern) bis 2007
gesamtwirtschaftlich um jahresdurchschnittlich preisbereinigt 1,5 % gestiegen, in den Dienstleistungsbereichen jedoch nur um 0,8 % (...) (Statisti-
sches Bundesamt 2010)" (Weiß 2011: 43). Fürstenberg wirft jedoch in seiner
einschlägigen Studie aus den fünfziger Jahren, die verständlicherweise die
Industriearbeit in den Blick nimmt, die bis heute aktuelle, im Kern gesell-
schaftspolitische Frage auf: „Ist es sinnvoll, eine schwierige und anstren-
gende Tätigkeit nur deswegen weniger hoch zu entlohnen als eine andere Arbeit, weil zwischen ihnen ein Produktivitätsgefälle besteht?" Einige
Zeilen weiter fährt er fort: „Es wäre verhängnisvoll, einen kleinen Sektor
der Wirtschaft und den in ihm Beschäftigten umfassende Sonderprivile-
gien deshalb zu verschaffen, weil gerade hier der Produktivitätszuwachs
als Zuwachs an Sachgütern erscheint und direkt meßbar ist" (Fürstenberg
1958: 97). Diese Aussage lässt sich durchaus auf den Dienstleistungssektor
übertragen, der ja mittlerweile den Großteil der Beschäftigten umfasst. Der
nachfolgend positive Bezug Fürstenbergs auf Heinrich Heitbaum mag seine Schlussfolgerung unterstreichen: „Die Produktivitätssteigerung soll in
der allgemeinen Lohnentwicklung, aber nicht bei der Lohnabstufung der
Arbeitsplätze untereinander beachtet werden" (Heitbaum 1956: 175, zitiert
nach: ebd.: 98). Jahrzehnte später plädiert die Berliner Streitschrift wider
die Kommission für Zukunftsfragen der Freistaaten Bayern und Sachsen
für Entgelte entsprechend der Produktivitätsentwicklung. Damit spricht
sie sich gegen die Einrichtung eines Niedriglohnsektors aus, in dem nach
den Vorstellungen der Kommission für einfache (!) Dienstleistungen – Al-
ten- und Kinderbetreuung werden u. a. genannt – Entgelte unterhalb der
Produktivitätsentwicklung gezahlt werden sollen (vgl. Raehlmann 2004:
175, 184). Bereits Mitte der fünfziger Jahre heißt es schon in einem Gutachten des Wissenschaftlichen Beirats beim Bundeswirtschaftsministerium:

„Die Lohnpolitik darf nicht allein unter dem Gesichtspunkt des Ablaufs der Wirtschaft betrachtet werden, sondern ist auch unter dem Gesichtspunkt der bestehenden und der erwünschten Verteilung von Einkommen und Vermögen in der Gesellschaft zu sehen" (zitiert nach: Horné 1965: 9). Die allgemeine Überzeugungskraft der Argumentationskette von Arbeitsproduktivität und Entgelt, die auf der neoklassischen Wirtschaftstheorie basiert, mag mit dazu geführt haben, dass seit den Anfängen der Bundesrepublik die Arbeitgeber in den Tarifverhandlungen das Konzept der „produktivitätsorientierten Lohnpolitik" favorisieren, das in den sechziger Jahren um das Kriterium des Inflationsausgleichs bzw. des zu erwartenden Preisanstiegs und überdies von Seiten der Gewerkschaften durch eine Umverteilungskomponente ergänzt wurde (Müller-Jentsch 1997: 231). Das dritte Kriterium spielt aber bislang so gut wie keine Rolle, denn die Praxis einer ansatzweise nivellierenden Tarifpolitik mit Sockelbeträgen für die unteren Entgeltgruppen änderte an der überkommenen Einkommensverteilung so gut wie nichts und ist daher eher von symbolischer Bedeutung. Gleichwohl hat eine solche Politik den Spartengewerkschaften einen Bedeutungszuwachs verschafft (vgl. Kap. 3.1). Die so genannte Meinhold-Formel, 1965 Ergebnis einer Schlichtung unter dem Professor für Volkswirtschaftslehre Helmut Meinhold der Universität Frankfurt, beinhaltet nicht die einzelwirtschaftliche, sondern die branchen- bzw. gesamtwirtschaftliche Produktivitäts- und Preisentwicklung. Sie soll die Tarifkonflikte versachlichen und wurde „in modifizierte(r) Form" auch vom Sachverständigenrat zur Begutachtung der gesamtwirtschaftlichen Entwicklung übernommen (ebd.: 231). In den vorgenannten Zukunftskommissionen Ende der neunziger Jahre nahm diese Argumentation einen prominenten Platz ein. Dabei wurde aber offensichtlich eine einzelwirtschaftliche Betrachtung zu Grunde gelegt, die sich mit der weit verbreiteten Vorstellung verband, dass es sich bei personenbezogenen Dienstleistungen vielfach um einfache, d. h. hinsichtlich der Qualifikation wenig anspruchsvolle Tätigkeiten handele (vgl. Raehlmann 2004: 170 ff.). In durchaus populistischer Absicht wird bis heute dieses Argument bei PolitikerInnen immer wieder bemüht, wenn nach Arbeitsplätzen für Langzeiterwerbslose mit Qualifikationsdefiziten gesucht wird. Insofern ist es zwar zu begrüßen, wenn der Altbundespräsident Walter Scheel, mittlerweile 92 Jahre alt, fordert, die Pflege attraktiver zu gestalten (vgl. Scheel 2012: 2). Aber seine Mahnung, die von vielen prominenten und weniger prominenten BürgerInnen geteilt und öffentlich geäußert wird, bleibt wohlfeil, wenn entsprechende Initiativen ausbleiben.

Die Akteure der Tarifvertragsparteien orientieren sich zwar bei der Lösung von Lohnkonflikten an solchen ökonomischen Kennziffern, aber das vereinbarte Ergebnis ist keineswegs deren schlichte tarifpolitische Umsetzung. Es ist das Resultat der von Macht und Einfluss geprägten Verhandlungen und daher mitnichten ein automatischer, mechanischer Vollzug. Darauf ist bereits früh hingewiesen worden, wobei die Kritik noch sehr viel grundsätzlicher ansetzt. Sie ist zugleich empirisch und methodologisch orientiert, was nachfolgend darzulegen ist.

Fürstenberg untersucht auf der Grundlage statistischen Materials, dessen Unzulänglichkeit – vermutlich noch der Nachkriegszeit geschuldet – er beklagt, die vielfach behauptete „Gleichläufigkeit von Produktivitäts- und Lohnveränderungen" (Fürstenberg 1958: 11). Obwohl ein solcher Zusammenhang nicht nachweisbar ist, bleibt dennoch die Produktivität „ein wesentlicher Faktor bei der relativen Lohnbestimmung" (ebd.: 11). Seine empirisch fundierte Analyse kann im Ergebnis auch als methodologische Kritik rezipiert werden. Sie überführt einen sozusagen rein ökonomischen Erklärungsansatz in einen umfassenden sozialwissenschaftlichen. Darin besteht, worauf noch zurückzukommen ist, bis heute seine Aktualität. Dabei ist es von nachgeordneter Bedeutung, dass er den Industrie- und nicht den hier interessierenden Dienstleistungssektor behandelt. Auf die volkswirtschaftlichen Lohnunterschiede hat, so der Autor, eine Vielzahl von Faktoren Einfluss, die in „hohem Maße" auch außerwirtschaftlicher, also sozialer Natur sind, die allerdings „in wirtschaftliche Tatbestände umgewandelt werden" (ebd.: 102). Bereits die Klassiker, Smith und Marx, hatten diesen Zusammenhang anklingen lassen (vgl. Kap. 2.1). Im Einzelnen identifiziert und analysiert Fürstenberg die folgenden Beeinflussungsfaktoren, die nach wie vor relevant und gegebenenfalls zu ergänzen sind: Unterschiede im Lohnniveau zwischen Wirtschaftszweigen, zwischenbetriebliche Differenzen in derselben Branche, regional bedingte Lohnunterschiede, sodann solche zwischen Berufs- und Tätigkeitsgruppen sowie zwischen Männern und Frauen, überdies Verdienstabstufungen nach Alter, Familienstand und Kinderzahl, ferner zwischen Arbeitskräften mit Zeit- und Leistungslohn. Die Lohnunterschiede, so eine seiner Schlussfolgerungen, spiegeln „nur selten Leistungsunterschiede direkt wider", vielmehr handelt es sich um „sehr komplexe Entstehungsgründe" (ebd.: 38). Dazu zählen auch verschiedene Rahmenbedingungen, etwa die wirtschaftliche Lage, staatliche Vorgaben und tarifvertragliche Vereinbarungen sowie Veränderungen der Arbeitsanforderungen durch technisch-organisatorische Innovationen (vgl. ebd.: 53 ff.).

Anschließend erörtert Fürstenberg die wirtschaftlichen und sozialen Funktionen von Lohnunterschieden in einer kapitalistischen Wirtschaftsgesellschaft. In wirtschaftlicher Hinsicht besteht die Bedeutung von Lohnabstufungen darin, eine volkswirtschaftlich optimale Verteilung auf Berufe und Wirtschaftszweige herbeizuführen, d. h. beispielsweise Steuerung der Berufswahl, Ermöglichung von Berufswechseln und von diversen Mobilitätsprozessen (vgl. ebd.: 39 ff.). In sozialer Hinsicht verweisen Lohndifferenzen auf Unterschiede im wirtschaftlichen und gesellschaftlichen Status sowie auf solche der Lebenslage insgesamt. Sie sind ein wichtiger Indikator der sozialen Platzierung der Arbeitskräfte in der betrieblichen und gesellschaftlichen Hierarchie und mithin im umfassenden Sozialsystem (vgl. ebd.: 48 ff.). In der Realität sind beide Funktionen jedoch nicht völlig getrennt: „Die wirtschaftliche Funktion der Lohnunterschiede, die jeweilige Leistungshierarchie auszudrücken, und ihre soziale Funktion, die bestehende Geltungshierarchie widerzuspiegeln, sind voneinander nicht unabhängig. Es besteht die Tendenz einer gegenseitigen Entsprechung, die allerdings infolge der sich ständig wandelnden Arbeitsbedingungen nur selten völlig erreicht wird. Auf lange Sicht werden jedoch Lohnunterschiede, die Symbol einer unzeitgemäßen Geltungshierarchie sind, genauso verschwinden wie Verdienstabstufungen, die nicht mehr echte Leistungsunterschiede ausdrücken" (ebd.: 52). Zwar spielen die Kategorien Macht und Herrschaft in der vorgestellten Argumentation explizit keine herausragende Rolle, aber implizit sehr wohl, zumal Lohnunterschiede die überkommene Sozialstruktur mit ihren vielfältigen Hierarchisierungen stützen. Dazu Fürstenberg abschließend: „Je nachdem, ob eine zunehmende Differenzierung oder Nivellierung innerhalb der Lohnstruktur stattfindet, verändert sich auch das Ausmaß der sozialen Hierarchisierung der Gesellschaft und damit der Charakter der zu erwartenden bzw. auftretenden sozialen Spannungen zwischen den Einkommensgruppen" (ebd.: 53).

Der methodologische Ansatz, den Fürstenberg für seine Untersuchung wählt, rahmt einen, auf den ersten Blick rein ökonomischen Sachverhalt in eine umfassende sozialwissenschaftliche Perspektive ein. Damit trägt er der zwischenzeitlich fast vergessenen Auffassung Rechnung, die Wirtschaftswissenschaften als Sozialwissenschaft bzw. als Teil derselben zu begreifen. Jahrzehnte später nimmt Friederike Maier diese Argumentation wieder auf, wenn sie die neoklassischen Arbeitsmarkttheorien – auch erweitert um die Kategorie Geschlecht – als unzureichend kritisiert, da sie eher „um mathematische Eleganz" denn „um gesellschaftliche Relevanz" bemüht sind (Maier 1998: 33). Die weit verbreitete Ignoranz gegenüber einer gesellschaftlichen und mithin historischen Sicht, die der Vorherrschaft der neoklassischen Wirtschaftstheorie mit ihrem naturwissenschaftlichen, „personalistisch-triebpsychologischen" Ansatz geschuldet ist, begründet „das Elend der Nationalökonomie" (Hofmann 1968: 96, 117 ff.). Eine Folge davon ist, dass das, „was für die Einzelwirtschaft geltend gemacht wird, (...) unmittelbar für die Gesamtwirtschaft zutreffen" soll (ebd.: 123). Einige Jahre früher formulierte Wilhelm Baldamus seine sinngemäß gleich lautende Kritik so: Die neoklassische Theorie zeichnet sich „durch einen nahezu ununterbrochenen Prozeß der Ausmerzung nicht-ökonomischer, insbesondere metaphysischer, psychologischer und soziologischer Elemente (aus, I. R.) (...). Das hervorragendste Ergebnis dieser Entwicklung ist die zunehmende Formalisierung und Verfeinerung der allgemeinen und partiellen Gleichgewichtsanalysen im Sinne mathematisch-rigoroser Ableitungen. (...) Die wirtschaftstheoretische Analyse des industriellen Unternehmens ist an höchst abstrakten Modellen der Marktformen und der Marktprozesse orientiert, die ihrerseits eine bewußte ‚Bereinigung' von soziologischen Faktoren voraussetzen" (Baldamus 1960: 15).

Erst die derzeitige Finanz- und Wirtschaftskrise hat einem solchen, lange Zeit fast verschütteten Denkansatz eine unverhoffte Renaissance beschert, denn die bislang dominierende ökonomische Theorie kann die tief greifende Krise weder befriedigend erklären, noch hält sie akzeptable Vorschläge zur Überwindung bereit. Das Umdenken bedeutet aber mitnichten schon eine andere Praxis. Stellvertretend für die mittlerweile zahlreichen kritischen Stimmen aus Wissenschaft und Öffentlichkeit schreibt Peter Conrad: Es kann „heute fast schon von einer Ironie der Theoriegeschichte (gesprochen werden, I. R.). Denn lange marginalisierte sozial- und verhaltenswissenschaftliche Erkenntnisse kehren unter dem Druck der Ereignisse und empirischen Belege zurück in Form veränderter, realistischer Menschenbilder. Auch auf der Makro-Ebene findet ein Umdenken statt. Nicht länger nur ökonomische Defizite staatlichen Handelns, sondern auch das Versagen von Märkten, Informationsintransparenzen, der Sinn staatlicher

Interventionen oder staatlicher Wirtschaftstätigkeit, werden wieder zum Gegenstand der Diskurse. Fragen nach sozialer Gerechtigkeit und Wohlfahrtsstaat werden wieder denkbar und beginnen erneut die ökonomische Diskussion zu prägen" (Conrad 2011: 182). Angesichts einer solchen Situationsanalyse erscheint es sinnvoll, die grundlegende methodologische Kritik Hans Alberts am neoklassischen Denkstil abschließend zu rezipieren. Er thematisiert, so der Untertitel seiner Aufsatzsammlung (1967): „Ökonomische Probleme in soziologischer Perspektive".

Albert beklagt, dass die ökonomische Theorie bislang für ihre Problemlösungen keinen „großen Nutzen aus den Forschungsergebnissen der allgemeinen Soziologie und der eng mit ihr verbundenen Sozialpsychologie gezogen hätte. Das ist auch nicht zu erwarten, solange der neoklassische Denkstil die Theoriebildung beherrscht, der die ökonomische Analyse in Richtung auf eine mögliche weitgehende Abstraktion von sozialen Tatbeständen lenkt" (Albert 1967: 332). Im Einklang mit den bereits erwähnten Argumenten bemängelt er die isolierende Betrachtungsweise, d. h. das Marktgeschehen und die diesbezüglichen Akteure erscheinen autonom, losgelöst von sozialen und gesellschaftlichen Zusammenhängen. Die damit einhergehende Immunität gegenüber Erkenntnissen der genannten Wissenschaften, so Alberts Hypothese, ist auf die methodologische Orientierung dieser wirtschaftswissenschaftlichen Richtung zurück zu führen, d. h. auf „den Modell-Platonismus der reinen Ökonomie, der in den Versuchen zum Ausdruck kommt, ökonomische Aussagen und Aussagenmengen (Modelle) (...) gegen die Erfahrung zu *immunisieren*" (ebd.: 338), was jedoch nicht zwangsläufig mit der von ihren VertreterInnen durchaus bevorzugten mathematischen bzw. naturwissenschaftlichen Betrachtungsweise einhergehen muss (vgl. ebd.: 358 ff.). Dennoch wird durch den Sprachgebrauch der Eindruck erzeugt, dass „inhaltliche Aussagen über die Realität" getroffen werden (ebd.: 354). Das trifft aber nicht zu, denn die Feststellungen sind „gehaltlos" (ebd.: 354). So gibt es „eine Fülle von Forschungsarbeiten, die die Bedeutung des jeweiligen Anspruchsniveaus, der sozialen Normen und ihrer Institutionalisierung und Internalisierung, der Bezugsgruppen und anderer Faktoren für das Handeln der Mitglieder der Gesellschaft aufzeigen. Es ist außerordentlich unwahrscheinlich, daß alle diese Ergebnisse ausgerechnet für das Verhalten von Personen im wirtschaftlichen Bereich der Gesellschaft ohne Bedeutung sind" (ebd.: 362 f.). Die methodologischen Defizite der Neoklassik lassen sich, so Alberts

Fazit, durch „eine Soziologisierung des ökonomischen Denkens" überwinden (ebd.: 360). In einem früheren Beitrag (1960) mit dem programmatischen Titel „Nationalökonomie als Soziologie" unterstreicht er zudem, dass erst durch eine solche sozialwissenschaftliche Integration das Problem der Macht, das ein „Fremdkörper" in der neoklassischen Konstruktion ist, nun die Chance hat, zum „dominierenden Gesichtspunkt der Nationalökonomie" aufzurücken (Albert 1967: 496 f.).

Die Ausführungen zeigen, dass die weit verbreitete Argumentation, der zu Folge ein quasi zwangsläufiger Zusammenhang zwischen Arbeitsproduktivität und Entgelt besteht, so nicht existiert. Das gilt auch für personenbezogene Dienstleistungen. Gleichwohl ist der Faktor Produktivität – vor allem mit Blick auf Branche und Volkswirtschaft – nicht bedeutungslos. Außerordentlich bedeutsam sind hingegen außerökonomische, also soziale Faktoren, die in der neoklassischen Wirtschaftstheorie systematisch ausgeblendet werden. Zudem spielt das von Macht und Einfluss geprägte Verhandlungsgeschehen zwischen den Tarifvertragsparteien eine wichtige Rolle. Von einem gewissermaßen mechanischen Vorgang kann keine Rede sein.

Als Fazit kann festgehalten werden, dass der angenommene Zusammenhang zwar so nicht existiert, aber gleichwohl außerordentlich bedeutsam ist, denn er erfüllt, meiner Auffassung nach, eine klassische ideologische Funktion. Das heißt, er verschleiert einen sozialen Sachverhalt, nämlich die überkommenen niedrigen Entgelte in den Frauenberufen. Diese soziale Tatsache wird in einen, mit Objektivitätsanspruch versehenen wissenschaftlichen, also ökonomischen Sachverhalt transformiert und so gegen außerwissenschaftliche Kritik immunisiert.

5.2 Frauenerwerbsarbeit und sozio-kultureller Wandel

Eigener Gelderwerb im Tausch für geleistete Erwerbsarbeit, die in der bürgerlich-kapitalistischen Wirtschaftsgesellschaft zur Sicherung des Lebensunterhalts für nahezu alle Gesellschaftsmitglieder zwingend wird, eröffnet Chancen zur Selbstständigkeit und Unabhängigkeit. Ausnahmen stellen Vermögende und solche verheirateten Frauen dar, die als Kompensation für geleistete Haus- und Familienarbeit mit dem vom Mann erwirtschafteten Einkommen unterhalten werden und davon abhängig sind. Diese

geschlechtsspezifische Arbeitsteilung blieb bis zur Ehe- und Familien-
rechtsreform 1976/77 auch rechtlich fixiert und mithin verbindlich (vgl.
Willenbacher 1988: 149). Eigenes Einkommen ist ein Tor zur Freiheit und
ebnet den Weg für eine individuelle Lebensführung. Darauf hatte Simmel früh aufmerksam gemacht (vgl. Kap. 2.3), worüber die vielfältigen
Probleme wie Höhe des Einkommens, Qualität der Arbeits- und Beschäftigungsbedingungen nicht vergessen werden sollten. Für Frauen war dieser Weg keineswegs selbstverständlich, sondern lange Zeit mit vielfachen
Hürden verstellt, zumindest aber ist er bis heute weit schwieriger als für
Männer einzuschlagen. Dabei sind die bereits erwähnten Arbeitsbewer-
tungen und Entgeltbestimmungen sowie die früheren Lohnabschläge für
weibliche Beschäftigte wichtige Hindernisse auf dem Weg zur Gleichbe-
rechtigung (vgl. Kap. 3).

Die patriarchalische Herrschaft wurde durch diverse Rechtsvorschriften, die die Geschlechterverhältnisse regelten und teilweise bis weit ins
20. Jahrhundert in Kraft waren, abgesichert. Sie erwiesen sich als macht-
volle Barrieren, die den verheirateten Frauen den Zugang zur Erwerbsarbeit und folglich zu eigenem Geld verbauen konnten. Ebenso wenig frei
war zunächst die Wahl von Bildung und Ausbildung. In der Öffentlichkeit spielten Frauen bestenfalls eine randständige Rolle, zumal ihnen das
aktive und passive Wahlrecht bis Anfang des vergangenen Jahrhunderts
verwehrt wurde. Die nicht nur gesellschaftlich, sondern auch rechtlich
festgeschriebene Ungleichheit der Geschlechter wird im Folgenden aufgezeigt. Die volle Integration in den Arbeitsmarkt war und ist ein langer
und steiniger Weg. All diese Restriktionen sind Ausdruck der Herrschaft
des Mannes über die Frau. „Die männliche Herrschaft" (Bourdieu 2005)
und Macht äußert sich – unter Absehung von bisweilen auch körperlicher
Gewalt in der Beziehung – nicht „auf der Ebene physischer Kraft, sondern
auf der Ebene von Sinn und Erkennen" (Bourdieu 1992: 82). Die Muster
der Wahrnehmung, des Denkens und Handelns werden davon geprägt
(vgl. Bourdieu 2005: 63). Dadurch nehmen sie symbolische Gestalt an, indem sie sich Anerkennung verschaffen. Bekanntlich funktionieren Herrschaft und Macht nicht einseitig, d. h. als Ausübung durch die Inhaber,
sondern nur, sofern die Unterworfenen die diesbezüglichen Gebote anerkennen und sich fügen. „Die sozialen Akteure und auch die Beherrschten selbst sind in der sozialen Welt (...) durch eine Beziehung hingenom-
mener Komplizenschaft verbunden, die bewirkt, daß bestimmte Aspekte

stets jenseits oder diesseits kritischer Infragestellung stehen" (Bourdieu 1992: 82). Durch symbolische Macht wird erst die gesellschaftliche Ordnung auf Dauer gestellt. In die gleiche Richtung wirkt das Recht. Grundsätzlich bestehen zwischen Recht bzw. Verrechtlichung und gesellschaftlichen Sachverhalten Wechselwirkungen, d. h. Verrechtlichung – hier als Rechtsfortschritt thematisiert – kann dem sozio-kulturellen Wandel nachfolgen, aber auch vorauseilen. Exemplarisch treffen wir – wie noch dargelegt wird – auf eine solche komplexe Dynamik.

Schon die Alltagserfahrung lehrt, dass der Besitz von Geld bzw. ein regelmäßiges Einkommen, in der Regel als Äquivalent für die Ausübung eines (erlernten) Berufs, ein Indikator für gesellschaftliche Macht und Prestige ist. Dadurch wird der gesellschaftliche Status bestimmt und mithin der Rang innerhalb der von sozialen Schichten geformten Sozialstruktur. Es finden also Wechselwirkungen statt. Mit anderen Worten: Die Platzierung in der gesellschaftlichen Hierarchie hängt wiederum vom Umfang der zur Verfügung stehenden Geldmittel ab, der üblicherweise ein Indiz für die Art der Berufstätigkeit ist. Mithin hat Geld über die reale zugleich eine symbolische Bedeutung. Beides spielt in alle Lebensbereiche hinein, also in die privaten Beziehungen wie Partnerschaft, Ehe und Familie gleichermaßen.

Der Bedeutungsgewinn von Geld bzw. von persönlichem Einkommen in der Moderne hat, wie oben schon bemerkt, sozialstrukturelle Ursachen. Die kapitalistische Industriegesellschaft konnte sich erst durchsetzen als die feudal-ständischen Bindungen aufgelöst und mithin die Menschen frei waren, um ihre Arbeitskraft auf Arbeitsmärkten anbieten zu können. Damit endete zugleich die Produktion im ganzen Haus, die so genannte Hauswirtschaft. Es erfolgte eine Trennung von Haushalt und Betrieb – „eine der tiefsten sozialhistorischen Einschnitte im neuzeitlichen Erwerbsleben" (Wehler 1995: 146). Die Fabrik wird zur Signatur der neuen Zeit. Sie ist bis heute neben der öffentlichen Verwaltung eine zentrale Arbeitsorganisation. Im Zuge dieser Trennung erlitt der Haushalt einen ökonomischen Bedeutungsverlust. Die Lebenswelt wurde aufgeteilt in eine private, eine berufliche und öffentliche Sphäre. Der tief greifende Wandel hatte Folgen für das Geschlechterverhältnis.

Die geschlechtsspezifische Arbeitsteilung, allem Anschein ein universelles Phänomen, weitete sich aus und vertiefte sich. Frauen sind für den privaten Lebensbereich, also für den Haushalt und die Versorgung

der Familienmitglieder zuständig, während Männer einer Erwerbstätigkeit außer Haus nachgehen und den Lebensunterhalt für sich und ihre
Angehörigen verdienen. Diese idealtypische Konstruktion stimmte zwar
mit der Realität von Beginn an so nicht überein, denn Frauen der Arbeiterklasse waren und mussten erwerbstätig sein und erledigten weiterhin
die Arbeiten im Hause (vgl. Kap. 2). Aber das Modell wurde zum Leitbild
des Bürgertums stilisiert, das die Gesellschaft teilweise bis heute prägt.
Gleichwohl waren Töchter aus bürgerlichem Haus durchaus ambitioniert,
in (Aus)Bildung zu investieren und eine Berufstätigkeit auszuüben. Es erfolgte eine Neubewertung von Arbeit: Arbeit wird auf Erwerbsarbeit reduziert. Hausarbeit, obwohl allgegenwärtig und sichtbar, wird im zeitge-
nössischen Diskurs und in Darstellungen ausgespart oder „ästhetisiert
zur schönen Handlung" (Schmid 1990: 262). Sie wird entwertet, denn Anforderungen und Belastungen bleiben unsichtbar; entgolten wird sie nicht
mit Geld, sondern dem Anspruch nach mit Liebe und Harmonie, was die
grundlegenden Abhängigkeiten der Frau vom Mann überdeckt. Die un-
entgoltenen Dienstleistungen werden vielfach als Liebesdienst überhöht.
Die romantische Liebe, in der bürgerlichen Gesellschaft zum Ideal erko-
ren, stellt die Beziehung der Partner in den Mittelpunkt, wobei von allen
sonstigen, vor allem ökonomischen Bezügen, abstrahiert wird. Ja, es wird
sogar ein Gegensatz zwischen Liebe und Geld konstruiert. Simmel, die
Ambivalenz einer vom Geld beherrschten Gesellschaft klar vor Augen,
beklagte, wie oben bereits erwähnt (vgl. 2.3), den damit einhergehenden
Verlust, d. h. „die qualitative Seite der Objekte" geht verloren, sofern alle
Tätigkeiten auf ihren Geldwert reduziert würden. Geld, so seine – aus heu-
tiger, nüchternerer Sicht – romantische Vorstellung, kann „niemals der
adäquate Mittler" in einem „auf Dauer und innere Wahrheit" angelegten
„wirkliche(n) Liebesverhältnis" sein (Simmel 1989: 513). Die Äußerungen
Simmels, wohl durchaus repräsentativ für die damalige Vorstellungswelt,
erschweren es bis heute, die so genannten Liebesdienste als Arbeit bzw.
als Dienstleistung zu verstehen und anzuerkennen.

Mit Blick auf den Faktor Geld als Vermögen und Einkommen wurde die patriarchalische Herrschaft, die „Unterordnung der Frau unter die
‚eheherrliche Vormundschaft'" durch folgende Rechtsvorschriften fixiert
(Gerhard 1990: 117). Gemäß dem Bürgerlichen Gesetzbuch (BGB) von 1900
hatte der Ehemann u. a. nach dem so genannten „‚Gehorsamsparagraph'"
das Entscheidungsrecht „‚in allen das gemeinschaftliche eheliche Leben

betreffenden Angelegenheiten'", ferner das „ausschließliche Verwaltungs-
und Nutzungsrecht (...) am Vermögen seiner Frau" und schließlich als Vater
„in allen Fragen der Erziehung (...) ein letztes Entscheidungsrecht" (ebd.:
118). Erst mit dem Gleichberechtigungsartikel (Artikel 3, Absatz 2) im GG
von 1949 wurde die rechtliche Grundlage für einen Aufbruch geschaffen.
Die DDR folgte mit einem entsprechenden Gesetz einige Monate später.
Davon erhofften sich die Frauenverbände in der Bundesrepublik, die dafür
gekämpft hatten, „vor allem eine Veränderung des Arbeitsrechts und des
Arbeitsmarktes" (Willenbacher 1988: 141). Es dauerte aber noch zehn Jahre, bis 1958 das Letztentscheidungsrecht des Mannes in der Ehe gestrichen
wurde. Bis zu diesem Zeitpunkt hatten Ehemänner das Recht, „nach ge-
richtlicher Genehmigung den Job ihrer Frau (zu, I. R.) kündigen, wenn sie
fanden, dass die Berufstätigkeit die ‚ehelichen Interessen' störte; sie durften das Geld ihrer Gattin allein verwalten und nutzen, sprich: auch ver-
plempern" (Demmer u. a. 2008: 45). Aber auch danach „durften Ehefrauen
zunächst nur arbeiten, ‚soweit dies mit ihren Pflichten in Ehe und Familie vereinbar' war. Das Leitbild (...) blieb die Hausfrauenehe" (ebd.: 45).

Die rechtliche Gleichstellung der verheirateten Frau erfolgte erst durch
die Reform von 1976/77. Die Hausfrauenehe wurde abgeschafft, da die Frau
das Recht auf Erwerbstätigkeit unabhängig von der Zustimmung des Mannes erhielt, aber ohne dass dieser ausdrücklich zu einer Teilnahme an Erziehung und Haushaltsführung verpflichtet wurde. Die geschlechtsspezifische Arbeitsteilung hat sich bis heute kaum verändert, sie behauptet sich
zäh, was die empirische Forschung wiederholt bestätigte. Die Entwicklung verläuft nicht ohne Widersprüche, denn beispielsweise wird mit dem
Ehegattensplitting im Steuerrecht die Hausfrauenehe durchaus gefördert.
Die genannte Reform schuf die rechtlichen Grundlagen für Verhandlungen zwischen den Eheleuten. Zwar treten sich die Partner nun als formal
Gleiche gegenüber, aber die faktische Verhandlungsposition von Mann
und Frau sind zumeist höchst ungleich. Beruflicher Status und Einkommen sind in der Regel beim Mann höher als bei der Frau. Hinzu kommt,
dass der berufliche Status des Mannes den gesellschaftlichen Status der
Frau, wenn auch weniger offen als früher, nach wie vor bestimmt, und
zwar auch dann, wenn sie selbst beruflich erfolgreich ist. In der Wahrnehmung und der Bewertung beider Geschlechter spiegelt sich dieser gesellschaftliche Sachverhalt so wider: „Selbst bei Paaren, die im gleichen
Umfang erwerbstätig sind oder gleich viel verdienen, wird der männli-

che Partner von beiden Seiten häufiger als ‚Hauptverdiener' oder ‚Famili-
enernährer' definiert, während der Verdienst von Frauen, wiederum auf
beiden Seiten, tendenziell als Zusatzeinkommen gilt" (Almendinger u. a.
2001: 210). Darin manifestieren sich bis heute Relikte symbolischer Herrschaft des Mannes über die Frau.

Ein weiterer Schritt in Richtung Integration in den Arbeitsmarkt bzw.
Individualisierung stellt die 2008 in Kraft getretene Reform des Unterhalts-
rechts bei Scheidung dar. Der „Grundsatz der Eigenverantwortung (ist,
I.R.) ausdrücklich im Gesetz verankert und seine Bedeutung stärker betont
worden. Grundsätzlich muss jeder Ehegatte nach der Scheidung für sich
selbst sorgen – außer in den vom Gesetz genannten Fällen" (www.interne-
tratgeber-recht.de). So erhält der geschiedene Gatte, in der Regel die Frau,
nach der Geburt eines gemeinsamen Kindes drei Jahre lang als Äquivalent
für die Betreuung Unterhalt. Eine Verlängerung ist zwar, etwa mit Blick
auf das Kindeswohl und ihre berufliche Situation möglich, aber, so stellte
der Bundesgerichtshof (BGH) in seinem diesbezüglichen Urteil von 2009
klar, müssen geschiedene Mütter erheblich früher erwerbstätig werden als
zuvor (vgl. ebd.). Damit eilt die Rechtsprechung der faktischen Erwerbsbeteiligung von Müttern voraus und fördert, ja sie erzwingt sogar einen
Wandel nicht nur im weiblichen Erwerbsverhalten, sondern in der Gesellschaft insgesamt, d. h. die Akzeptanz von Erwerbsarbeit junger Mütter.

Der gesellschaftliche und rechtliche Status der Frauenerwerbsarbeit,
insbesondere der verheirateten Frau, hat sich grundlegend verändert. An
diesem tief greifenden sozio-kulturellen Wandel haben soziale Bewegungen wie die ältere und die jüngere Frauenbewegung einen erheblichen Anteil. „Alle für Frauen (…) errungenen Rechtsfortschritte (…) sind (…) nur
‚Abschlagzahlungen' auf die Forderungen der radikalen Frauenbewegung
um 1900" (Gerhard 1990: 120). Die tradierten formal-rechtlichen Restriktionen wurden abgeschafft, so dass im Prinzip nun eine vollständige Integration in den Arbeitsmarkt möglich bzw. bei Scheidung zwingend ist. Gleiches gilt für junge Witwen mit bzw. ohne Kinder, deren Unterhalt kaum
gesichert sein dürfte. In der Realität existieren aber nach wie vor Hürden.
Dazu zählen die zunehmenden berufsbedingten Mobilitätserfordernisse,
die ein familiäres Zusammenleben erschweren und zu Kompromissen auf
Kosten der Erwerbstätigkeit von Partnerinnen führen können. Hemmend
wirkt sich in Westdeutschland das unzureichende Angebot an Einrichtungen der Kinderbetreuung und an Ganztagsschulen aus. Dieses Manko ver-

wehrt den Müttern eine kontinuierliche Erwerbstätigkeit. Bekanntlich sind dennoch bei Frauen familienbedingte berufliche Unterbrechungen in den letzten Jahrzehnten kürzer und insgesamt weniger geworden. Das klassische Drei-Phasen-Modell mit vielen Jahren der ausschließlichen Familienarbeit existiert so nicht mehr. Vielfach war es eher ein idealtypisches Konstrukt als soziale Realität. Zudem steigt die weibliche Erwerbsorientierung und -beteiligung zusammen mit der (Aus)Bildungsbereitschaft weiter an. Im Zuge dessen scheint sich ferner der Stellenwert des weiblichen Einkommens zu verändern. Der Anspruch von Frauen auf eine selbstständige Lebensgestaltung mit selbst erwirtschaftetem Geld ist heute akzeptiert, wiewohl zu niedrige Einkommen diesem Wunsch häufig entgegenstehen. Zwar wird der Gelderwerb von verheirateten Frauen vielfach noch als Zuverdienst wahrgenommen, aber faktisch scheint er diese randständige Position im Haushaltseinkommen mehr und mehr zu verlieren. Darauf deuten empirische Forschungsergebnisse hin. Ob die neueren Entwicklungen auch als ein Indiz für den Wandel von der Industrie- zur Dienstleistungsgesellschaft interpretiert werden können, ist eine spannende Frage. Zweifellos ist der veränderte Stellenwert des weiblichen Verdienstes Ausdruck einer wachsenden Flexibilisierung der Beschäftigungsverhältnisse mit ihren problematischen Folgen. Davon sind heute auch Männer vermehrt betroffen.

Aktuelle Studien, die eine Auswertung des sozio-ökonomischen Panels (SOEP) mit Interviews betroffener Frauen verbinden, gehen dem Bedeutungsverlust des männlichen Ernährermodells in West- und Ostdeutschland nach: Laut SOEP sind 20 Prozent der erwerbstätigen Frauen Familienernährerinnen. Es handelt sich um Verheiratete, Ledige oder Geschiedene, wozu auch die Gruppe der Alleinerziehenden gehört (vgl. Klammer, Neukirch, Weßler-Poßberg 2012: 381). Der Status kann durchaus von vorübergehender Natur sein. Die Einkommen sind höchst unterschiedlich. Frauen mit einer hochwertigen Ausbildung und einer guten beruflichen Position erzielen ein hohes Einkommen und sind als Familienernährerin, sofern vom Partner in dieser Rolle akzeptiert, in einer komfortablen Situation. Jedoch erzielt die Mehrzahl der Frauen, in typischen Frauenbranchen u. a. als Altenpflegerin, Krankenschwester, Erzieherin, teilweise in Teilzeit und unsicher tätig, ein durchschnittliches oder sogar niedriges Einkommen (vgl. ebd.: 82, 392). Deren Partner sind in den Arbeitsmarkt schlecht integriert (vgl. ebd.: 82). Allerdings kann von einem Rollenwechsel, d. h. die überwiegende Erledigung der Hausarbeit durch die Männer, keine Rede sein, was die Ergebnisse älterer Studien erneut bestätigt (vgl. Raehlmann 2004: 131 ff.). Die Geschlechterrollen sind sozio-kulturell tief verankert, so dass ein Wechsel bzw. eine egalitärere Veränderung nicht linear, sondern spannungsvoll und konfliktreich verläuft (vgl. Klammer, Neukirch, Weßler-Poßberg 2012: 395). Vor allem die Alleinerziehenden befinden sich „im unteren Bereich der Einkommensskala" (ebd.: 382). Nicht wenige sind auf zusätzliche staatliche Transferleistungen angewiesen (vgl. ebd.: 383). Bei der skizzierten Problemlage ergibt sich u. a. politischer Handlungsbedarf beim Entgelt: Die interviewten Familienernährerinnen wünschen eine bessere Entlohnung (vgl. ebd.: 385)!

5.3 Personenbezogene Dienstleistungen und sozialstaatliche Entwicklung

Die Ergebnisse der Frauenforschung über die Entwicklung des deutschen Sozialstaats in seinen vielfältigen Facetten belegen eindrucksvoll, dass dieser von Beginn an „auf Kosten der Frauen" konzipiert wurde, da seine Sozialleistungen ein versicherungspflichtiges Erwerbsarbeitsverhältnis voraus setzen (Gerhard, Schwarzer, Slupik (Hrsg.) 1988). Verheiratete, nicht erwerbstätige Frauen sind über ihre erwerbstätigen Ehemänner abgesichert. Im Prinzip gilt der Grundsatz je kontinuierlicher die Beschäftigung und je höher das Einkommen desto höher sind die Leistungen. Die Voraussetzungen für den Leistungsbezug gelten am ehesten für einen männlichen Erwerbstätigen, d. h. für eine männliche Normalbiographie. Die faktische Zuständigkeit von Frauen für die unentgeltliche Familienarbeit, ihre diskontinuierliche Beschäftigung, Teilzeitarbeit und diverse Formen der Entgeltdiskriminierung führen dazu, dass die monetären Leistungen des Sozialstaats, etwa Arbeitslosengeld und Rentenansprüche in der Regel deutlich niedriger ausfallen.

Außer der quantitativen weist die Konstruktion des deutschen Sozialstaats eine qualitative, eine partizipative Dimension auf, die sich im System der Arbeitsbeziehungen augenfällig manifestiert (vgl. Kap. 3.1, 3.2). Mit Blick auf das Thema zeigt sich die Benachteiligung der Frauen auch in dieser Dimension, die mit der ersten unmittelbar zusammenhängt. Mit anderen Worten: Geringe Entgelte sind im Wesentlichen eine Folge geringer Verhandlungsmacht, zumal ein erheblicher Teil der Beschäftigten in kirchlichen Einrichtungen, also in Tendenzbetrieben arbeitet und ihnen bestimmte Arbeitsrechte, ja Grundrechte verwehrt werden. Zudem ist die mangelnde gewerkschaftliche Organisationsbereitschaft der Dienstleisterinnen ein wichtiger sozialer Faktor. Ferner war und ist eine solidarische Lohnpolitik, wie sie die skandinavischen Länder, etwa Schweden, seit langem und Branchen übergreifend praktizieren (vgl. Jochmann-Döll 1990: 159 ff.), kein Vorbild für die deutschen Gewerkschaften. Es war „niemals (ihr, I. R.) Ziel, die Lohnunterschiede zwischen den klassischen Männer- und Frauenbranchen zu verringern" (Bosch, Weinkopf 2011: 442). Darüber hinaus hat die Benachteiligung noch eine weitere soziale Ursache. Es zeigte sich, dass der vielfach unterstellte direkte Zusammenhang zwischen Arbeitsproduktivität und Entgelt der Wirklichkeit nicht entspricht und auch mit Blick auf personenbezogene Dienstleistungen nicht die entscheidende Rolle spielt. Gleichwohl scheint in volkswirtschaftlicher Perspektive der Zusammenhang eher gegeben zu sein. Das könnte konkret heißen, dass sich die Einkommensentwicklung in allen Beschäftigungsfeldern am gesamtwirtschaftlichen Produktivitätswachstum orientieren sollte, um die Kaufkraft der Konsumenten zu sichern und die Entstehung eines Niedriglohnsektors zu unterbinden (vgl. Reuter, Zinn 2011: 466). Insofern erfüllt das Mantra, niedrige Arbeitsproduktivität impliziere niedrige Entgelte, eine – wie bereits dargestellt – ideologische Funktion (vgl. Kap. 5.1). Der geringe Lohn erscheint so legitim, also berechtigt und mithin gerecht. Dass es sich hierbei um eine Frauenbranche handelt wird ebenso ignoriert wie die soziale Tatsache der geringen Verhandlungsmacht und der bislang mangelnden gewerkschaftlichen Unterstützung allgemein – von einem diesbezüglichen zivilgesellschaftlichem Engagement trotz mittlerweile verbaler Aufgeschlossenheit vieler BürgerInnen erst gar nicht zu sprechen.

Die Arbeitsmarktreformen, als Agenda 2010 bekannt geworden, die die Bundesregierung SPD/Bündnis 90/Die Grünen (1998-2005) unter dem Kanzler Gerhard Schröder auf den Weg brachte, richtete den Blick u. a. auch auf die personenbezogenen Dienstleistungen. Bei der Überwindung der Massenarbeitslosigkeit von seinerzeit offiziell vier bis fünf Millionen Erwerbslosen spielt dieses Arbeitsmarktsegment eine wichtige Rolle. Der demographische Wandel, d. h. die Alterung der Gesellschaft, was ja mit einer geringen Kinderzahl einhergeht, schafft bei der Kinder- und Altenbetreuung ein erhebliches Beschäftigungspotential vor Ort. Solche, möglichst qualitativ hochwertigen Einrichtungen schaffen erst die Voraussetzung, um Frauen verstärkt in den Arbeitsmarkt zu integrieren. Ein großzügiger Beschäftigungsaufbau ist in der Industrie bzw. bei der industriellen Fertigung auf Grund weiterer Rationalisierungen und Auslagerungen ins kostengünstigere Ausland nicht mehr gegeben. In der größten Wirtschaftskrise seit Gründung der Bundesrepublik 2008/09 sind die personenbezogenen Dienstleistungen ein stabilisierendes Element des Arbeitsmarktes gewesen. Das wird auch so bleiben und noch wichtiger werden, denn die Nachfrage wächst kontinuierlich. Viele Dienste werden über Versicherungsleistungen bezahlt und mithin spielt das Einkommen der Nutzer keine bzw. eine untergeordnete Rolle (vgl. Fink 2010: 29; Reuter, Zinn 2011: 462). Die niedrige Geburtenrate bedeutet auch einen Fachkräftemangel, der aber bislang in erheblichem Umfang einer defizitären Investition von Seiten der Unternehmen in die Weiterbildung ihrer Beschäftigten geschuldet ist. Dennoch wird die Förderung, besonders die Frühförderung des Nachwuchses immer wichtiger. Zugleich wird durch weitere politische Maßnahmen, einschließlich betrieblicher, versucht, die Vereinbarkeit von familiären und beruflichen Arbeiten für junge Eltern zu erleichtern. Eine solche Vereinbarkeit schließt mittlerweile zumindest ansatzweise die alt gewordenen Eltern mit ein. Angesichts der geschlechtsspezifischen Arbeitsteilung – eines der ganz wenigen stabilen Elemente in dem rasanten und turbulenten gesellschaftlichen Wandel – richten sich diese Angebote in der Regel an die Frauen. Sie sollen mit ihren mittlerweile hochwertigen Ausbildungen für den Arbeitsmarkt aktiviert und gehalten werden. Familienorientierte Männer, die die Erwerbsarbeit unterbrechen und/oder zeitlich reduzieren wollen, sind nach wie vor noch mit Vorbehalten und Widerständen von Seiten ihrer Arbeitgeber und der Gesellschaft insgesamt konfrontiert (vgl. Raehlmann 2004: 131 ff.; Klenner, Kohaut, Höyng 2010: 240 ff.)

Die Agenda 2010 bildete zusammen mit den so genannten Hartz-Reformen erst den Abschluss einer Entwicklung, die die Vorgängerregierung unter dem Kanzler Helmut Kohl mit dem Bündnis für Arbeit, Ausbildung und Wettbewerbsfähigkeit (1996-2003) begonnen hatte (vgl. Raehlmann 2004: 170 ff.). Parallel zu dieser Initiative, ursprünglich von der IG Metall angeregt, installierten sich aus einigen Landesregierungen, Parteien und parteinahen Stiftungen diverse, bereits oben erwähnte Zukunftskommissionen, in denen sich namhafte WissenschaftlerInnen und PraktikerInnen zu gemeinsamer Forschungsarbeit zusammen fanden. Das allgemeine Ziel war, Wege aus der Massenerwerbslosigkeit aufzuzeigen (vgl. ebd.:

170 ff.). Dabei kann nicht erstaunen, dass bei der politischen Heterogenität der Kommissionen die vorgeschlagenen Maßnahmen höchst unterschiedlich ausfielen. Die politischen Arenen, Regierung, Bundestag und Bundesrat, würden in ihrer zumindest relativen Verhandlungsautonomie unterschätzt, würde den Vorschlägen der Zukunftskommissionen bzw. dem von Regierung, Arbeitgebern und Gewerkschaften gebildeten Bündnis für Arbeit ein direkter Einfluss auf die Agenda 2010 unterstellt werden. Indirekt ist gleichwohl von einer nicht zu unterschätzenden Wirkung auszugehen.

Die Erwartung der BürgerInnen, der Sozialstaat möge in ausreichendem Umfang qualitativ hochwertige personenbezogene Dienstleistungen bei einem zumindest durchschnittlichen, wenn nicht sogar höheren Entgelt anbieten, ist bislang nicht erfüllt. Die von der Regierung Schröder/Fischer durchgesetzten Arbeitsmarktreformen, die hier im Einzelnen nicht auszuführen sind (vgl. Hassel, Schiller 2010), haben höchst ambivalente Wirkungen entfaltet. Sie haben den Arbeitsmarkt flexibilisiert und das Erwerbspersonenpotential aktiviert, also die Erwerbslosigkeit reduziert. Gleichzeitig haben sie aber zu Beschäftigungsverhältnissen geführt, die eine unbefristete Erwerbstätigkeit in Vollzeit oder erwünschter Teilzeit bei einem akzeptablen (Haushalts)Einkommen, das die materielle Versorgung und sozio-kulturelle Teilhabe des/der Erwerbstätigen und seiner/ihrer Familie sichert, immer seltener werden lassen. Es wachsen geringfügige, befristete Beschäftigung und Leiharbeit, ferner temporäre (Werk) Aufträge als Selbständige(r) ohne soziale Absicherung. Das überkommene Normalarbeitsverhältnis, für Frauen schon immer die Ausnahme, ist nun auch für Männer kein selbstverständlicher Standard mehr. Insofern haben die Reformen zwar die Massenerwerbslosigkeit reduziert, aber gleichzeitig die Qualität der Arbeits- und Beschäftigungsbedingungen abgesenkt, was auch der Schwäche des Tarifvertragssystems geschuldet ist (vgl. Kap. 3.1, 3.2). Infolgedessen ist eine neue Klasse von working poor entstanden, die auf ergänzende Sozialleistungen angewiesen ist. Hierbei handelt es sich um eine wachsende Gruppe, was auf Mitnahmeeffekte, d. h. auf eine Subventionierung von Unternehmen schließen lässt. Es gilt die negative Utopie zu verhindern, die André Gorz in den neunziger Jahren schon als allgemeine Prekarisierung der Beschäftigung, sozusagen als neues Normalarbeitsverhältnis realisiert sah (vgl. Gorz 2000: 76 ff.). Damals schlug auch Pierre Bourdieu den gleichen Ton an, als er das Prekariat als „Teil einer neuartigen *Herrschaftsform*" analysierte, „die auf der Errichtung einer zum allgemeinen Dauerzustand gewordenen Unsicherheit fußt" (Bourdieu 1999: 120). Es ist „allgegenwärtig", im öffentlichen und privaten Sektor, in den Kultur- und Bildungseinrichtungen, im Journalismus und in den Medien (ebd.: 116). Es hat enorme Auswirkungen auf die Betroffenen und ebenso auf die Noch-Nicht-Betroffenen: „Indem sie die Zukunft (...) im Ungewissen läßt, verwehrt sie (...) gleichzeitig jede rationale Vorwegnahme der Zukunft" (ebd.: 116). Das Prekariat unterbindet nicht nur die Planung von Zeit, sondern auch die von Raum und mithin die der eigenen Biographie. Es nähert sich dem tendenziell entstrukturierten Alltag der Erwerbslosen an (vgl. Jahoda 1983).

Dass der deutsche Arbeitsmarkt sich seit der Wiedervereinigung so tief greifend verändert hat, zeigen die aktuellen Zahlen eindrucksvoll: „So stieg die Erwerbsquote von Frauen in nur fünf Jahren von 64,5 Prozent im Jahr 2003 auf fast 70 Prozent im Jahr 2008" (Hassel, Schiller 2010: 46). Deutschland nähert sich den skandinavischen Staaten an, die mit knapp unter 80 Prozent die Pioniere der Frauenerwerbstätigkeit sind (vgl. ebd.: 46). In Teilzeit – freiwillig und unfreiwillig, mit und ohne soziale Absicherung – waren 2010 Frauen in Deutschland im Umfang von 45,5 Prozent beschäftigt (vgl. Böcklerimpuls 2012: 8). Laut einer Untersuchung des Instituts für Arbeitsmarkt- und Berufsforschung (IAB) hat sich in den letzten 15 Jahren die Teilzeitbeschäftigung von 4,35 auf 8,7 Millionen nahezu verdoppelt. Davon wäre etwa ein Fünftel gerne in Vollzeit tätig (vgl. Öchsner 2011: 19). Außerdem hat sich unter Vernachlässigung der Nebenjobs seit 1999 „die Zahl der Minijobs um mehr als 1,1 Millionen auf 4,8 Millionen erhöht" (ebd.: 19). Befristet ist fast jede zweite Neueinstellung, während vor zehn Jahren „es weniger als jede dritte" war (ebd.: 19). Schließlich hat sich die Leiharbeit seit 1994 verfünffacht. Gab es 2004 noch etwa 140 000 LeiharbeiterInnen, so waren es 2011 nahezu eine Million (vgl. ebd.: 19). Während vor 15 Jahren noch zwei Drittel der Stellen klassische Normalarbeitsverhältnisse waren, sind es derzeit nur noch 60 Prozent, was auch auf die rasante Zunahme der weiblichen Teilzeitbeschäftigung zurück zu führen ist. Nur die Hälfte der erwerbstätigen Frauen ist in einem solchen Vollzeitverhältnis beschäftigt, bei den Männern sind es zwei Drittel. Mithin ist diese Beschäftigungsform „zwar kein Auslaufmodell", aber seine „Dominanz" schwindet (ebd.: 19). Die Hoffnungen der Arbeitsmarktreformer, durch die skizzierten Maßnahmen mehr Erwerbslose in Beschäftigung zu bringen, haben sich durchaus erfüllt. Hingegen sind die hohen

Erwartungen enttäuscht worden, über eine solche Brücke ein klassisches Normalarbeitsverhältnis zu erreichen. Insgesamt ist die Zahl der gelungenen Übergänge in den letzten Jahren geringer geworden (vgl. Bosch, Weinkopf 2011: 443). In Ergänzung zu diesem allgemeinen Trend ist noch ein Blick auf den Dienstleistungssektor zu werfen. Er spielt bei der Polarisierung der Einkommen eine erhebliche Rolle, so durch die Dominanz von Teilzeitstellen, die in der Regel von Frauen besetzt und schlecht bezahlt werden (vgl. Rudzio 2011a: 35). Die Dienstleistungsbranchen dienen seit den neunziger Jahren „als Experimentierfeld für die Einführung geringer Löhne und die Ausweitung neuer, oft prekärer Beschäftigungsformen" (Bosch, Weinkopf 2011: 439). Vor allem hier haben die Arbeitsmarktreformen der Regierung Schröder/Fischer zu einem „enorme(n) Druck auf das Lohnniveau" geführt (Reuter, Zinn 2011: 467). Bei Vernachlässigung gewisser Definitionsunterschiede sind 2009 – laut Statistischem Bundesamt – im tertiären Sektor 25 Prozent der ArbeitnehmerInnen prekär beschäftigt gewesen, wobei der Anteil hier deutlich höher ist als in der Industrie (vgl. ebd.: 440). In den letzten Jahren ist das Wachstum dieser Beschäftigungsform im Dienstleistungsbereich am größten gewesen. Sie erreiche bei öffentlichen und personenbezogenen Tätigkeiten „gut 30 %" (ebd.: 441). Diese Gruppe bildet auch ein wichtiges Segment im Niedriglohnbereich. Das kann als Indiz für die Position der Mitglieder einiger Zukunftskommissionen bzw. des Bündnisses für Arbeit gelten, dass der Ausbau (personenbezogener) Dienstleistungen mit dem eines Niedriglohnsektors einhergehen müsse (vgl. Kap. 5.1). Insofern kann nicht verwundern, dass 2010 ein branchenbezogener Mindestlohn (8,50 Euro West, 7,50 Euro Ost; seit 2012 eine Anhebung um jeweils 0,25 Euro) bei der Pflege vereinbart wurde, der jedoch vielfach nicht eingehalten wurde bzw. wird (vgl. Öchsner 2010: 17; Bohsem 2012: 21). Die Regelung soll 2014 auslaufen.

In Deutschland hat „die Größe des Niedriglohnsektors (…) mittlerweile auch im internationalen Maßstab besorgniserregende Züge angenommen" (Hassel, Schiller 2010: 54). Längst erhalten auch „formal Qualifizierte" – dazu zählen ebenfalls solche mit einer akademischen Ausbildung – Mindestlöhne, inzwischen sind es vier von fünf Erwerbstätigen, so dass der „Kern des Beschäftigungssystems" davon betroffen ist (ebd.: 40). Es handelt sich um mehr Frauen als Männer.

Vor dem Hintergrund einer solchen Entwicklung gibt es für die Arbeitsmarktreformen der Agenda 2010 erheblichen Veränderungsbedarf. Es gilt die Spaltung des Arbeitsmarktes in Rand- und Stammbelegschaft wie diejenige der Gesellschaft in Arme und Reiche zu überwinden. Geboten ist „nun eine Agenda 2020 für mehr sozialen Ausgleich" (Böll, Dettmer, Schröder u. a. 2012: 79). Mit andern Worten: „Statt weiter allein auf Aktivierung und Beschäftigungsaufbau um jeden Preis (…) zu setzen, müsste (…) die qualitative Verbesserung der Beschäftigungsverhältnisse in den Vordergrund rücken" (Hassel, Schiller 2010: 306). Die Renaissance einer Politik für eine menschengerechtere Arbeitsgestaltung wird schon seit der Jahrtausendwende von den Gewerkschaften unter dem Schlagwort „gute Arbeit" gefordert (vgl. Peters, Schmitthenner (Hrsg.): 2003).

Politische Initiativen zur Überwindung gesellschaftlicher Spaltung müssen in verschiedenen Bereichen gleichzeitig ansetzen, etwa beim Arbeitsmarkt sowie beim Steuer- und Sozialsystem. Um die Entwicklung zu stoppen und umzukehren, ist ein gesetzlicher Mindestlohn geboten. Deutschland ist das einzige EU-Land, das weder darüber noch über flächendeckende Tarifverträge verfügt (vgl. Hassel, Schiller 2010: 308). Es liegt „mittlerweile beim Anteil der working poor (derjenigen Vollzeitarbeitnehmer, die weniger als Zweidrittel des Durchschnittlohns verdienen) innerhalb der EU an der Spitze" (ebd.: 308). „Zu einem großen Teil" ist diese Tendenz auf die wachsende Lohnkonkurrenz, auf die Inanspruchnahme ergänzender Sozialleistungen durch so genannten Aufstocker und die damit einhergehenden Mitnahmeeffekte durch Arbeitgeber zurückzuführen (ebd.: 308). Die Einführung eines allgemeinen, also bundesweiten gesetzlichen Mindestlohns von 8,50 Euro würde folgende Wirkung zeitigen: Es „würden rund 25 Prozent aller weiblichen Beschäftigten auf einen Schlag mehr Geld bekommen. Bei den Männern wären es immerhin noch knapp 15 Prozent" (Böll, Dettmer, Schröder u. a. 2012: 79). Dabei sollte der gesetzliche Mindestlohn mit Tarifverträgen kombiniert werden, die vom Bundesminister für Arbeit und Soziales für allgemeinverbindlich erklärt würden (vgl. Bosch, Weinkopf 2011: 444). Es ist daran zu erinnern, dass einige Tarifverträge aus dem Dienstleistungsbereich noch unterhalb des in Rede stehenden Mindestlohns liegen (vgl. Kap. 3.1, 3.2). Ein weiterer Vorschlag sieht vor, mit der Einführung eines Mindestlohns die „hohe(n) Abgabenlast für niedrig entlohnte Beschäftigung" zu reduzieren (Hassel, Schiller 2010: 309). Konkret könnte diese Empfehlung bedeuten: „Anstatt Jobs in geringfügige Bestandteile aufzuteilen und damit die Kosten zu drücken, sollte Vollzeiterwerbstätigkeit durch Freibeträge und eine progressive Abgabenstruktur gefördert werden" (ebd.: 309).

Die Steuerlast für GutverdienerInnen, die in den letzten Jahren abgesenkt wurde, hat ein Niveau erreicht, das der Erfüllung öffentlicher Aufgaben abträglich ist. Das spiegelt sich auch in der Entwicklung der Beschäftigung wider: „Der Anteil der öffentlich Beschäftigten an der Gesamtbeschäftigung sank nach International Labour Organization (ILO)-Angaben (...) zwischen 1999 und 2009 von ohnehin niedrigem Ausgangsniveau in Höhe von 17,3 % auf nur noch 14,3 %. Damit gehört Deutschland zu den westlichen Ländern mit dem kleinsten öffentlichen Sektor" (Reuter, Zinn 2011: 466). Die Idee der Verschlankung, die spätestens seit den neunziger Jahren zunächst im industriellen Sektor – unter dem Schlagwort lean production – umgesetzt wurde, entwickelte sich für viele gesellschaftlichen Bereiche zum Vorbild. Es ließ den öffentlichen Sektor nicht unberührt. Die Vision förderte eine Strategie, der zu Folge „privatwirtschaftliche Logik" auf Gebiete übertragen wurde, „in denen bislang die Logik der Bereitstellung öffentlicher Güter galt" (Lehndorff, Voss-Dahm 2006: 133). Der Marktmechanismus erfuhr so eine Neubewertung im Sinne einer Aufwertung, wohingegen der Staat zurückgedrängt und die Staatsquote und im Zuge dessen auch die Beschäftigung gesenkt wurde (vgl. Naschold, Bogumil 2000: 32 ff.). Mit diesen Kostensenkungsstrategien verschlechterten sich die Arbeitsbedingungen generell, d. h. die Entgelte sanken (vgl. ebd.: 58). Das Leitbild vom „schlanken Staat" erweist sich – so die Kritik – als nicht zukunftsfähig und eine Umkehr ist geboten. Es besteht weitgehend Konsens darüber, dass die Staatstätigkeit für den Ausbau von Dienstleistungen ausgeweitet werden muss. Dadurch ist in den skandinavischen Ländern qualitativ hochwertige und gut bezahlte Beschäftigung in diesem Bereich geschaffen worden. In den bereits zuvor genannten Tätigkeitsfeldern Gesundheit, Pflege, Erziehung und (Weiter)Bildung besteht wegen der alternden Bevölkerung und – so ist zu ergänzen – wegen des sozio-kulturellen Wandels der Geschlechterverhältnisse ein wachsender Bedarf (vgl. Reuter, Zinn 2011: 466). Es mehren sich kritische Stimmen aus Wissenschaft, Politik und Öffentlichkeit sowie vom „IWF und (der, I. R.) OECD, bei Gutsituierten müsse der Staat wieder stärker zugreifen, etwa durch höhere Steuern auf Immobilien oder Erbschaften" (Böll, Dettmer, Schröder u. a. 2012: 79). Ferner wird die Wiedereinführung der Vermögenssteuer und die Erhöhung der Einkommenssteuer diskutiert. Eine OECD-Studie ermuntert den Staat dazu: „„Die höheren Einkommen von Spitzenverdienern lassen darauf schließen, dass diese Gruppe nun größere Kapazitäten hat, Steuern zu zahlen'" (Öchsner 2012 a: 20)

Die Debatte über die Zukunft des Sozialstaats in der Dienstleistungsgesellschaft wird von zwei idealtypischen Modellen geprägt, nämlich von den Entwicklungsvarianten einer high road oder einer low road (vgl. Bosch, Lehndorff 2005). Mit anderen Worten: Das Ziel ist entweder ein gut ausgebauter oder nur ein rudimentärer Sozialstaat. Falls Veränderungen politisch nicht auf den Weg gebracht werden, besteht auf Grund der skizzierten Tendenzen die Gefahr, dass Deutschland auf Dauer in die Sackgasse low road mündet. Ob die Wende in eine high road zugleich die Entgeltdiskriminierung und sonstige Benachteiligungen von Frauen beendet, muss offen bleiben. Positive Veränderungen in Richtung mehr Geschlechtergleichheit wären jedoch gut möglich. Mit der high-road-Perspektive würde eine Annäherung an den Wohlfahrtsstaat skandinavischer Prägung einhergehen. Diese Staaten haben durch den Ausbau öffentlich organisierter Kinder- und Altenbetreuung die Frauenerwerbstätigkeit generell gefördert. Gleichzeitig sind die öffentlichen Dienstleistungseinrichtungen ein wichtiger Teil des frauenspezifischen Arbeitsmarktes. Die Aktivitäten haben zwar die Frauen unabhängig vom Einkommen ihrer Ehemänner gemacht, es aber nicht vermocht – so eine kritische Stimme –, die horizontale und vertikale Arbeitsmarktsegregation nach Geschlecht zu beseitigen (vgl. Dackweiler 2004: 453). Die international vergleichende Sozialstaatsforschung förderte unterschiedliche Wohlfahrtsregime zutage, die Gösta Esping-Andersen (1990) gemäß dem spezifischen Zusammenspiel von Staat, Markt und Familie wie folgt einteilte: die liberale, die konservativ-korporatistische und die sozialdemokratische Version. Die idealtypische Differenzierung ist jedoch unsensibel gegenüber den überkommenen Geschlechterverhältnissen mit ihren frauenspezifischen Benachteiligungen. Sie bedarf daher der theoretischen Weiterentwicklung, um einen „geschlechtergerechten Umbau(s) der Wohlfahrtsstaaten" analytisch anzuleiten (Dackweiler 2004: 452; vgl. Pfau-Effinger 1998: 177 ff.). Während die skandinavischen Länder das sozialdemokratische Modell favorisieren, ist Deutschland dem konservativ-korporatistischen Typ gefolgt. Hier „beruhen die sozialen Rechte (...) auf Klasse und Status. Das hat zur Folge, daß die bestehenden sozialen Hierarchien durch den Staat aufrechterhalten werden. Die traditionelle Familie spielt hier eine wichtige Rolle in der Produktion sozialer Dienstleistungen, weshalb die Erwerbstätigkeit von Frauen nicht gefördert wird" (Pfau-Effinger 1998: 181). Wie sehr sich jedoch das traditionelle Modell im Umbruch befindet, haben die bisherigen Ausführungen vielfach verdeutlicht. Politische Initiativen in den Feldern Arbeitsmarkt, (Aus)Bildung, Familie und Soziales haben den Umbruch – nicht frei von Widersprüchen – aktiv begleitet und gefördert. Es gilt, „zukünftig den Blick dafür zu schärfen, dass es vermehrt auch männliche Verlierer (...) gibt, während gut ausgebildete Frauen durchaus zu monetären Gewinnerinnen werden" (Dackweiler 2004: 456). In diesen gesellschaftlichen Transformationsprozessen vervielfältigen sich die Lebensformen. Die sozialstaatlichen Leistungen werden sich zukünftig daher stärker am Individuum orientieren. Eine traditionelle Lebensgestaltung mit einer sozialen Absicherung durch den/die PartnerIn wird aber – wenn auch abnehmend – in einem liberalen Gesellschaftsmodell weiterhin dazu gehören. Ob sie fortan staatlicherseits offensiv gefördert werden soll, ist allerdings strittiger denn je.

5.4 Zusammenfassung

- Der in Theorie und Politik vielfach unterstellte Zusammenhang von Arbeitsproduktivität und Entgelt ist nicht gegeben, zumal die Annahme häufig auf einer einzelwirtschaftlichen oder branchenorientierten Betrachtung basiert. Gleichwohl ist aus volkswirtschaftlicher Sicht ein solcher Zusammenhang evident. Die aus soziologischer Perspektive geäußerte empirisch und methodologisch fundierte Kritik verweist aber auf eine Vielzahl sozialer Faktoren, die für die Bestimmung der Entgelthöhe ausschlaggebend sind.

- Das behauptete Zusammenspiel von Arbeitsproduktivität und Entgelt kann in der gesellschaftlichen Auseinandersetzung eine klassische ideologische Funktion erfüllen. So werden niedrige Entgelte legitimiert und mithin als berechtigt und gerecht präsentiert: Ein Beispiel dafür sind die mehrheitlich von Frauen getätigten personenbezogenen Dienstleistungen.

- Der Stellenwert weiblicher Erwerbstätigkeit hat sich im Kontext des sozio-kulturellen Wandels grundlegend verändert, wozu auch Fortschritte in der Gesetzgebung wesentlich beigetragen haben. Gleichwohl hat sich die geschlechtsspezifische Arbeitsteilung so gut wie nicht verändert. Frauen unterbrechen ihre Erwerbsarbeit familienbedingt seltener und kürzer. Traditionell gilt das Einkommen der verheirateten Frau als Zuverdienst – bisweilen auch dann, wenn es höher als das des Mannes ist. Es zeichnet sich eine Entwicklung ab, der zu Folge zunehmend verheiratete bzw. in Partnerschaft lebende Frauen zur Familienernährerin aufrücken – auch bei höchst niedrigem Einkommen.

- Sozialstaatliche Regime, deren Heterogenität dem nationalen und kulturellen Eigensinn geschuldet ist, zeichnen sich durch ein unterschiedliches Zusammenspiel von Staat, Markt und Familie aus. Es lassen sich dabei zwei Entwicklungspfade identifizieren, die idealtypisch als high road und low road beschrieben werden. Dabei ist ein charakteristisches Unterscheidungsmerkmal die Höhe der Einkommen und deren Spreizung.

- In der Bundesrepublik haben in den letzten 20 Jahren Privatisierungen öffentlicher (Dienst)Leistungen und einschlägige Arbeitsmarktreformen die Erwerbslosigkeit deutlich verringert, aber zugleich die Qualität der Beschäftigung augenfällig abgesenkt. Soll eine weitere Entwicklung in eine low road vermieden werden, so sind die Standards von Erwerbsarbeit wieder anzuheben. Zugleich ist der öffentliche Sektor mit Blick auf die Beschäftigung zu fördern, vor allem mit dem Ziel, ein ausreichendes Angebot qualitativ hochwertiger Dienstleistungen bereit zu stellen.

6. Fazit

Der wirtschaftliche und sozio-kulturelle Wandel beschert dem Thema „Entgelt und personenbezogene Dienstleistungen" eine herausragende Relevanz. Die über den Tag hinaus gehende Aktualität signalisiert, dass die gesellschaftliche Umsetzung einer qualifikations- bzw. lernorientierten Entgeltermittlung, die im Ergebnis auch zu einem höheren Verdienst führen kann /soll, vermutlich ein langwieriger und konfliktreicher Prozess ist. Auf der politischen Agenda steht ein wichtiger Bereich der Arbeitsgesellschaft. Personenbezogene Dienstleistungen als Arbeit mit und am Menschen sind ein Arbeitsmarktsegment, in dem vornehmlich Frauen erwerbstätig sind. Das muss auf Dauer so nicht bleiben. Bereits jetzt zeichnen sich Veränderungen ab, d. h. die Branche gewinnt für Männer an Attraktivität, was auch mit dem sozio-ökonomischen Strukturwandel zusammen hängt. Die empirische Forschung zeigt, dass in derart sich verändernden Berufsfeldern in der Regel die Entgelte steigen. Soweit ist es aber noch längst nicht. Mittlerweile hat sich jedoch der Stellenwert des Einkommens von Frauen deutlich verändert, nämlich vom Zuverdienst zum Hauptverdienst. Frauen rücken vermehrt in die Position der Familienernährerin auf.

In erster Annäherung lässt sich die derzeitige Situation grob so beschreiben: Momentan herrscht vielfach noch eine Auffassung vor – zwar nicht ohne Widerspruch –, der zu Folge bei diesen Dienstleistungen die niedrigen Entgelte auf Grund der niedrigen Produktivität und der einfachen Tätigkeit bzw. der geringen Anforderungen berechtigt und möglicherweise sogar gerecht sind. Die analytische Arbeitsbewertung trägt mit zu dieser Auffassung bei. Sofern spezifische psycho-soziale Belastungen angemessen berücksichtigt werden, dürfte sich eine Erhöhung der Entgelte ergeben. Staatliche Vorgaben, etwa die jüngsten Arbeitsmarktreformen mit ihrer Flexibilisierung der Beschäftigungsverhältnisse, haben einen erheblichen Anteil an der Absenkung der Entgelte und der wachsenden Polarisierung der Einkommen.

Das vorgenannte gängige Erklärungsmuster erweist sich bei genaue-
rer Analyse als ideologisch. Unter Ideologie ist zu verstehen, dass sich darin unterschiedliche Typen von Aussagen verschränken, d. h. zutreffende
Einsichten und Erkenntnisse verbinden sich mit Täuschungen, Vorurteilen
und Stereotypen. Es handelt sich um schwer zu entwirrende und aufzulö-
sende Wirkungszusammenhänge, die zu einer verzerrten Wahrnehmung
der sozialen Realität führen. Gegenüber neuen Erfahrungen ist eine solche Sicht resistent. Die gesellschaftliche Funktion von Ideologien besteht
darin, gegebene Tatbestände, Machtverhältnisse und die damit einhergehenden Interessen zu verschleiern, sie mithin der Kritik zu entziehen und
den Status quo zu zementieren.

Die vorliegende Analyse leuchtet das Thema breit und tief aus. So habe
ich aus historischer, aktueller politischer und theoretischer Perspektive
zahlreiche Argumente zusammengeführt, die im Ergebnis ein komplexe-
res und kompletteres Erklärungsmuster für die bislang niedrigen Entgelte
darstellen. Damit verbindet sich die Erwartung eines Erkenntnisfortschrit-
tes für die theoretischen wie praktischen Debatten. Auch der Wandel zu
einem qualifikationsorientierten Entgelt, das – trotz vermutlich vieler Um-
setzungsprobleme – als zukunftstauglich, da entwicklungsförderlich für
die Arbeitskräfte, die Arbeitsorganisationen und die Gesellschaft insgesamt aufgezeigt wurde, bedeutet mitnichten automatisch ein höheres Entgelt. Die Realisierung einer solchen Zielvorstellung setzt eine Debatte in der
Zivilgesellschaft, den Tarifvertragsparteien und einschlägigen Verbänden
sowie Parteien über die soziale Wertigkeit personenbezogener Dienstleistungen und deren Anerkennung im Entgelt voraus. Damit steht zugleich
die überkommene gesellschaftliche Ordnung – bzw. zumindest Teile derselben – als ein hierarchisch geordnetes System von sozialen Schichten mit
einem unterschiedlichen beruflichen und mithin gesellschaftlichen Status
sowie Sozialprestige seiner Mitglieder auf dem Prüfstand. Das – zumindest vorläufige – Ende der Kontroverse würde ein zwischen den Beteiligten ausgehandelter Kompromiss signalisieren.

Nachfolgend richtet sich der Blick auf diejenigen Sachverhalte, die in
ihrem Zusammenspiel die niedrigen Entgelte erklären können. Meines Erachtens handelt es sich um eine Kumulation von Faktoren, die zudem komplexe Wechselwirkungen bilden, und nicht bloß um einen Faktor oder um
einzelne Faktoren, die die Entgeltproblematik aufzuklären vermögen. Dafür
ist zweifellos die Tatsache der Frauenerwerbsarbeit zentral, aber sie wird,

soweit ich sehe, erst mit weiteren, in Wirkungszusammenhängen verbundenen Faktoren von durchschlagender Bedeutung. Bei den im Folgenden zusammenfassend diskutierten Sachverhalten wird dem bisherigen Gang der Argumentation weitgehend entsprochen. Eine Hierarchisierung der Argumente verbietet sich angesichts der vielschichtigen Wirkungsgefüge. Der Blick in die sozialwissenschaftliche, d. h. ökonomische wie soziologische Theoriegeschichte und deren Protagonisten mag verwundern. Aktuelle Auseinandersetzungen spielen sich jedoch auch in einem historisch geprägten Kontext ab. Diese Tatsache ist den Handelnden nicht immer bewusst. Über das in historischer Perspektive analysierte Verständnis von Produktivität und (Dienstleistungs)Arbeit besteht kein Konsens. Die Differenzen prägen bis heute die einschlägigen Debatten. Eine direkte Verbindung ist zwar selten nachweisbar, aber sehr wohl indirekt. Es lassen sich vielfache – gebrochene, verkürzte und ausgeweitete – Traditionslinien offen legen. Um die Entwicklung zu veranschaulichen, ist an das Bild des Mäanders zu erinnern. Der theoriegeschichtliche Einfluss zeigt sich im Handeln der Akteure aus der Politik, den industriellen Beziehungen und aus der Wissenschaft. Die WissenschaftlerInnen sind über ihre Analysen hinaus mit beratender Expertise beteiligt.

Die Klassiker des 18. und 19. Jahrhunderts verorten Dienstleistungen in einem Spannungsfeld von produktiver und unproduktiver Arbeit (Smith, Marx, Say). Die Klassiker des 20. Jahrhunderts argumentieren in diesem Kontext mit veränderten Akzenten (Marcuse, Tönnies, Weber). Im Zuge der theoretischen Weiterentwicklung verschwindet Dienstleistung als Arbeit, wie Marcuse kritisiert, aus dem Blickfeld mit der Folge, dass Arbeit auf die materielle Güterproduktion und die abhängige Tätigkeit reduziert wird. Diese Verengung durchbricht er und weitet den Blick wieder auf den Arbeitscharakter von Dienstleistungen. Auch Tönnies favorisiert ein eingeschränktes Verständnis von Arbeit und blendet die Leistungen des Unternehmers bzw. des Managements aus. Hingegen besteht Weber darauf, dass es sich bei diesen Tätigkeiten sehr wohl um Arbeit handelt. Überdies ist Arbeit mehr als ein Produktionsfaktor, wie die ökonomische Theorie unterstellt. Sie prägt Mensch und Gesellschaft in ihrem historischen Gewordensein und selbstverständlich auch im Fortgang der Entwicklung. Bei Angehörigen einer jüngeren Generation von Sozialwissenschaftlern ist dieses widersprüchliche Traditionsgefüge, das sich in der Begriffsbestimmung manifestiert, noch sichtbar (Berger, Heinze, Offe). Erinnert sei an ihr Verständnis von Dienstleistung als „Meta-Arbeit", als „reflexive Arbeit" und ferner daran, dass von Arbeit u. a. nur gesprochen werden kann, sofern eine „gewisse(n) Übereinstimmung (...) mit dem Stand der technischen Produktivität" gegeben ist. Zustimmung findet hingegen ihr Einwand, dass heutzutage die Gefahr einer inflationären Verwendung des Arbeitsbegriffs besteht. So finden sich in wissenschaftlichen Texten Begriffe wie „Trauerarbeit", „Erlebnisarbeit" und „Vergnügungsarbeit" (vgl. Raehlmann 2004: 30 f.).

Diese begriffsgeschichtlichen Turbulenzen beeinflussen, so meine These, die Höhe des Entgelts, und zwar eher im negativen denn im positiven Sinn. Offensichtlich in die gleiche Richtung wirkt ein weiterer Sachverhalt: Es geht um eine aktuelle Erweiterung des Arbeitsbegriffs. Die jüngere Frauenbewegung und -forschung seit den siebziger Jahren hat die überkommene Verkürzung kritisiert: Arbeit wird mit Erwerbsarbeit identifiziert und somit die Haus- und Beziehungsarbeit als Sorge für Kinder, Alte und Kranke ignoriert. Ausschlaggebend dafür, dass die Sorge für Angehörige zumindest teilweise in Erwerbsarbeit transformiert wurde, war und ist die wachsende Frauenerwerbstätigkeit. Der Ursprung dieser Arbeiten im privaten Haushalt erklärt u. a., warum sie bis heute kaum anerkannt und wertgeschätzt werden, warum Ignoranz und Vorurteile die Sicht auf personenbezogene Dienstleistungen verzerren, etwa mit der Etikettierung als Jede-Frau-Tätigkeit.

Dass die Höhe der Entgelte eine Frage von Macht und Einfluss ist, ist unbestritten. Dabei spielt das Tarifvertragssystem die zentrale Rolle. Es bedarf starker Gewerkschaften und starker Arbeitgeberverbände, um Verhandlungsmacht demonstrieren und entfalten zu können. Eine solidarische Lohnpolitik der Gewerkschaften, die beispielsweise in Schweden positiv auf die Entgelte in den Frauenbranchen wirkte und die Verdienstabstände zwischen den Geschlechtern deutlich verringerte, hat in Deutschland keine Tradition. Tradition hat hierzulande vielmehr eine über ein Jahrhundert und länger existierende allgemeine Entgeltdiskriminierung weiblicher Beschäftigter. Diese Tradition wirkt bis heute nach, wobei die direkte durch eine indirekte Benachteiligung abgelöst wurde. Die zuständige Gewerkschaft ver.di, die trotz allgemein schrumpfender Mitgliederzahlen nach wie vor eine starke Organisation ist und den zweiten Platz hinter der IG Metall einnimmt, sieht sich mit folgenreichen Barrieren konfrontiert, die ihre Verhandlungsmacht zweifellos schwächen. Flächendeckende Tarifver-

träge und Betriebsräte können in den, nach dem Modell „schlanker Staat"
privatisierten Einrichtungen kaum erwartet werden. Darüber hinaus gibt
es eine Vielzahl kleiner und kleinster Dienstleistungsunternehmen, in denen institutionalisierte Arbeitsbeziehungen vermutlich nicht existieren.
Mit Blick auf die gewerkschaftliche Verhandlungsmacht erweisen sich
die Verbände der Kirchen, Caritas und Diakonie, als eine weitere Barriere. Als zweitgrößter Arbeitgeber in der Bundesrepublik – auch im Bereich
personenbezogener Dienstleistungen – genießen die kirchlichen Arbeitgeber die Vorteile des Tendenzschutzes, wonach in ihren Einrichtungen
das BetrVG nicht gilt, d. h. es gibt nach dem neuesten BAG-Urteil ein sehr
eingeschränktes Streikrecht, zudem keinen Betriebsrat und keine Tarifverhandlungen. Außerdem hat die Lebensführung der Beschäftigten, die
im Prinzip der jeweiligen Konfession angehören (müssen), sich nach den
sittlichen Prinzipien des Arbeitgebers zu richten, anderenfalls erfolgt die
Kündigung. Bei solchen Verstößen gehört die Kündigung vor allem in Einrichtungen der Katholischen Kirche zur gängigen Praxis. Üblicherweise
werden die Entgeltabschlüsse, die ver.di erzielt, übernommen, wiewohl –
wie sonst auch – neuerdings eine Flexibilisierung der Beschäftigungsverhältnisse zu beobachten ist mit der Folge, dass die Arbeitsstandards, d. h.
auch die Entgelte abgesenkt werden. Die Besonderheiten des kirchlichen
Arbeitsrechts sind Nachteile für die Beschäftigten. Sie werden von diesen
nicht mehr klaglos hingenommen und führen zunehmend zu Klagen vor
Gericht. Eine solche Rechtslage erschwert, überzeugend für eine gewerkschaftliche Mitgliedschaft zu werben bzw. sich dazu zu bekennen, zumal
der kirchliche Arbeitgeber – wohl mehr als sonst üblich – einem Eintritt
vermutlich ablehnend gegenüber steht.

Seit den neunziger Jahren verschärft sich die Problemlage auf Grund
der Privatisierungen: Caritas und Diakonie übernehmen zunehmend bislang öffentliche Einrichtungen, die aber nach wie vor im Wesentlichen
vom Steuerzahler finanziert werden. Diese Entwicklungen führen zu einer paradoxen Situation: Die Gesellschaft wird – auch durch Einwande-
rung – heterogener und die BürgerInnen werden in ihren weltanschauli-
chen bzw. religiösen Orientierungen pluralistischer. In Folge dessen sowie
durch Reformverweigerung und Skandale verlieren die Kirchen zwar zunehmend Mitglieder, aber sie gewinnen als Arbeitgeber immer mehr an
Größe und Gewicht. Auf diese Weise wächst ihr gesellschaftlicher Einfluss. Es ist nicht auszuschließen, dass die Kirchen als Arbeitgeber und

Anbieter im Bereich personenbezogener Dienstleistungen sogar in manchen Regionen ein Monopol haben. Auf Grund dieser Tendenzen sollten die politisch Verantwortlichen ihr bisheriges Handeln im Bereich der Privatisierung überprüfen und gegebenenfalls korrigieren.

Die Praxis der kirchlichen Einrichtungen verletzt das Sozialstaatsprinzip, und zwar vor allem mit Blick auf seine qualitative, partizipative Dimension. Mehr noch: Nicht nur Arbeitsrechte, sondern auch Grundrechte werden tangiert, d. h. eingeschränkt. Vor allem auf Grund der derzeitigen und noch zunehmenden Bedeutung dieses Sektors sind solche rechtlichen Restriktionen, so meine These, für den niedrigen Verdienst mit verantwortlich. Meines Erachtens sollte das bislang weite Feld des Tendenzschutzes auf den Kernbereich kirchlicher Tätigkeit eingeschränkt werden. Aus Anlass des jüngsten BAG-Urteils fordert daher Heribert Prantl „ein neues Religionsverfassungsrecht" (Prantl 2012: 7). Es sind „die Gesamtbeziehungen von Staat, Grundrechten und Kirche auf den Prüfstand" zu stellen (ebd.: 7). Selbstverständlich geht von dieser Forderung ein erhebliches politisches Konfliktpotential aus, so dass eine Lösung vermutlich nur von einem Urteil des Bundesverfassungsgerichts bzw. des EuGH erwartet werden kann. Bislang ignorieren weite Teile der Politik diese Problematik. Das hängt vermutlich damit zusammen, dass die Parteien ebenfalls unter den Tendenzschutz fallen und davon profitieren. Ausschlaggebender könnte jedoch sein, dass die Parteien SPD, FDP und Bündnis 90/Die Grünen einen solchen Konflikt mit den Kirchen scheuen, der ihnen in der Konsequenz auch Wählerstimmen kosten könnte. Bei der letzten Novellierung des BetrVG (2001), die eine von SPD und Bündnis 90/Die Grünen gebildete Regierung auf den Weg brachte, war eine Reform des kirchlichen Arbeitsrechts kein Thema.

Der behauptete Zusammenhang zwischen Arbeitsproduktivität und Entgelt ist kein mechanistischer, sondern ein vermittelter, indirekter. Das Wirkungsgefüge wird durch mehrere Faktoren gebrochen: Tarifverhandlungen sind ein hoch politisches Geschehen mit vereinbarten Kompromissen und nicht einfach der Vollzug von im Vorhinein fixierten Kennziffern. Gleichwohl ermöglichen sie eine gewisse Orientierung. Zudem ist zwischen einzel- und gesamtwirtschaftlicher sowie branchenbezogener Produktivität zu unterscheiden. Das überkommene Verständnis von einzelwirtschaftlicher Produktivität ist mit Blick auf (personenbezogene) Dienstleistungen fragwürdig. Bezugspunkt für diesbezügliche Verhandlungen sollte eher die gesamtwirtschaftliche Produktivität sein, die einer Niedriglohnstrategie vorbaut (Reuter/Zinn). Eine grundsätzliche Kritik hält darüber hinaus die Fixierung auf die Arbeitsproduktivität für tendenziell überholt, da heutzutage in einer globalisierten Wirtschaft das Innovationspotential eines Unternehmens eine zunehmend wichtigere Rolle spielt (Reichwald/Möslein). Außerdem wirkt eine Vielzahl sozialer Faktoren in die Verhandlungen hinein und bestimmt das Ergebnis mit (Fürstenberg, Baldamus, Hofmann, Albert). Dabei kann es sich beispielsweise um die dominante Frauenerwerbstätigkeit in einer bestimmten Branche handeln. Die sozialen Sachverhalte werden jedoch in der Regel ausgeblendet, wodurch das Resultat gegen die Realität abgeschottet wird und so ideologische Funktionen erfüllen kann. Insofern können kalkulierende Verfahren, etwa Rahmen- und Entgelttarifverträge, Bestandteile von Ideologie produzierenden Prozessen sein, deren Funktion letztlich darin besteht, den Status quo aufrecht zu erhalten. Andererseits können solche Verfahren aber auch einen Beitrag zur Gleichbehandlung der Geschlechter leisten und so den sozialen Fortschritt voran bringen.

Unbestritten wurde die analytische Arbeitsbewertung mit dem Genfer Schema aus der Tradition der Wissenschaftlichen Betriebsführung bzw. dem Taylorismus heraus entwickelt. Diese Logik wird unter Berücksichtigung psycho-sozialer Belastungen und Beanspruchungen ebenfalls beibehalten. Die Aktualisierung kann über die gravierenden Defizite des Verfahrens, die eine Gruppe von Ökonomen in den siebziger und achtziger Jahren, teilweise schon früher, in prägnanten ideologiekritischen Analysen aufdeckte, nicht hinweg täuschen. Im Zusammenhang mit dem anhaltenden wirtschaftlichen Strukturwandel und den gestiegenen Anforderungen an die Qualifikation der Beschäftigten werden diese Mängel noch offensichtlicher. Es zeigt sich, wie veraltet und unzeitgemäß dieses Verfahren ist, wiewohl die derzeitigen Machtverhältnisse – das haben die vergeblichen Initiativen der IG Metall gezeigt – einer Veränderung hin zu einem qualifikationsorientierten Entgelt entgegenstehen. Auch bei ERA geht es nur um eine Modernisierung der tradierten Verfahren. Die allgemeine, d. h. ebenso für den Dienstleistungssektor unterstellte Zukunftsperspektive und womöglich Zukunftstauglichkeit von ERA teile ich nicht (Schmierl). Hier zeigt sich allerdings eine viel sagende Ironie der Geschichte, die eine überzogene Reformeuphorie dämpft: Obwohl der Taylorismus bzw. sein Begründer Taylor als physiologischer und psychologischer Dilettant (Friedmann, Volpert) kritisiert und dessen ambivalente bis negative Folgen früh problematisiert wurden, weist das System eine beispiellose Erfolgsgeschichte auf. Der Taylorismus im Verbund mit dem Fließband und später noch mit der analytischen Arbeitsbewertung sowie dem Akkordlohn begründete und trieb die Massenproduktion voran als eine der wohl wichtigsten Voraussetzungen für die Entwicklung der westlichen Konsumgesellschaften nach dem Zweiten Weltkrieg. Es wäre wohl kaum möglich gewesen, auf Grund überkommener handwerklicher Produktion massenhaft hochwertige Konsumgüter wie das Auto zu akzeptablen Preisen zu fertigen. Dieser Erfolg trug zur Legitimation einer kapitalistischen Wirtschaftsgesellschaft erheblich bei. In Folge dessen ist nicht auszuschließen, dass die Verfahren der analytischen Arbeitsbewertung einschließlich der Modifikationen die Praxis der Entgeltermittlung weiterhin bestimmen und so die grundlegende Kritik noch lange überleben.

Es besteht Konsens darüber, dass im Zuge des Strukturwandels die Qualifikation der Beschäftigten immer wichtiger wird und mithin die Professionalisierungserfordernisse zunehmen. Bei den personenbezogenen Dienstleistungen ergibt sich noch erheblicher Nachholbedarf, denn eine „Semi-Professionalität" (Gottschall) ist nicht zukunftstauglich. Professionalisierung bedarf der Einbettung in staatliche Institutionen und Berufsorganisationen, die die Standards für Ausbildung und Berufspraxis entwickeln und überwachen sowie Zertifikate verleihen. So wird das Berufsfeld vor dem Eindringen Un- und Geringqualifizierter geschützt. Qualifizierung ist die entscheidende Voraussetzung, um in einer hoch entwickelten Volkswirtschaft wie der deutschen auch zukünftig innovative, qualitativ hochwertige Produkte und Dienstleistungen erstellen zu können. Einem solchen wirtschaftlichen Profil ist ein qualifikationsorientiertes Entgelt angemessen, wodurch sich das Potential der Beschäftigten weiter entwickeln kann, zumal bei einem ganzheitlichen Aufgabenzuschnitt. Daraus ergeben sich zugleich positive Beiträge für die Entwicklung der Unternehmen und für die Zukunft der Wirtschaftsgesellschaft. Die großen Widerstände, mit denen eine solche Umsetzung konfrontiert ist, lassen sich meines Erachtens zu einem Gutteil damit erklären, dass die Kontrolle über die Arbeits- und Produktionsprozesse zu einem erheblichen Ausmaß vom Management auf die Arbeitskräfte überginge und so das überkommene Macht- und Herrschaftsgefüge untergraben würde. Diese Aussagen gelten ebenso für die Einrichtungen personenbezogener Dienstleistungen. Der im Prinzip ganzheitliche Charakter dieser Tätigkeit, deren Erledigung hohe professionelle Standards erfordert und die Grundlage für ein qualifikationsorientiertes Entgelt ist, tangiert die Arbeitsorganisation ebenfalls in beschriebener Weise. Insofern dürfte auch hier der Widerstand immens sein.

Dass die Umsetzung lernorientierter Entgelte bislang auf einzelne Unternehmen beschränkt ist, kann auch mit dem vorherrschenden Selbstverständnis der Wirtschaftswissenschaften erklärt werden. Es hat sich in den letzten Jahren zusammen mit dem nationalen und internationalen Umfeld und seinen globalen Herausforderungen grundlegend verändert. Ein markantes Kennzeichen hierfür ist die allseitig turbulente Veränderungsdynamik. Diesbezügliche theoretische Beiträge und praktische Reformen kommen, soweit ich sehe, in dem Maße zum Erliegen, wie spätestens seit den neunziger Jahren die neoklassische Wirtschaftstheorie die Deutungshoheit – ebenfalls in der Wirtschafts- und Arbeitspolitik – gewinnt. Damit rückt der Markt zur zentralen Regulierungsinstanz auf. Demgegenüber können sich Reforminitiativen, beispielsweise aus den sowieso schon geschwächten Gewerkschaften, kaum durchsetzen und behaupten, zumal der Staat auf die vielfältigen Veränderungen reagieren und darauf Antworten finden muss. Dieser Zusammenhang erklärt vermutlich auch, warum die Frauenforschung den Reformkonzepten bislang nicht folgte, sondern sich auf die Forderung nach einer Modernisierung der etablierten Verfahren beschränkte.

Die allgemeinen politischen Rahmenbedingungen, vor allem die Deregulierung des Arbeitsmarktes zusammen mit Veränderungen in der Steuer- und Sozialversicherungspolitik in den letzten Jahrzehnten, beeinflussen die Beschäftigungsverhältnisse direkt und mithin die Höhe der Entgelte. Die Flexibilisierung durch Leiharbeit, befristete, unfreiwillig zeitlich reduzierte und geringfügige Erwerbsarbeit verbindet sich vielfach mit einer Absenkung der Entgelte. Die Entwicklung eines Niedriglohnsektors, wovon der Dienstleistungssektor und mithin Frauen besonders betroffen sind, hat zwar die Zahl der Beschäftigten erhöht, aber gleichzeitig die Standards für Erwerbsarbeit abgesenkt. Damit unterschreiten die Entgelte vielfach das sozio-kulturelle Existenzminimum, das schon die Klassiker Smith und Marx als nicht zu unterbietende Bezugsgröße vorgegeben hatten. Die Betroffenen müssen ergänzende Sozialleistungen beim Staat beantragen, was zugleich eine Subventionierung von Arbeitgebern bedeutet. Die negativen Folgen für die soziale Absicherung, vornehmlich im Alter, sind voraussehbar. Die Tendenzen haben nicht nur der Forderung nach einem Mindestlohn Auftrieb gegeben, sondern es wird zugleich von einer wachsenden Zahl politisch Handelnder eine Kehrtwende in der Arbeitsmarktpolitik verlangt: Die Qualität von Beschäftigung steht auf der Agenda. Eine Revitalisierung des demokratischen Sozialstaats würde bedeuten, dass die gesellschaftliche Entwicklung nicht weiterhin in die Sackgasse der low road mündet, sondern dass sich die unterschiedlichen wirkungsmächtigen Akteure gemeinsam auf den zukunftsorientierten Pfad der high road verständigen und ihre Praxis daran ausrichten.

Aktuell wird die Programmatik unterstützt von jenen politischen und wissenschaftlichen Akteuren, die als einen deutschen Beitrag zur Bewältigung der Euro-Krise höhere Löhne fordern, um die Binnennachfrage zu stärken und die Exportabhängigkeit zu verringern. Mögliche Chancen für eine solche Perspektive werden aber nicht quasi automatisch die derzeitige scharfe Polarisierung der Einkommen beenden. Auch in diesem Kontext sind höhere Entgelte für Arbeit mit und am Menschen kein Selbstläufer.

Literatur

Abelshauser, Werner (2003): Kulturkampf. Der deutsche Weg in die neue Wirtschaft und die amerikanische Herausforderung. Berlin: Kadmos

Abelshauser, Werner (2004): Deutsche Wirtschaftsgeschichte seit 1945. München: Beck

Albert, Hans (1967): Modell-Platonismus. Der neoklassische Stil ökonomischen Denkens in kritischer Beleuchtung (1963). In: Ders.: Marktsoziologie und Entscheidungslogik. Neuwied, Berlin: Luchterhand. S. 331-367

Albert, Hans (1967): Nationalökonomie als Soziologie. Zur sozialwissenschaftlichen Integrationsproblematik (1960). In: ebd. S. 470-508

Alioth, Andreas (1986): Lohn und Lernen. In: Werner Duell, Felix Frei (Hrsg.): Arbeit gestalten – Mitarbeiter beteiligen. Eine Heuristik qualifizierender Arbeitsgestaltung. Frankfurt/M., New York: Campus

Almendinger, Jutta; Wolfgang Ludwig-Mayerhofer, Janina von Stebut, Christine Wimbauer (2001): Gemeinsam leben, getrennt wirtschaften? Chancen und Grenzen der Individualisierung in Paarbeziehungen. In: Ulrich Beck, Wolfgang Bonß (Hrsg.): Die Modernisierung der Moderne. Frankfurt/M.: Suhrkamp. S. 203-215

Armstrong, Michael; Angela Baron (2002): The Job Evaluation Hand Book. London: CIPD House

Aulenbacher, Brigitte (2005): Rationalisierung und Geschlecht in soziologischen Gegenwartsanalysen. Wiesbaden: VS

Axer, Heinrich (1985): Neue Technologien und Entgeltfindung. In: Klaus J. Zink (Hrsg.): Personalwirtschaftliche Aspekte neuer Technologien. Berlin: Schmidt. S. 63-80

Badura, Bernhard (1995): Gesundheitsleistungen im Wandel. In: Hans-Jörg Bullinger (Hrsg.): Dienstleistung der Zukunft. Wiesbaden: Gabler. S. 183-190

Badura, Bernhard; Germanus Hungeling (1997): Personenbezogene Dienstleistungen im Sozial- und Gesundheitswesen – Entwicklungsbedarf und Forschungsperspektiven. In: Hans-Jörg Bullinger (Hrsg.): Dienstleistungen für das 21. Jahrhundert. Stuttgart: Schäffer-Poeschel. S. 461-476

Baethge, Martin (2001): Abschied vom Industrialismus. In: Ders., Ingrid Wilkens (Hrsg.): Die große Hoffnung für das 21. Jahrhundert. Perspektiven und Strategien für die Entwicklung der Dienstleistungsbeschäftigung. Opladen: Leske + Budrich. S. 23-44

Baethge, Martin (2011): Die Arbeit in der Dienstleistungsgesellschaft. In: Adalbert Evers, Rolf G. Heinze, Thomas Olk (Hrsg.): Handbuch Soziale Dienste. Wiesbaden: VS. S. 35-61

Bahnmüller, Reinhard; Werner Schmidt (2009): Riskante Modernisierung: Wirkungen und Bewertungen der ERA-Einführung in Baden-Württemberg. In: WSI Mitteilungen. Nr. 3, S. 119-126

Baldamus, Wilhelm (1960): Der gerechte Lohn. Eine industriesoziologische Analyse. Berlin: Duncker & Humblot

Balduin, Siegfried (2006): ERA-Umsetzung als Herausforderung für die Angestelltenpolitik der IG Metall. In: Christian Brunkhorst, Oliver Burkhard, Manfred Scherbaum (Hrsg.): Eine neue Aera. Tarifverträge für die Zukunft. Hamburg: VSA. S. 142-151

Bartens, Werner (2012): Uni statt Pflegeschule. Wissenschaftsrat will Gesundheitsberufe akademisieren. In: Süddeutsche Zeitung. Nr. 161, S. 20

Bartölke, Klaus; Otto Foit, Jürgen Gohl, Ekkehard Kappler, Hans-Georg Ridder, Ulrich Schumann (1980): Untersuchung der Einführung von Arbeitsbewertung im Hinblick auf eine humane Arbeitsgestaltung. Karlsruhe: Fachinformationszentrum

Bartölke, Klaus; Otto Foit, Jürgen Gohl, Ekkehard Kappler, Hans-Georg Ridder, Ulrich Schumann (1981): Konfliktfeld Arbeitsbewertung. Grundprobleme und Einführungspraxis. Frankfurt/M., New York: Campus

Baumol, William J. (1967): Macroeconomics of Unbalanced Growth: The Anatomy of Urban Crisis. In: The America Economic Review. S. 415-426

Becker, Fred (1987): Innovationsfördernde Anreizsysteme. Ein konzeptioneller Beitrag zu einem Innovationsmanagement. In: Zeitschrift für Personalforschung. Nr. 1, S. 29-60

Bell, Daniel (1985): Die nachindustrielle Gesellschaft. Frankfurt/M., New York: Campus

Bender, Gerd (2002): Entstandardisierte Formen der Leistungsbeurteilung – Ein Beispiel und vier Thesen. In: Dieter Sauer (Hrsg.): Dienst – Leistung(s) – Kundenorientierung und Leistung in tertiären Organisationen. München: ISF. S. 21-34

Beraus, Walter; Lisa Gesau, Conny Gramm, Reiner Heyse, Willi Kuhn (2006): Schlüsselthema Arbeitsbewertung. In: Christian Brunkhorst, Oliver Burkhard, Manfred Scherbaum (Hrsg.): Eine neue AERA. Tarifverträge für die Zukunft. Hamburg: VSA. S. 61-83

Berger, Johannes; Claus Offe (1980): Die Entwicklungsdynamik des Dienstleistungssektors. In: Leviathan. Nr. 2, S. 41-75

Birkwald, Reimar (1982): Geisterschicht, eine Lösung des Schichtproblems? In: afa- Informationen. Nr. 32, S. 3-13. Zitiert nach: Eberhard Ulich (2011, 7., neu überarbeitete und erweiterte Auflage): Arbeitspsychologie. Stuttgart: Schäffer-Poeschel. S. 595

Bispinck, Reinhard; Thorsten Schulten (2011): Das Tarifsystem stabilisieren – wie soll das gehen? In: Mitbestimmung. Nr. 7, 8, S. 27-30

Böll, Sven; Markus Dettmer, Catalina Schröder, Janko Tietz, Florian Zerfass (2012): Wohlstand für alle – anderen. In: Der Spiegel. Nr. 17, S. 75-79

Bönig, Jürgen (1980): Technik und Rationalisierung in Deutschland zur Zeit der Weimarer Republik. In: Ulrich Troitzsch, Gabriele Wohlauf (Hrsg.): Technik-Geschichte. Historische Beiträge und neuere Ansätze. Frankfurt/M.: Suhrkamp. S. 390-419

Bohsem, Guido (2012): Streit um Pflege-Mindestlohn. In: Süddeutsche Zeitung. Nr. 33, S. 21

Bosch, Gerhard; Steffen Lehndorff (Hrsg.) (2005): Working in the Service Sector. A Tale from different worlds. Abingdon: Routledge

Bosch, Gerhard; Claudia Weinkopf (2011): Arbeitsverhältnisse im Dienstleistungssektor. In: WSI Mitteilungen. Nr. 9, S. 439-446

Bourdieu, Pierre (1992): Die verborgenen Mechanismen der Macht enthüllen. In: Ders.: Die verborgenen Mechanismen der Macht. Hamburg: VSA. S. 81-86

Bourdieu, Pierre (1999): Prekariat ist überall (1997). In: Ders.: Gegenfeuer. Wortmeldungen im Dienste des Widerstands gegen die neoliberale Invasion. Frankfurt/M., Wien: Büchergilde Gutenberg. S.115-122

Bourdieu, Pierre (2005): Die männliche Herrschaft. Frankfurt/M.: Suhrkamp

Bräutigam, Christoph; Elke Dahlbeck, Peter Enste, Michaela Evans, Josef Hilbert (2010): Flexibilisierung und Leiharbeit in der Pflege. Arbeitspapier 215. Düsseldorf: Hans-Böckler-Stiftung

Breiholz, Jörn (2011): Die starken Frauen von Altenoythe. In: Mitbestimmung. Nr.1/2, S. 23-27

Bruggemann, Agnes (1977): Zum Verlauf der Gruppenberatung und der gruppenspezifischen Begleitforschung in den Montagegruppen. Interner Zwischenbericht. Zürich: Lehrstuhl für Arbeits- und Betriebspsychologie der ETH, zitiert nach: Eberhard Ulrich (1978): Über mögliche Zusammenhänge zwischen Arbeitstätigkeit und Persönlichkeitsentwicklung. In: Psychosozial Nr. 1, S. 58

Brumlop, Eva (1986): Arbeitsbewertung bei flexiblem Personaleinsatz. Das Beispiel Volkswagen AG. Frankfurt/M., New York: Campus

Brunkhorst, Christian; Manfred Scherbaum (2006): Leistungspolitik im Rahmen des ERA. In: Christian Brunkhorst, Oliver Burkhard, Manfred Scherbaum (Hrsg.): Eine neue Aera. Tarifverträge für die Zukunft. Hamburg: VSA. S. 84-99

Bsirske, Frank (2007): „Wir treffen den Nerv der Menschen". In: Die Zeit. Nr. 40, S. 28-29

Bsirske, Frank; Johannes Stockmeier (2012): Gemeinsames Interview: „Die Kirchen betreiben Lohndumping". In: Süddeutsche Zeitung. Nr. 266, S. 6

Bühner, Rolf (2001): Entgelt – Neue ziel- und qualifikationsbezogene Entgeltsysteme. München: Transfer-Centrum GmbH

Büssing, André (1997): Pflegende Berufe. In: Holger Luczak, Walter Volpert (Hrsg.): Handbuch der Arbeitswissenschaft. Stuttgart: Schäffer-Poeschel. S. 660-664

Burns, Tom; G. M. Stalker (1968): Mechanische und organische Systeme des Managements. In: Renate Mayntz (Hrsg.): Bürokratische Organisation. Köln, Berlin: Kiepenheuer & Witsch. S. 147-154

Conrad, Peter (2011): Arbeitsorientierung in den Wirtschaftswissenschaften. In: Zeitschrift für Arbeitswissenschaft. Nr. 2, S. 175-184

Cornetz, Wolfgang (1991): Ökonomische Aspekte des dienstleistungsorientierten Strukturwandels. In: Wolfgang Littek, Ulrich Heisig, Hans-Dieter Gondek (Hrsg.): Dienstleistungsarbeit. Strukturveränderungen, Beschäftigungsbedingungen und Interessenlagen. Berlin: edition sigma. S. 35-52

Crozier, Michel; Erhard Friedberg (1979): Macht und Organisation. Die Zwänge kollektiven Handelns. Königstein/Ts.: Athenäum

Dackweiler, Regina-Maria (2004): Wohlfahrtsstaat: Institutionelle Regulierung und Transformation der Geschlechterverhältnisse. In: Ruth Becker, Beate Kortendiek (Hrsg.): Handbuch Frauen- und Geschlechterforschung. Theorie, Methoden, Empirie. Wiesbaden: VS. S. 450-460

Dahl, Hanne Marlene; Lise Lotte Hansen (2005): Recognition, Care and and the Welfare State. In: Julia Lepperhoff, Ayla Satilmis, Alexandra Scheele (Hrsg.): Made in Europe. Geschlechtsspezifische Beiträge zur Qualität von Arbeit. Münster: Dampfboot. S. 102-115

Demmer, Ulrike; Angela Gattenburg, Dietmar Hipp u. a. (2008): Halbe Männer, ganze Frauen. In: Der Spiegel. Nr. 26, S. 42-53

Deutschmann, Christoph (1985): Der Weg zum Normalarbeitstag. Die Entwicklung der Arbeitszeiten in der deutschen Industrie bis 1918. Frankfurt/M., New York: Campus

Deutschmann, Christoph (2005): Latente Funktionen der Institution des Berufs. In: Marita Jacob, Peter Kupka (Hrsg.): Perspektiven des Berufskonzepts – Die Bedeutung des

Berufs für Ausbildung und Arbeitsmarkt. Beiträge zur Arbeitsmarkt- und Berufsforschung 297. Nürnberg: IAB. S. 3-16

Doerken, Wilhelm (1997): Arbeitsbewertung. In: Holger Luczak, Walter Volpert (Hrsg.): Handbuch Arbeitswissenschaft. Stuttgart: Schäffer-Poeschel. S. 994-998

Drobinski, Matthias (2011): Diakonie im Clinch mit Verdi. Evangelischer Sozialträger weist Vorwürfe des Lohndumpings zurück. Gewerkschaft fordert mehr Rechte. In: Süddeutsche Zeitung. Nr. 251, S. 6

Dürk, Barbara (1991): Wenn das Brunnenmädchen im Heilbad den Hahn zudreht... – Frauen im öffentlichen Dienst fordern die Aufwertung ihrer Tätigkeiten –. In: WSI Mitteilungen. Nr. 12, S. 724-733

v. Eckardstein, Dudo (1986): Partizipative Aspekte einer Entlohnung nach Qualifikation. In: Betriebswirtschaftliche Forschung und Praxis. Nr.1, S. 55-79

v. Eckardstein Dudo; Wolfgang Greife, Rainer Janisch, Gabriele Zingsheim (1988): Die Qualifikation der Arbeitnehmer in neuen Entlohnungsmodellen. Zur Funktion des Qualifikationslohns in personalwirtschaftlichen und gewerkschaftlichen Strategien. Frankfurt/M., Bern, New York, Paris: Lang

v. Eckardstein, Dudo (1993): Grundfragen der Entwicklung von Entlohnungssystemen in der industriellen Fertigung. In: Wolfgang Weber (Hrsg.): Entgeltsysteme. Lohn, Mitarbeiterbeteiligung und Zusatzleistungen. Stuttgart: Schäffer-Poeschel. S. 173-193

Esping-Andersen, Gösta (1990): The Three Worlds of Welfare Capitalism. Princeton, New York: Polity Press

Evers, Adalbert; Rolf G. Heinze, Thomas Olk (2011): Einleitung: Soziale Dienste – Arenen und Impulsgeber sozialen Wandels. In: Dies. (Hrsg.): Handbuch Soziale Dienste. Wiesbaden: VS. S. 9-32

Fergen, Andrea; Brigitte Kurzer, Manfred Scherbaum (2006): ERA und Gute Arbeit. In: Christian Brunkhorst, Oliver Burkhard, Manfred Scherbaum (Hrsg.): Eine neue AERA. Tarifverträge für die Zukunft. Hamburg: VSA. S. 120-141

Fink, Pierre-Christian (2010): Fabrik geht, Pflege kommt. Die Krise hat Arbeitsplätze in der Industrie vernichtet – und schafft woanders viele neue Jobs. In: Die Zeit. Nr. 26, S. 29

Fourastié, Jean (1954): Die große Hoffnung des zwanzigsten Jahrhunderts. Köln: Bund

Frei, Felix; Ivars Udris (1990): Forschung für die Arbeitswelt – Reflexionen im Diskurs. In: Dies. (Hrsg.): Das Bild der Arbeit. Bern, Stuttgart, Toronto: Huber. S. 341-350

Friedberg, Erhard (1995): Ordnung und Macht. Dynamik organisierten Handelns. Frankfurt/M., New York: Campus

Friedberg, Erhard (2003): Mikropolitik und Organisationelles Lernen. In: Helmut Brentel, Herbert Klemisch, Holger Rohn (Hrsg.): Lernendes Unternehmen. Konzepte und Instrumente für eine zukunftsfähige Unternehmens- und Organisationsentwicklung. Opladen: Westdeutscher. S. 97-108

Friedmann, Georges (1952): Der Mensch in der mechanisierten Produktion. Köln: Bund

Fürstenberg, Friedrich (1958): Probleme der Lohnstruktur. Die wirtschaftliche und soziale Bedeutung der Lohnunterschiede. Tübingen: J. C. B. Mohr (Paul Siebeck)

Fürstenberg, Friedrich (2000): Berufsgesellschaft in der Krise. Auslaufmodell oder Zukunftspotential. Berlin: edition sigma

Funder, Maria (1999): Paradoxien der Reorganisation. München, Mehring: Hampp

Ganser, Petra; Kerstin Jerchel, Andrea Jochmann-Döll, Karin Tondorf (2011): PraxisHandbuch Gleichbehandlung. Ungleichbehandlung vorbeugen – Rechte nutzen – Gleichstellung herstellen. Hamburg: VSA

Gartner, Alan; Frank Riessman (1978): Der aktive Konsument in der Dienstleistungsgesellschaft. Zur politischen Ökonomie des tertiären Sektors. Frankfurt/M.: Suhrkamp

Gehle, F. (1950): Internationale Tagung über Arbeitsbewertung in Genf. In: REFA-Nachrichten. Nr. 2, S. 32-34

Geißler, Rainer (2006, 4., überarbeitete und aktualisierte Auflage): Die Sozialstruktur Deutschlands. Zur gesellschaftlichen Entwicklung mit einer Bilanz zur Vereinigung. Wiesbaden: VS

Gerhard, Ute; Alice Schwarzer, Vera Slupik (Hrsg.) (1988): Auf Kosten der Frauen. Frauenrechte im Sozialstaat. Weinheim, Basel: Beltz

Gerhard, Ute (1990): Gleichheit ohne Angleichung. Frauen im Recht. München: Beck

Gershuny, Jonathan (1981): Die Ökonomie der nachindustriellen Gesellschaft. Frankfurt/M., New York: Campus

Gesamtmetall (1992): IG Metall „Tarifreform 2000". Vorsicht Falle! Köln

Gmelch, Andreas (1996): Qualifikationsforschung. In: Hermann May (Hrsg.): Lexikon der ökonomischen Bildung. München, Wien: Oldenbourg. S. 398-401

Göbel, Jürgen (1972, 2., erweiterte Auflage): Einführung. In: Betriebsverfassungsgesetz. Neuwied, Berlin: Luchterhand. S. 11-52

Goldmann, Lucien (1968): Der christliche Bürger und die Aufklärung. Neuwied, Berlin: Luchterhand

Gorz, André (2000): Arbeit zwischen Misere und Utopie. Frankfurt/M.: Suhrkamp

Gottschall, Karin (2000): Zwischen tertiärer Krise und tertiärer Zivilisation. Zur sozialwissenschaftlichen Analyse von Dienstleistungsgesellschaften. Bremen: ZeS-Arbeitspapier Nr. 11

Gottschall, Karin (2008): Soziale Dienstleistungen zwischen Informalisierung und Professionalisierung – oder: der schwierige Abschied vom deutschen Erbe sozialpolitischer Regulierung. In: Arbeit. Nr. 4, S. 254-267

Gottschall, Karin (2010): Arbeit, Beschäftigung und Arbeitsmarkt aus der Genderperspektive. In: Fritz Böhle, G. Günter Voß, Günther Wachtler (2010): Handbuch Arbeitssoziologie. Wiesbaden: VS. S. 671-698

Gross, Peter (1983): Die Verheißungen der Dienstleistungsgesellschaft. Soziale Befreiung oder Sozialherrschaft. Opladen: Westdeutscher

Gupta, N.; G. D. Jenkins, P.Curington (1986): Paying for Knowledge. Myths and Realities. National Productivity Review. Nr. 5, S. 107-123, zitiert nach Eberhard Ulrich (2011, 7., neu überarbeitete Auflage): Arbeitspsychologie. Stuttgart: Schäffer-Poeschel. S. 601f.

Hacker, Winfried (1976): Psychische Regulation von Arbeitstätigkeiten: Innere Modelle, Strategien in Mensch-Maschine-Systemen. Belastungswirkungen. In: Ders. (Hrsg.): Psychische Regulation von Arbeitstätigkeiten. Berlin (DDR): VEB: Deutscher Verlag der Wissenschaften

Hacker, Winfried (2009): Arbeitsgegenstand Mensch: Psychologie dialogisch-interaktiver Erwerbsarbeit. Ein Lehrbuch. Lengerich: Pabst

Häußermann, Hartmut; Walter Siebel (1995): Dienstleistungsgesellschaften. Frankfurt/M.: Suhrkamp

Hans-Böckler-Stiftung (Hrsg.) (2011): Impuls. Nr. 8, S. 6

Hans-Böckler-Stiftung (Hrsg.) (2012): Impuls. Nr. 6, S. 8

v. Hardenberg, Nina (2012): Profis fürs Gute. Der Sozialdienst ist zu einem großen Geschäft geworden – deshalb müssen sich Caritas und Diakonie immer häufiger fragen lassen, wie christlich sie eigentlich noch sind. In: Süddeutsche Zeitung. Nr. 269, S.2

Hassel, Anke; Christof Schiller (2010): Der Fall Harz IV. Wie es zur Agenda 2010 kam und wie es weitergeht. Frankfurt/M., New York: Campus

Heintz, Bettina (2007): Zahlen, Wissen, Objektivität: Wissenschaftssoziologische Perspektiven. In: Andrea Mennicken, Hendrik Vollmer (Hrsg.): Zahlenwerk. Kalkulation, Organisation und Gesellschaft. Wiesbaden: SV. S. 65-86

Heinze, Rolf G.; Claus Offe (Hrsg.) (1990): Formen der Eigenarbeit. Theorie, Empirie, Vorschläge. Opladen: Westdeutscher

Heinze, Rolf G. (2011): Soziale Dienste und Beschäftigung. In: Adalbert Evers, Rolf G. Heinze, Thomas Olk (Hrsg.): Handbuch Soziale Dienste. Wiesbaden: VS. S. 168-186

Hofmann, Werner (1968): Zum Gesellschaftsbild der Nationalökonomie von heute. (1959) In: Ders.: Universität, Ideologie, Gesellschaft. Beiträge zur Wissenschaftssoziologie. Frankfurt/M.: edition suhrkamp. S. 92-116

Hofmann, Wener (1968): Das Elend der Nationalökonomie. In: ebd. S. 117-140

Hofmann, Werner (1971): Sozialökonomische Studientexte. Einkommenstheorie. Berlin: Duncker & Humblot

Horné, Alfred (1965): Gibt es einen gerechten Lohn? Einführung. In: Ders. (Hrsg.): Gibt es einen gerechten Lohn? Frankfurt/M.: EVA. S. 5-16

Huber, Bertold (2006): „ERA – Wir setzen um". In: Christian Brunkhorst, Oliver Burkhard, Manfred Scherbaum (Hrsg.): Eine neue AERA. Tarifverträge für die Zukunft. Hamburg: VSA. S. 9-17

IG Metall (1991): Tarifreform 2000. Ein Gestaltungsrahmen für die Industriearbeit der Zukunft. Frankfurt/M.

Jacobi, Ursula; Veronika Lullies, Friedrich Weltz (1980): Textverarbeitung im Büro. Alternativen der Arbeitsgestaltung. Frankfurt/M., New York: Campus

Jahoda, Marie (1983): Wieviel Arbeit braucht der Mensch? Arbeit und Arbeitslosigkeit im 20. Jahrhundert. Weinheim, Basel: Beltz

Jochmann-Döll, Andrea (1990): Gleicher Lohn für gleichwertige Arbeit. Ausländische und deutsche Konzepte und Erfahrungen. München, Mering: Hampp

Jochmann-Döll, Andrea (2005): Unterbewertet und unterbezahlt? Eine Analyse des gender pay gap im Dienstleistungssektor. In: Julia Lepperhoff, Ayla Satilmis, Alexandra Scheele (Hrsg.): Made in Europe. Geschlechterpolitische Beiträge zur Qualität von Arbeit. Münster: Westfälisches Dampfboot. S. 102-115

Jochmann-Döll, Andrea; Edeltraud Ranftl (2010): Impulse für die Entgeltgleichheit. Die ERA und ihre betriebliche Umsetzung auf dem gleichstellungspolitischen Prüfstand. Berlin: edition sigma

Kalbitz, Rainer (1991): Tarifpolitik – Streik – Aussperrung. Die Gestaltungskraft der Gewerkschaften des DGB nach 1945. Köln: Bund

Katz, Christian; Christof Baitsch (1997, 2., durchgesehene Auflage): Lohngleichheit für die Praxis. Zwei Instrumente zur geschlechtsunabhängigen Arbeitsbewertung. Hrsg.: Eidgenössisches Büro für die Gleichstellung von Frau und Mann. Zürich: Verlag der Fachvereine

Katz, Christian; Christof Baitsch (2006): Arbeit bewerten – Personal beurteilen. Lohnsysteme mit ABAKABA: Grundlagen, Anwendung, Praxisberichte. Zürich: vdf Hochschulverlag

Keller, Berndt K. (2010): Arbeitspolitik im öffentlichen Dienst. Ein Überblick über Arbeitsmärkte und Arbeitsbeziehungen. Berlin: edition sigma

Kieser, Alfred (1981): Organisationstheoretische Ansätze. Stuttgart, Berlin, Köln, Mainz: Enke

Klammer, Ute; Sabine Neukirch, Dagmar Weßler-Poßberg (2012): Wenn Mama das Geld verdient. Familienernährerinnen zwischen Prekarität und neuen Rollenbildern. Berlin: edition sigma

Klenner, Christina; Susanne Kohaut, Stefan Höyng (2010): Vollzeit, Teilzeit, Minijobs. Mit einem Exkurs „Männer zwischen Beruf und privatem Leben". In: Projektgruppe GiB: Geschlechterungleichheiten im Betrieb. Arbeit, Entlohnung und Gleichstellung in der Privatwirtschaft. Berlin: edition sigma. S. 191-270

Knotz, Heike (2010): Die Entwicklung des modernen Begriffs von der Arbeitsproduktivität. Ein Beitrag zur Geschichte der deutschen Betriebswirtschaftslehre. In: Zeitschrift für Unternehmensgeschichte. Nr. 1, S. 31-51

Krell, Gertraude (1994): Die Verfahren der Arbeitsbewertung – Kritische Bestandsaufnahme und Perspektiven. In: Regine Winter (Hrsg.): Frauen verdienen mehr. Zur Neubewertung von Frauenarbeit im Tarifsystem. Berlin: edition sigma. S. 43-55

Krell, Gertraude (2001): Zur Analyse und Bewertung von Dienstleistungsarbeit. Ein Diskussionsbeitrag. In: Industrielle Beziehungen. Zeitschrift für Arbeit, Organisation und Management. Nr. 1, S. 9-36

Krell, Gertraude, Regine Winter (2008, 5. vollständig überarbeitete und erweiterte Auflage): Anforderungsabhängige Entgeltdifferenzierung: Orientierungshilfen auf dem Weg zu einer diskriminierungsfreieren Arbeitsbewertung. In: Gertraude Krell (Hrsg.): Chancengleichheit durch Personalpolitik. Wiesbaden: Gabler. S. 263-282

Kuhlmann, Martin; Hans Joachim Sperling (2009): Der Niedersachsen-Weg – Tarifregelungen, Einführungsprozesse und Wirkungen des ERA. In: WSI Mitteilungen. Nr. 3, S.127-135

Kundinger, Stephanie, Ralph Scharnitzky (2012): Hilfe gegen drohenden Notstand. In: Süddeutsche Zeitung. Nr. 236, S. 35

Laske, Stephan (1977): Die „Anforderungsgerechtigkeit" in der Arbeitsbewertung oder die Funktion von Fiktionen. In: Jürgen Gohl (Hrsg.): Arbeit im Konflikt. Probleme der Humanisierungsdebatte. München: Goldmann. S. 142-162

Lehndorff, Steffen; Dorothea Voss-Dahm (2006): Kunden, Kennziffern und Konkurrenz. Markt und Organisation in der Dienstleistungsarbeit. In: Steffen Lehndorff (Hrsg.): Das Politische in der Arbeitspolitik. Ansatzpunkte für eine nachhaltige Arbeits- und Arbeitszeitgestaltung. Berlin: edition sigma. S. 127-156

Litwak, Eugene (1968): Drei alternative Bürokratiemodelle. In: Renate Mayntz (Hrsg.): Bürokratische Organisation. Köln, Berlin: Kiepenheuer & Witsch. S. 117-126

Luhmann, Niklas (1983): Legitimation durch Verfahren. Frankfurt/M.: Suhrkamp

Luthans, Fred; Marilyn Fox (1989): Update on Skill-Based Pay. In: Personnel. Nr. 3, S. 26-31

Lutz, Burkhart (1975): Krise des Lohnanreizes. Ein empirisch-historischer Beitrag zum Wandel der Formen betrieblicher Herrschaft am Beispiel der deutschen Stahlindustrie. Frankfurt/M., Köln: EVA

Lutz, Burkart (1984): Der kurze Traum immerwährender Prosperität. Frankfurt/M., New York: Campus

Maier, Friederike (1998): Ökonomische Arbeitsmarktforschung und Frauenerwerbstätigkeit – Versuch einer kritischen Bilanz. In: Birgit Geissler, Friederike Maier, Birgit Pfau-Effinger (Hrsg): FrauenArbeitsMarkt. Der Beitrag der Frauenforschung zur sozio-ökonomischen Theorieentwicklung. Berlin: edition sigma. S. 17-36

Maier, Walter (1988, 2., überarbeitete Auflage): Arbeitsanalyse und Lohngestaltung. Stuttgart: Enke

Marcuse, Herbert (1967): Über die philosophischen Grundlagen des wirtschaftswissenschaftlichen Arbeitsbegriffs (1933). In: Ders.: Kultur und Gesellschaft. Band 2. Frankfurt/M.: edition suhrkamp. S. 7-48

Marx, Karl (1964): Das Elend der Philosophie (1847). In: Siegfried Landshut (Hrsg.): Karl Marx. Die Frühschriften. Stuttgart: Kröner. S. 486-524

Marx, Karl (1974): Das Kapital. Band 1 (1867). Berlin: Dietz

Mayntz, Renate (1968): Einleitung. In: Dies. (Hrsg.): Bürokratische Organisation. Köln, Berlin: Kiepenheuer & Witsch. S. 13-23

Mertens, Dieter (1974): Schlüsselqualifikationen. Thesen zur Schulung einer modernen Gesellschaft. Mitteilungen der Arbeitsmarkt- und Berufsforschung. Nr. 7, S. 36-43

Merton, Robert K. (1968): Social Theory and Social Structure. New York: Free Press u. a. Enlarged Edition

Michelsen, Uwe Andreas (1997): Qualifikation. In: Holger Luczak, Walter Volpert (Hrsg.): Handbuch Arbeitswissenschaft. Stuttgart: Schäffer-Poeschel. S. 245-248

Müller, Eva (2013): Gott hat hohe Nebenkosten. Wer wirklich für die Kirchen zahlt. Köln: Kiepenheuer & Witsch

Müller-Jentsch, Walther (1997, 2., erweiterte Auflage): Soziologie der industriellen Beziehungen. Eine Einführung. Frankfurt/M., New York: Campus

Müller-Jentsch, Walther (2007): Strukturwandel der industriellen Beziehungen. ,Industrial Citizenship' zwischen Markt und Regulierung. Wiesbaden: SV

Naschold, Frieder (2000, 2., vollständig aktualisierte und stark erweiterte Auflage): Modernisierung des öffentlichen Sektors im internationalen Vergleich. In: Ders., Jörg Bogumil (Hrsg.): Modernisierung des Staates. New Public Management in deutscher und internationaler Perspektive. Opladen: Leske + Budrich. S. 27-77

Neubauer, Günter (1981): Sozioökonomische Bedingungen der Rationalisierung und der gewerkschaftlichen Rationalisierungsschutzpolitik – Vergleichende Untersuchung der Rationalisierungsphasen 1918 bis 1933 und 1945 bis 1968. Inaugural-Dissertation der FU Berlin

Neusüß, Christel (1983): Und die Frauen? Tun die denn nichts? Oder: Was meine Mutter zu Marx sagt. In: Beiträge zur feministischen Theorie und Praxis. Nr. 9, 10, S. 181-206

Nienhüser, Werner (1993): Die historische Entwicklung der Grundlohndifferenzierung. Eine Erklärungsskizze aus macht- und transaktionskostentheoretischer Grundlage. In: Wolfgang Weber (Hrsg.): Entgeltsysteme. Lohn, Mitarbeiterbeteiligung und Zusatzleistungen. Stuttgart: Schäffer-Poeschel. S. 233-268

Oberbeck, Herbert (1997): Internationale Entwicklung von Dienstleistungsbeschäftigung: Lehren aus dem USA-Deutschland-Vergleich. In: Jörg Bullinger (Hrsg.): Dienstleistungen für das 21. Jahrhundert. Stuttgart: Schäffer-Poeschel. S. 159-166

Oechsler, Walter A. (2000, 7., grundlegend überarbeitete und erweiterte Auflage): Personal und Arbeit. Grundlagen des Human Ressource Management und der Arbeitgeber-Arbeitnehmer-Beziehungen. München, Wien: Oldenbourg

Öchsner, Thomas (2010): Nicht einmal das Mindeste. In der Pflegebranche zahlen viele Arbeitgeber noch immer weniger Lohn als vorgeschrieben. In: Süddeutsche Zeitung. Nr. 285, S. 17

Öchsner, Thomas (2011): Immer weniger Vollzeitjobs. Arbeitsmarktexperten fordern Regierung zum Handeln auf. In: Süddeutsche Zeitung. Nr. 52, S. 19

Öchsner, Thomas (2012): Abruf. In Kliniken und Altenheimen ist die Personaldecke extrem dünn. Die Leiharbeit hat dort deshalb rasant zugenommen. In: Süddeutsche Zeitung. Nr. 153, S. 19

Öchsner, Thomas (2012 a): Die Ungleichheit wächst. OECD lobt die deutsche Arbeitsmarktpolitik, sieht aber auch Gefahren. In: Süddeutsche Zeitung. Nr. 158, S. 20

Ostner, Ilona (1978): Beruf und Hausarbeit. Die Arbeit der Frau in unserer Gesellschaft. Frankfurt/M., New York: Campus

Perrow, Charles (1972): Complex Organization. Glenview: Scott & Foresman. Zitiert nach: Alfred Kieser (1981): Organisationstheoretische Ansätze. Stuttgart. Berlin, Köln, Mainz: Enke. S. 116

Peters, Jürgen; Horst Schmitthenner (Hrsg.) (2003): Gute Arbeit. Menschengerechte Arbeitsgestaltung als gewerkschaftliche Zukunftsaufgabe. Hamburg: VSA

Peters, Jürgen (2006): ERA-Umsetzung – ein gewerkschaftliches Kernkonzept. In: Christian Brunkhorst, Oliver Burkhard, Manfred Scherbaum (Hrsg.): Eine neue Aera. Tarifverträge für die Zukunft. Hamburg: VSA. S. 18-27

Pfau-Effinger, Birgit (1998): Arbeitsmarkt und Familiendynamik in Europa – Theoretische Grundlagen der vergleichenden Analyse. In: Birgit Geissler, Friederike Maier, Birgit Pfau-Effinger (Hrsg.): FrauenArbeitsMarkt. Der Beitrag der Frauenforschung zur sozio-ökonomischen Theorieentwicklung. Berlin: edition sigma. S. 177-194

Pinzler, Petra (2008): Lohndrücker im Aufwind. In: Die Zeit. Nr. 16, S. 37

Pirker, Theo (Hrsg.) (1981): Schreibdienste in obersten Bundesbehörden. Eine vergleichende Untersuchung. Frankfurt/M., New York: Campus

Pornschlegel, Hans (1960): Arbeitsbewertung als Lohnpolitik. In: AfA-Informationen. Nr. 5-6, S. 63-84. Zitiert nach: Hilde Wagner (1992): Arbeitsentgelt im Spannungsfeld betrieblicher und gesellschaftlicher Veränderung. Köln: Bund. S. 143

Pornschlegel, Hans (1962): Betriebliche Lohndifferenzierung. In: H. Bayer (Hrsg.): Lohnpolitik und Lohntechnik heute. S. 163-178. Zitiert nach: ebd.: S. 143 f.

Pornschlegel, Hans unter Mitarbeit von Fritz Hauser und Wilfried Schäfer (1979): Grundlohndifferenzierung nach analytischen Verfahren. Grundlagen, Probleme und Kritik. Köln: Bund

Prantl, Heribert (2012): Die alten Kleider der Kirche. Deutschland braucht ein neues Religionsverfassungsrecht. In: Süddeutsche Zeitung. Nr. 278, S. 6-7

Preuß, Roland (2012): Öney wirbt für Muslime im christlichen Sozialdienst. Baden-Württembergs Integrationsministerin stellt Einstellungspolitik von Caritas und Diakonie in Frage. In: Süddeutsche Zeitung. Nr. 24, S. 6

Quesnay, François (1962): Das Tableau économique. In: Günter Schmölders: Geschichte der Volkswirtschaftslehre. Reinbek bei Hamburg: Rowohlt. S. 153-160

Raehlmann, Irene (1996): Entwicklung von Arbeitsorganisationen. Voraussetzungen, Möglichkeiten, Widerstände. Opladen: Westdeutscher

Raehlmann, Irene (1997): Geschlecht. In: Holger Luczak, Walter Volpert (Hrsg.): Handbuch Arbeitswissenschaft. Stuttgart: Schäffer-Poeschel. S. 296-299

Raehlmann, Irene (2004): Zeit und Arbeit. Eine Einführung. Wiesbaden: VS

Raehlmann, Irene (2007): Innovationen in Arbeits- und Alltagswelt. Voraussetzungen – Wirkungen – Barrieren. Göttingen: Vandenhoeck & Ruprecht

Reichwald, Ralf; Kathrin Möslein (1995): Wertschöpfung und Produktivität von Dienstleistungen? Innovationsstrategien für die Standortsicherung. In: Hans-Jörg Bullinger (Hrsg.): Dienstleistung der Zukunft. Wiesbaden: Gabler. S. 324-376

Reichwald, Ralf; Kathrin Möslein (1997): Innovationsstrategien und neue Geschäftsfelder von Dienstleistern – Den Wandel gestalten. In: Hans-Jörg Bullinger (Hrsg.): Dienstleistungen für das 21. Jahrhundert. Stuttgart: Schäffer-Poeschel. S. 75-106

Reuter, Norbert; Karl Georg Zinn (2011): Moderne Gesellschaften brauchen eine aktive Dienstleistungspolitik. In: WSI Mitteilungen. Nr. 9, S. 462-469

Ridder, Hans Gerhard (1990): Analytische Arbeitsbewertung: Zur Kontinuität von Ritualen. In: Zeitschrift für Personalforschung. Nr. 2, S. 179-196

Ridder, Hans-Gerd (2009, 3., überarbeitete und aktualisierte Auflage): Personalwirtschaftslehre. Stuttgart: Kohlhammer

Riedel, Petra (2009): Glückliche Schweizerinnen. Die Gesetze der Eidgenossen sind wirksamer als die der Deutschen, um Lohndiskriminierung zu reduzieren. In: Die Zeit. Nr. 48, S. 31

Riester, Walter (1992): „Unsere Tarifverträge sind ein Spiegelbild der tayloristischen Arbeitsorganisation ...". In: Mitbestimmung. Nr. 4, S. 16-20

Romberg, Tobias (2011): Konzern Kirche. Bei Caritas und Diakonie kämpfen Mitarbeiter gegen Lohndumping. In: Die Zeit. Nr. 41, S. 35

Rousseau, Jean-Jacques (1971, 8. Auflage): Emil oder Über die Erziehung (1762). Paderborn, München, Wien, Zürich: Schöningh

Rudzio, Kolja (2011): Gleicher Job, gleicher Lohn. In: Die Zeit. Nr. 10, S. 22

Rudzio, Kolja (2011a): Gespaltene Gesellschaft. In: Die Zeit. Nr. 50, S. 35

Rudzio, Kolja (2012): Zoff im Weinberg des Herrn. In: Die Zeit. Nr. 47, S. 25

Say, Jean Baptiste (1841): Traité d'économie politique ou simple exposition de la manière dont se forment, se distribent et se sonsomment les richesses. Zitiert nach: Werner Hofmann (1971): Sozialökonomische Studientexte. Einkommenstheorie. Berlin: Duncker& Humblot. S. 88

Schauer, Helmut; Hartmut Dabrowski, Uwe Neumann, Hans Joachim Sperling (1984): Tarifvertrag zur Verbesserung industrieller Arbeitsbedingungen. Arbeitspolitik am Beispiel des Lohnrahmentarifvertrags II. Frankfurt/M., New York: Campus

Scheel, Walter (2012): Auch Bundespräsidenten werden alt. In: Süddeutsche Zeitung. Nr. 29, S. 2

Schelsky, Helmut (1972): Die Bedeutung des Berufs in der modernen Gesellschaft. In: Thomas Luckmann, Walter Michael Sprondel (Hrsg.): Berufssoziologie. Köln: Kiepenheuer & Witsch. S. 25-35

Scheytt, Stefan (2012): Forschen als Politik. In: Mitbestimmung. Nr. 5, S. 17-20

Schlesinger, Leonard A., James L. Heskett (1991): The Service-Driven Service Company. In: Harvard Business Review. September / Oktober. S. 71-81

Schmid, Pia (1990): Warum Frauen nicht arbeiten und was mit der Arbeit der Männer zu tun hat. Arbeit in der bürgerlichen Geschlechtertheorie. In: Helmut König, Bodo von Greiff, Helmut Schauer (Hrsg.): Sozialphilosophie der industriellen Arbeit. Leviathan. Sonderheft 11. Opladen: Westdeutscher. S. 258-270

Schmiede, Rudi; Edwin Schudlich (1976): Die Entwicklung der Leistungsentlohnung in Deutschland. Frankfurt/M., New York: Campus

Schmidt, Helmut (2006): „Es gab keinen Streit". Helmut Schmidt über die Große Koaliti-on von 1966 – und über den fatalen Einfluss der Ministerpräsidenten heute. In: Die Zeit. Nr. 40, S. 3

Schmierl, Klaus (2010): Lohn und Leistung, In: Fritz Böhle, G. Günter Voß, Günther Wacht-ler (Hrsg.): Handbuch Arbeitssoziologie, Wiesbaden: VS. S. 359-386

Scholz, Christian (2000, 5., neu bearbeitete und erweiterte Auflage): Personalmanagement. Informationsorientierte und verhaltenstheoretische Grundlagen. München: Vahlen

Schulten, Thorsten (2011): Renaissance der Tariftreue. In: Mitbestimmung. Nr. 7, 8, S. 31

Schweres, Manfred (2002): Gender Mainstreaming. Anforderungsermittlung aus Gender-Perspektive – Neubewertung von Arbeit: geschlechtsneutral? In: Arbeitsrecht im Be-trieb. Nr. 10, S. 596-600

Simmel, Georg (1989): Philosophie des Geldes (1907). Frankfurt/M.: Suhrkamp

Simmel, Georg (1992): Das Geld in der modernen Kultur (1896). In: Ders.: Aufsätze und Ab-handlungen (1894-1900). Frankfurt/M.: Suhrkamp. S. 178-196

Simmel, Georg (1992): Zur Philosophie der Arbeit (1899). In: ebd. S. 420-444

Smith, Adam (2009): Untersuchung über das Wesen und die Ursachen des Volkswohlstan-des (Der Wohlstand der Nationen) (1776). Frankfurt/M.: Zweitausendeins

Spörrle, Mark (2012): Wehe, ihr zahlt nicht mehr. In: Die Zeit. Nr. 51, S. 64

Staehle, Wolfgang H. (1973): Organisation und Führung sozio-technischer Systeme. Grund-lagen einer Situationstheorie. Stuttgart: Enke

Stefaniak, Anna; Karin Tondorf, Gertrud Kühnlein, Juliet Webster, Edeltraud Ranftl (2002): „Alles was Recht ist". Entgeltgleichheit durch diskriminierungsfreiere Arbeitsbewer-tung in Deutschland, Großbritannien und Österreich. Ergebnisse eines Forschungs-projektes. München, Mering: Hampp

Stollberg, Gunnar (1981): Die Rationalisierungsdebatte 1908-1933. Freie Gewerkschaften zwi-schen Mitwirkung und Gegenwehr. Frankfurt/M., New York: Campus

Süddeutsche Zeitung (2013): Nr. 21, S. 6

Taylor, Frederick Winslow (1919): Die Grundsätze wissenschaftlicher Betriebsführung. Mün-chen, Berlin: Oldenbourg

Thiele, Günter (2004): Ökonomik des Pflegesystems. Heidelberg: Economica

Tönnies, Ferdinand (1979): Gemeinschaft und Gesellschaft (1887). Darmstadt: Wissenschaft-liche Buchgesellschaft

Tondorf, Karin (1994): Modernisierung der industriellen Entlohnung. Neue Modelle der Ent-geltgestaltung und Perspektiven gewerkschaftlicher Tarifreform. Berlin: edition sigma

Tornau, Joachim F. (2010): „Gesellschaftliches Großexperiment". Die Dienstleistungsricht-linie der EU ist zum nationalen Recht geworden. In: Mitbestimmung. Nr.1, 2, S. 46-49

Ulich, Eberhard (1978): Über mögliche Zusammenhänge zwischen Arbeitstätigkeit und Per-sönlichkeitsentwicklung. In: Psychosozial. Nr. 1, S. 44-63

Ulich, Eberhard (2011, 7., neu überarbeitete und erweiterte Auflage): Arbeitspsychologie. Stuttgart: Schäffer-Poeschel

Volmerg, Birgit; Eva Senghaas-Knobloch, Thomas Leithäuser (1986): Betriebliche Lebens-welt. Eine Sozialpsychologie industrieller Arbeitsverhältnisse. Opladen: Westdeutscher

Volpert, Walter (1975): Die Lohnarbeitswissenschaft und die Psychologie der Arbeitstätig-keit. In: Peter Groskurth, Walter Volpert: Lohnarbeitspsychologie. Frankfurt/M.: Fi-scher. S.11-196

Volpert, Walter (1979): Der Zusammenhang von Arbeit und Persönlichkeit aus handlungstheoretischer Sicht. In: Peter Groskurth (Hrsg.): Arbeit und Persönlichkeit: berufliche Sozialisation in der arbeitsteiligen Gesellschaft. Reinbek bei Hamburg: Rowohlt. S. 21-46

Volpert, Walter (1990): Welche Arbeit ist gut für den Menschen? In: Felix Frei, Uvars Udris (Hrsg.): Das Bild der Arbeit. Bern, Stuttgart, Toronto: Huber. S. 23-40

Vormbusch, Uwe (2007): Die Kalkulation der Gesellschaft. In: Andrea Mennicken, Hendrik Vollmer (Hrsg.): Zahlenwerk. Kalkulation, Organisation und Gesellschaft. Wiesbaden: VS. S. 43-64

Voswinkel, Stephan (2010): Das Leistungsprinzip: Wandel und Kritik. In: Gabriele Sterkel. Petra Ganser, Jörg Wiedemuth (Hrsg.): Leistungspolitik: neu denken. Erfahrungen – Stellschrauben – Strategien. Hamburg: VSA. S. 20-40

Wagel, William H. (1989): At Sola Ophthalmics, Paying for Skills Pays Off! In: Personnel. Nr. 3, S. 20-24

Wagner, Hilde (1992): Arbeitsentgelt im Spannungsfeld betrieblicher und gesellschaftlicher Veränderung. Köln: Bund

Weber, Max (1964): Wirtschaft und Gesellschaft. Band 1 (1921). Köln, Berlin: Kiepenheuer & Witsch

Wehler, Hans-Ulrich (1995): Deutsche Gesellschaftsgeschichte 1849-1914. Band 3. München: Beck

Wehler, Hans-Ulrich (2003): Deutsche Gesellschaftsgeschichte 1914-1949. Band 4. München: Beck

Wehler, Hans-Ulrich (2008): Deutsche Gesellschaftsgeschichte 1949-1990. Band 5. München: Beck

Weil, R. (1985): Leistungsbezahlung für Vielseitigkeit und flexiblen Arbeitseinsatz. In: Angewandte Arbeitswissenschaft. S. 39-53. Zitiert nach: Andreas Alioth (1986): Lohn und Lernen. In: Werner Duell, Felix Frei (Hrsg.): Arbeit gestalten – Mitarbeiter beteiligen. Eine Heuristik qualifizierender Arbeitsgestaltung. Frankfurt/M., New York: Campus. S. 188

Weiler, Anni (1992): Frauenlöhne – Männerlöhne. Gewerkschaftliche Politik zur geschlechtsspezifischen Lohnstrukturierung. Frankfurt/M., New York: Campus

Weiß, Thomas (2011): Arbeitsproduktivität, nicht nur eine zentrale arbeitsökonomische und makroökonomische Kategorie. In: Zeitschrift für Arbeitswissenschaft. Nr. 1, S. 39-49

Willenbacher, Barbara (1988): Thesen zur rechtlichen Stellung der Frau. In: Uta Gerhardt, Yvonne Schütze (Hrsg.): Frauensituation. Veränderungen in den letzten zwanzig Jahren. Frankfurt/M.: Suhrkamp. S. 141-165

Willms, Angelika (1983): Grundzüge der Entwicklung der Frauenarbeit von 1880-1980. In: Walter Müller, Angelika Willms, Johann Handl: Strukturwandel der Frauenarbeit von 1880-1980. Frankfurt/M., New York: Campus. S. 25-54

Womack, James P.; Daniel T. Jones, Daniel Roos (1991): Die zweite Revolution in der Automobilindustrie. Frankfurt/M., New York: Campus

Woodward, Joan (1968): Technologie, Organisationsform und Erfolg. In: Renate Mayntz (Hrsg.): Bürokratische Organisation. Köln, Berlin: Kiepenheuer & Witsch. S. 155-158

www.internetratgeber-recht.de – 4. 5. 2012

The manufacturer's authorised representative in the EU is Springer
Nature Customer Service Centre GmbH, Europaplatz 3, 69115 Heidelberg,
Germany. If you have any concerns regarding our products, please
contact ProductSafety@springernature.com

Printed and bound by CPI Group (UK) Ltd, Croydon, CR0 4YY
27/04/2026
02097626-0003